KB253428

역사, 경영에 답하다

역사, 경영에 답하다

{ 서재에서 만나는 최고경영자 과정 }

역사, 경영에 답하다

이훈범(중앙일보 논설위원) 지음

歷史經營

살림Biz

서문

‘워비곤 호(湖) 효과(Lake Wobegon Effect)’라는 것이 있다. 워비곤 호는 미국의 라디오 쇼 진행자 개리슨 케일러가 코미디 소재로 삼는 가상의 마을이다. 이 마을 주민들은 완벽 그 자체다. 남자들은 모두 잘생겼고 여자들은 모두 힘이 세며 아이들은 모두 공부를 잘한다. 여기에 빗대 ‘워비곤 호 효과’는 자신의 능력이나 성과를 과대평가하는 사람들의 일반적 경향을 의미하는 용어가 됐다.

실제 각종 조사 연구는 사람들이 스스로를 과대평가하는 경향이 있음을 보여 준다. 90퍼센트 이상의 사람들이 자신을 평균 이상의 훌륭한 운전자라고 생각하고 있다는 설문조사 결과도 있고, 대학생들 중에 자신이 평균 이상의 인기를 갖고 있다고 생각하는 사람 역시 90퍼센트에 달한다는 조사 결과도 있다.

아직까지는 해피 엔딩이다. 자신의 운전 실력을 과신해 봐야 자기 차를 추월하는 차량의 (운전도 잘 못하는 멍청한) 운전자에게 본때를 보여 주기 위해 그 차를 다시 앞지르는 위험 정도를 감수할 뿐이고, 자신의 인기를 과대평가해 봐야 (자신의 매력을 알아보지 못하는 멍청한) 여학생 (또는 남학생)에게 딱지를 맞는 아픔 따위를 경험할 뿐일 테니 말이다.

하지만 그런 ‘워비곤 호 효과’가 ‘경영’의 차원에 끼어들면 문제가 심각해진다. 창업 성공률이 50퍼센트에 그치는 분야에 새로 뛰어들려는 사람들에게 물어봤더니—물론 실패할 확률이 절반이라는 사실을 일러 주고—“내가 하면 성공할 수 있을 것”이라고 응답한 사람이 80퍼센트가 넘더라는 연구 결과가 있다. 때론 그런 자신감이 성공의 발판이 될 수도 있겠지만 그것은 평균 이상으로 운이 좋은 경우다. 보다 많은 경우 무모한 자만과 과신은 현실 판단을 흐리게 하고 의사결정의 날을 무디게 해 성공할 확률을 떨어뜨릴 뿐이다. 그것은 여학생(또는 남학생)에게 딱지 맞는 것보다는 치명적일 것이다.

한 개인의 인생 경영은 물론 기업 경영, 국가 경영에서도 이것은 마찬가지다. 몸집이 크다고 해서 근거 없는 자만과 과신이 약한 감기 정도로 끝날 수 있는 게 아니다. 조직의 규모와 상관없이 과대평가라는 바이러스는 흔히 극심한 독감, 때로는 심각한 폐렴을 유발할 수도 있으며 보다 심할 경우 목숨을 잃는 결과까지 초래하기도 한다.

우리는 역사 속에서 그런 사례를 수없이 만난다. 금방 떠오르는 역사의 한 장면을 보자. 춘추 시대 말 진나라 임금 헌공이 이웃의 작은 나라들인 우나라와 괵나라를 집어삼킬 욕심을 내고 있었다. 헌공은 먼저 가까운 우나라에게 괵나라를 치려 하니 길을 빌려 달라고 요청했다. 우 임금은 충신 재상 궁지기(宮之奇)의 고언에도 불구, 진나라에 길을 내줬다. 진나라 군대는 그 길로 괵나라를 공격해 멸망시킨 다음 돌아오는 길에 우나라마저 빼앗고 말았다. 이른바 '가도멸괵(假道滅虢)'의 고사다.

괵나라 왕이 망한 나라를 뒤로 하고 달아날 때의 일이다. 임금이 목이 마르다 하자 수레를 끌던 신하는 곧 맛있는 술을 바쳤다. 다시 배가 고프다고 하자 고기 반찬과 함께 흰 쌀밥을 가져왔다. 임금이 어디서 술과 음식을 구했느냐고 묻자 신하는 미리 준비해 뒀다고 대답했다. 임금이 물었다.

"어찌해서 미리 준비해 뒀느냐?"

신하가 대답했다.

"왕께서 피난하실 때 굶주리고 목마르실까 봐 준비해 뒀습니다."

"내가 망하리라는 걸 알고서도 왜 진작 간하지 않았느냐?"

"왕께서는 아첨하는 말을 좋아하시고 바른 말은 꺼리셨습니다. 나라가 망하기 전에 세 목이 먼저 떨어질까 봐 말을 하지 않았습니다."

"그럼 내가 망한 이유가 무엇이냐?"

"왕께서 지나치게 현명하신 까닭입니다."

"현명한 군주가 왜 망하느냐?"

"임금 혼자 현명하셨지 주위에 임금보다 현명한 사람이 없었기 때문입니다."

왕이 스스로 잘나서 주위 사람의 경고를 듣지 않았기에 끝내 나라가 망하고 만 것이다. 우나라 임금도 마찬가지다. 진나라에 길을 내주지 말고 괵나라와 힘을 합쳐 진나라에 맞서야 한다고 주장한 궁지기가 누군가. 괵나라가 망하면 결코 우나라도 안전할 수 없다는 냉정한 현실 인식을 '입술이 없어지면 이가 시리다', 즉 '순망치한(脣亡齒寒)'이란 명구로 왕에게 충고한 인물이다. 그런 훌륭한 신하를 곁에 두고도 제대로 써먹을 줄 몰랐던 이유 역시 자기에 대한 과신에서 비롯된 것이었다.

옛사람들이 지금 우리보다 스스로 과대평가하는 데 익숙한 게 아니다. 인간의 보편적 속성은 시대가 변해도 달라지지 않는다. 이것이 옛사람들의 수많은 성공과 실패가 담긴 역사가 오늘날 우리에게 더없는 길잡이가 되는 까닭이다. 언론인이자 역사학자인 폴 존슨(Paul B. Johnson)이 “역사 연구야말로 인류의 오만을 치료하는 강력한 해독제”라고 말한 것도 다른 이유에서가 아니다.

한 사람의 인생 경영이나 크고 작은 기업 경영, 나아가 국가 경영을 하는 데 이르기까지 역사는 참된 경영자가 겸허히 받아들여야 할 교훈과 지혜가 무수히 담겨 있는 보물 지도다. 보물 지도가 있다고 해도 단번에 부자가 될 수 있는 건 아니다. 불굴의 정신과 부단한 노력으로 길을 찾아 나서야 한다. 이 책은 그러한 역사의 보물 지도를 들고 성공의 밑거름이 될 소중한 교훈을 찾아 떠나는 지혜 탐험기다.

이 책은 2007년 4월부터 2009년 4월까지 2년여에 걸쳐 경제 주간지 「이코노미스트」에 ‘역사와 경영’이라는 이름으로 연재한 글을 모은 것이다. 필자가 역사를 전공한 학자도 아닌 데다 기사라는 형식을 빌린 글이었던 만큼 체계적이고 깊이 있는 연구서가 되기에는 태생적 한계를 가지고 있다. 동양과 서양, 고대사에서부터 현대사에 이르기까지 두루 섭렵한다는 야심 찬 포부 또한 필자의 얕은 지식과 두터운 게으름 탓에 구두선에 그치고 말았다. 그야말로 ‘워비곤 호 효과’의 처절한 체험이었다.

그나마 전문 서적 특유의 난해함과 장황함 대신 사례 위주로 쉽게 읽을 수 있는 글 모음이라는 게 위안으로 삼을 수 있는 부분이다. 옛날 이야기를 듣는 기분으로 가볍게 읽는 동안 운명을 개척하고 조직을 이끌었으며 국가를 성공적으로 경영한 선인들의 지혜를 독자들 것으로 만들 수 있다면 더 바랄 나위가 없겠다.

2009년 8월

이훈범

차례
contents

제 2 장
역사 속에서 발견한 리더들의 조직 관리 전략

차례
contents

제 3 장

역사 속에서 발견한 리더들의 인재 관리 전략

역사 속에서 발견한 리더들의 비즈니스 전략

위대한 사람은 새로운 길을 개척한다
고르디아스의 매듭과 알렉산드로스

매듭을 푸는 자가 세계를 제패한다

'고르디아스의 매듭(Gordian knot)'이란 말이 있다. 고르디아스(Gordias)는 소아시아의 왕국, 프리기아의 왕이었다. 프리기아는 오늘날 터키 중부의 한 지역에 해당하는 곳이다. 무엇이든 만지기만 하면 황금으로 변한다는 손을 가진 그 유명한 미다스 왕의 아버지가 바로 고르디아스다.

아버지가 왕이 된 사연도 아들의 손만큼이나 극적이다. 당시 프리기아는 크고 작은 전쟁이 끊이지 않는 극도의 혼란 상태였다. 오랜 혼란을 수습하고자 제사장이 신탁을 구했더니 "모년 모월 모시에 이륜마차를 타고 광장에 들어서는 사람이 혼란을 극복하고 왕이 되리라."라는 답을 받았다. 당시 이륜마차는 신분이 여간 고귀한 사람이 아니고서는 탈 수 없는 것이었다.

운명의 날, 사람들이 광장에 모여 난세에 백성을 구할 왕을 기다렸다. 그때 농부 고르디아스가 말이 끄는 짐수레를 타고 터덜터덜 광장으로 들어섰다. 위대한 영웅의 전차도, 훌륭한 현자의 가마도 아닌 초라한 짐수레였지만 분명 바퀴가 두 개였다.

고르디아스는 신탁(神託)대로 왕이 되었다. 그는 이 일을 기념해 자신의 수레를 신에게 바치고 신전 앞 산딸나무에 밧줄로 꽁꽁 동여맸다. 그러고는 이 매듭을 푸는 사람이 장차 세계를 제패하리라 예언했다. 여기서 이야기가 끝났더라면 고르디아스의 매듭이 그리 유명해지지는 않았을 것이다.

그로부터 오랜 세월이 흐른 뒤 페르시아 원정에 나선 알렉산드로스 대왕(Alexandros the Great)이 프리기아의 수도, 고르디움을 지날 때였다. 알렉산드로스는 이곳에서 그 옛날 고르디아스가 타던 수레를 발견했다. 수백 년의 세월이 흘렀지만 어찌나 견고하게 매여 있었는지 나무에 묶인 매듭이 아직도 풀리지 않은 채 그대로 있었다. 그런데 잠시 후 알렉산드로스가 칼을 뽑아 단칼에 매듭을 두 동강을 내 버렸다. 그 모습을 보고 부하들이 놀라서 입을 다물지 못하자 알렉산드로스가 말했다.

"별것 아니군."

예언은 그대로 들어맞았다. 매듭을 푼 알렉산드로스가 세계의 지배자가 된 것이다.

위대한 사람의 뒤를 따르는 것을 특히 경계하라

그로부터 약 1,800년 후 비슷한 예로 콜럼버스(Christopher Columbus)의 달걀 이야기가 있지만 고르디아스의 매듭은 혁신적이고 창의적인 도전 정신이 필요하다는 점을 강조할 때 흔히 인용되는 우화다. 차근차근 매듭을 푸는 꼼꼼함과 성실성도 중요하지만 기존 관념의 틀을 무시하고 매듭을 한 칼에 잘라 버릴 수 있는 '코페르니쿠스적 사고의 전환'이 필요한 때가 있는 것이다. 지도자의 교체기가 특히 그런 시기다. 그중에서도 전임자가 위대한 업적을 많이 남긴 '빅 보스' 형일수록 그 후임자는 전임자와는 다른 사고의 스펙트럼을 가질 필요가 있다.

흔히 위대한 리더의 뒤를 잇는 후임자들은 전임자의 그늘에 가려 빛을 보지 못하는 경우가 많다. 자수성가한 창업자의 카리스마를 그 2세가 따라가기 어렵고, 스타 연예인의 2세는 아버지나 어머니의 후광을 좀처럼 벗어나지 못한다. 이러한 경우는 대부분 후임자들이 전임자가 이루어 놓은 현실에 안주하거나 아니면 전임자가 닦아 놓은 길 그대로 따라가려 하기 때문이다.

전자의 경우라면 긴 설명이 필요 없겠다. 전임자가 쌓아 놓은 찬란한 성과를 후임자가 곶감 빼먹듯 야금야금 탕진하다 결국 다 털어먹고 마는 사례를 수없이 보아 왔기 때문이다. 그 대표적인 예가 프랑스의 루이 15세(Louis XV)다. 태양왕 루이 14세의 증손자인 루이 15세는 증조할아버지가 서거할 당시 다섯 살의 귀여운 꼬마였다. 궁정에서는 이 꼬마 왕이 훌륭한 통치자로 성장해 루이 14세가 닦아 놓은 유럽의 패권을 더욱 공고히 해 주길 바랐다. 그래서 어린 후계자 교육에 온갖 정성을 기울였다. '친애왕(le Bien Aimé)'이라 불릴 정도로 궁정의 사랑을 독차지했던 루이 15세는 열여섯 나이에 친정을 시작했다.

그러나 그는 통치에는 영 관심이 없었다. 왕위에 오르고 그가 가장 반겼던 것은 이제 최고 권력자의 자리에 올랐으니 더 이상 지긋지긋한 공부를 안 해도 된다는 사실이었다. 그는 나랏일은 플뢰리 추기경에게 맡겨두고 자신은 정사(情事)에 탐닉했고, 베르사유 궁전은 거대한 매음굴로 변했다. 그나마 그의 곁에 플뢰리가 있었던 것이 다행이었다. 그는 무역 확대를 통해 통화를 안정시키고 재정 질서를 회복함으로써 태양왕 이후 기울었던 국력을 회복했다.

그러나 그것도 잠시였다. 치마폭에 휩싸인 왕은 애첩인 퐁파두르 후작 부인의 말을 듣고 숙적 오스트리아와 손을 잡고 영국과 전쟁을 벌였다. 이것이 '7년 전쟁'이다. 하지만 대패해 신대륙과 인도에 있던 광대한 영토를 잃고 말았다. 프랑스는 심기일전해 로렌 지방과 코르시카 섬을 병합하는 데 성공했다. 하지만 그 과정에서 공이 컸던 재상 슈아쥘은 왕의 새 애인 뒤바리 부인과 사이가 좋지 못해 정계에서 쫓겨나야 했다. 그런 사이 사치와 향락에 파묻힌 프랑스는 혁명의 길을 차근차근 밟고 있었다.

이에 비해 후자의 경우, 즉 전임자가 닦아 놓은 길을 그대로 답습하려는 후임자는 수도 없이 많지만 역사 속에서 그 예를 찾기는 쉽지 않다. 대개 전임자의 그늘에 가려 빛을 보지 못하기 때문이다. 그런 인물들까지 기록하기에는 역사책이 너무 얇다. 대신 그에 대한 경계의 말들은 많다. 온갖 일에 참견해 수많은 위대한 명언을 남긴 17세기 초 스페인의 소설가 벨타사르 그라시안(Balthasar Gracian)도 다음과 같은 말을 한 바 있다.

"위대한 사람의 뒤를 따르는 것을 특히 경계하라. 뒤따르는 사람은 모방하는 사람으로 간주된다. 아무리 노력해도 그 짐을 벗기 어렵다. 새로운 길을 찾아 탁월해지는 것은 특별한 기술이다. 새로운 길은 힘들지만 위대함으로 가는 지름길인 경우가 많다."

역사적으로 위대한 인물들은 모두 그와 같은 고행 길을 택한 사람들이었다. 인천 상륙 작전의 영웅 더글러스 맥아더(Douglas MacArthur) 장군도 그중 한 사람이다. 제2차 세계 대전 때 필리핀 주둔 사령관으로 부임한 맥아더 장군에게 부관이 전임 사령관들의 경험을 토대로 만들어진 선례집을 건넸다. 모두 효과적이었다고 판단되는 방법들을 모아 놓은 것이었다.

맥아더는 부관에게 "그 책이 몇 부나 되느냐?"라고 물었다. 여섯 부라고 부관이 대답하자 맥아더가 말했다.

"그럼 여섯 부를 모두 태워 버리게. 나는 선례에 얽매이고 싶지 않네. 문제가 생기면 즉시 판단해 결정을 내려 줄 테니 걱정 말게."

인상파 화가들 역시 새로운 길을 찾아나서서 성공한 경우다. 아카데미즘에 빠져 있던 이전 대가들 눈으로 보면 그들의 작품은 형체도 없이 캔버스에 물감을 덕지덕지 발라놓은 것에 불과했다. 당시 최고의 평론가로부터 "이들의 그림은 벽지로도 쓸 수 없다."라는 혹평을 받아야 했으며, 방패 대신 인상파 그림을 들고 수비하는 터키 병사들 앞에서 적군들이 놀라 달아나는 신문 만평까지 등장할 정도였다. 하지만 과거의 것들과 분명 달랐던 인상파 그림은 오늘날 세상 사람들로부터 가장 많은 사랑을 받는 미술 사조가 되었다.

안정적 현상 유지와 새로운 대업, 무엇을 선택할 것인가

풀리지 않는 매듭을 단칼에 잘라 버린 알렉산드로스는 아무도 밟지 않은 길을 가고자 했던 인물이다. 그에게 있어 이미 닦인 길을 가는 것은 영웅이 할 일이 아니었다. 그리고 새로운 길을 찾으려면 전임자를 딛고 서는 수밖에 없었다.

알렉산드로스는 마케도니아 왕국의 기초를 닦은 아버지 필리포스 2세를 미워했다. 아버지와는 완전히 다른 사람이 되어야겠다고 마음먹은 알렉산드로스는 필리포스의 그리스 정복 사업을 못마땅해했다. 자신이 정복해야 할 땅을 아버지 필리포스가 다 정복할까 봐 염려한 것이다. 이러한 알렉산드로스의 야심을 단적으로 보여 주는 것이 바로 부케팔루스의 일화다.

어느 날 말을 파는 한 상인이 궁전을 찾았다. 그가 끌고 온 부케팔루스라는 이름의 말은 너무 사나워 어떤 용사도 올라탈 수가 없었다. 그러자 필리포스 왕은 아무 쓸모없는 말을 가져왔다며 상인을 나무랐다. 그때 알렉산드로스가 "쯧쯧, 말이 아깝군." 하며 혀를 찼다. 그러자 불쾌한 표정으로 필리포스가 말했다.

"그럼 너는 이 말을 탈 수 있단 말이냐?"

알렉산드로스는 단숨에 말에 뛰어올랐다. 부케팔루스는 잠시 반항하는가 싶더니 이내 양순해져 알렉산드로스를 태우고 힘차게 달렸다. 이 광경을 본 신하들은 환호성을 질렀고, 그 모습을 본 필리포스가 무안해졌음은 불 보듯 뻔한 일이다.

이후 필리포스가 신하에게 독살되고, 혼란을 수습한 알렉산드로스가 마침내 왕좌에 올랐다. 알렉산드로스는 그리스를 평정한 뒤 페르시아로 눈을 돌렸지만 페르시아 역시 그의 종착지는 아니었다. 그곳은 또 하나의 출발지에 불과했다. 결국 알렉산드로스는 인도 땅을 밟았다. 부왕이 타지 못했던 말 부케팔루스를 타고 말이다.

전임자의 행로를 따르기 거부하고 다른 길을 찾아 나선다고 해서 모두 성공하는 것은 아니다. 미지의 길인 만큼 실패할 확률이 더 높고, 반드시 전임자를 뛰어넘어야 할 필요성을 느끼지 않을 수도 있다. 그것은 열심히 매듭을 풀며 그럭저럭 현상을 유지할 것인가 아니면 매듭을 자르고 새로운 길을 찾아 나서 대업을 이룰 것인가의 갈림길에 선 자의 선택이다.

큰 흐름에서 실마리를 찾아라
미루어 헤아리는 '췌마'와 다산 정약용

저울질과 실마리로 상대를 파악한다

옛날 중국의 왕후장상들이 집에 숨겨 놓고 몰래 읽었다는 전국 시대의 전략서 『귀곡자(鬼谷子)』에는 '췌(揣)' 편과 '마(摩)' 편이 있다. '췌'란 '잰다'는 뜻이고 '마'는 '만지다'라는 의미다. 둘을 합쳐 췌마란 곧 '미루어 헤아린다'는 뜻이 된다. 『귀곡자』의 '췌' 편은 이렇게 시작한다.

"자고로 천하를 잘 쓰는 사람은 반드시 천하의 저울을 잘 달아 제후들의 진심을 알아냈다. 저울질을 잘못하면 강약과 경중을 알지 못하고, 진심을 꿰뚫어 보지 못하면 숨어 있는 변화의 양상을 파악하지 못한다."

마편은 다음과 같이 시작한다.

"마는 췌의 기술이다. (중략) 자고로 마를 잘 쓰는 사람은 깊은 연못에 낚싯대를 드리운 것처럼 미끼를 던지면 반드시 큰 고기를 낚았던 것이다."

한마디로 췌마란 슬쩍 미끼를 던져 속내를 알아내는 기술이다. 한두 마디 의미 없는 말을 흘려 상대방의 본심을 읽는 것은 하수다. 마편은 또 이렇게 말한다.

"마를 쓰는 데도 방법이 있는데 그것은 은밀히 해야 한다는 것이다."

한두 마디 던졌는데 상대가 의중을 알아채 버리면 차라리 말을 꺼내지 않은 것만 못하다. 상대의 대비가 더욱 견고해질 테니 말이다. 일을 은밀히 진행하기 위해서는 아무런 움직임도 보이지 않는 것이 상책이다. 즉, 주변에 널린 각종 실마리만을 엮어 세상사의 큰 흐름을 파악하는 것이 상수의 경지다. 이는 『귀곡자』의 시대보다, 빠르고 정확한 정보가 승패를 좌우하는 현대 사회에서 더욱 필요한 진리다. 정보전과 속도전이 결합된 무한 경쟁 시대의 리더라면 누구나 갖춰야 할 덕목인 것이다.

중국에서는 기자(箕子)가 그 시범을 보인다. 은나라의 주왕(紂王)은 즉위한 뒤 애첩 달기의 치마폭에 싸여 방탕한 생활을 했다. 하루는 그가 상아로 젓가락을 만들어 오라고 명했다. 그의 숙부로서 간언을 거듭해 정치를 바로잡으려던 기자는 탄식하며 말했다.

"상아로 만든 젓가락을 쓰면 앞으로 질그릇에 담은 밥은 먹지 않을 것이다. 술잔 또한 쇠뿔이나 옥으로 만든 것만 찾을 것이다. 무명옷도 입지 않고 초가집에서도 살려 하지 않을 것이다. 그래서 누각 정자에 금의옥식(錦衣玉食), 그 욕심이 끝없이 번져 갈 터이니 천하의 온갖 보물을 다 가져도 만족을 모를 것이다. 그 후의 일을 상상하니 내 마음이 다 떨린다."

과연 얼마 지나지 않아 주왕은 녹대(鹿臺, 재화와 보물을 모아 두는 곳)를 세우고 옥으로 궁전을 지었으며, 주지육림에 세상 온갖 진귀한 물건들로 궁전을 가득 채웠다. 이에 백성들은 그에게 등을 돌렸다. 하찮은 낭비가 망국의 사치로 이어진다는 '상저옥배(象箸玉杯)'라는 말은 여기서 생겨났다.

왕의 얼굴을 보고 전쟁할 것을 알아

좀 더 난이도를 높여 보자. 춘추 시대 제나라 환공(桓公)이 조회에서 관중과 함께 위나라를 칠 계획을 논의한 뒤 후궁으로 돌아왔다. 그러자 위희(위나라에서 시집 온 희비)가 환공 앞에 무릎을 꿇고 사죄했다. 환공이 까닭을 물으니 그녀가 대답했다.

"신첩은 대왕께서 의기양양한 용안으로 들어오심을 보고 이미 다른 나라를 진공할 결심을 하셨음을 알았고, 대왕께서 신첩을 보고 안색이 순간 변하시는 것을 보고 대왕께서 치려는 나라가 위나라인 것을 알았습니다."

다음 날 환공이 조회에 나가 관중을 불러들이니 관중이 대뜸 이렇게 물었다.

"대왕께서는 위나라를 치지 않기로 하셨습니까?"

"아니, 중부께서 그걸 어찌 아시오?"

"대왕님 말씀이 오늘따라 유난히 느리신 데다 태도도 겸허하시고 또 신의 물음에 참괴한 빛을 보이셔서 알 수 있었습니다."

제 환공이 자신의 감정을 잘 숨기지 못할 만큼 성품이 경박한 탓도 있지만 관중과 위희의 췌마도 상당한 수준임을 부인하기 어렵다. 위희는 환공의 표정을 읽어 대처함으로써 자신의 부모가 살고 있는 위나라를 공격하는 것을 막을 수 있었고, 관중 또한 환공의 속마음을 읽어 보임으로써 군주의 잘못을 바로잡을 수 있었다.

제 환공 때 있었던 또 다른 사례는 한 차원 높은 고수의 췌마술을 보여 준다. 환공과 관중은 거나라를 치는 문제를 논의하고 있었다. 그런데 다음 날 온 나라 백성이 모두 이 사실을 알아 버렸다. 이를 이상하게 생각한 환공과 관중은 소문의 진원지를 역추적해 동곽수(東郭垂)라는 이름의 잡부를 잡아들였다. 관중이 그에게 물었다.

"우리나라가 거나라를 친다는 말을 네가 퍼뜨렸느냐?"

"네, 그렇습니다."

동곽수는 서슴없이 대답했다.

"그런 말을 밖으로 낸 적이 없는데 네가 어찌 지어낼 수 있었단 말이냐?"

"지어낸 것이 아닙니다. 군자는 모략에 능하지만 소인은 추측에 능한 법입니다. 저 혼자 추측해 알았을 뿐입니다."

"도대체 어떻게 추측했다는 말이냐?"

관중의 질문에 동곽수는 차분히 설명했다.

"전날 단 위의 대왕님을 소인이 우러러보니 용안에 생기가 충만해 계시기에 바야흐로 군사를 출동시키려는가 보다 추측했습니다. 그런데 그날 대왕께서 하시는 말씀이 거나라와 관계되는 것이 많았고 가리키시던 곳도 대부분 거나라 쪽이었습니다. 게다가 지금까지 귀순하지 않은 작은 제후국은 거나라뿐이지 않습니까. 그래서 소인이 그렇게 말한 것입니다."

환공은 말문이 막혔을 것이다. 일개 잡부가 왕의 일거수일투족을 살펴 전쟁 계획을 헤아려 낸 것이다. 이쯤 되면 왕보다 한 수 위의 췌마 고수인 셈이다.

내친 김에 한 단계 더 고수의 세계로 가 보자. 춘추 시대 위나라 왕의 가신(家臣) 남문자 이야기다.

춘추 시대 진(晉)나라 육경 중 한 사람인 지백(智伯)은 위나라를 칠 마음을 먹고 이를 위장하기 위해 위나라에 준마 400마리와 벽옥 하나를 보냈다. 위 임금과 신하들은 이 선물을 받고 모두 기뻐하며 경사를 축하했다. 하지만 남문자만은 근심 어린 표정을 지었다. 위 왕이 물었다.

"대국들이 사이좋게 지내는 것은 기쁜 일인데 무슨 걱정을 그리 하는가?"

"공로 없이 상을 받을 때나 이유 없이 남의 것을 받아 쓸 때는 상대방의 의도가 무엇인지 잘 따져 보아야 합니다. 준마 400필이나 큰 벽옥, 이런 보물을 기증하는 것은 약소국이 강대국에 취하는 일이지 진나라 같은 강대국이 우리 같은 약소국에 취하는 일이 아닙니다. 대왕께서는 이 일을 숙고하시기 바랍니다."

위 왕은 남문자의 말을 새겨듣고 변방을 보다 엄하게 지키라고 명했다. 얼마 후 과연 진나라 지백이 군사를 일으켜 위나라를 기습하려 했다. 그러나 위나라의 방비가 한층 엄해진 것을 알고 물러날 수밖에 없었다. 지백은 "위나라에 현명한 사람이 있어 내 계획을 알아챘구나.” 하며 개탄했다.

다산 정약용도 췌마의 고수

우리나라에도 췌마의 고수가 있었다. 그중 한 사람이 다산 정약용(丁若鏞)이다. 다산이 황해도 곡산 부사로 나가 있을 때의 일이다. 갑자기 돌림병이 서쪽 길을 따라 중국에서 의주를 거쳐 평안도 지방까지 퍼졌다. 겨울철이었던 것으로 보아 아마도 독감이었을 것이다. 특히 노인들은 걸리면 그대로 세상을 떠난지라 마을에서 곡소리가 그치질 않았다.

다산도 이 병에 걸려 누워 있었는데 갑자기 어떤 생각이 머리를 스쳤다. 그는 아전을 시켜 언 땅에 까는 화문석을 사 오도록 했다. 화문석은 중국에서 칙사가 올 때 쓰는 것이었다. 과연 아전이 화문석을 사 오자마자 의주에서 청나라 건륭제가 붕어했다는 소식을 알리는 파발이 도착했다. 온 부중이 놀라 소란스러운데 다산은 아무렇지도 않게 말했다.

“놀랄 것 없다. 중국에서 온 돌림병에 노인들이 다 죽었다. 황제도 80세를 넘긴 고령이니 무사하기 어려웠을 것이다. 그래서 알았다.”

이처럼 췌마의 목적은 그 수가 높고 낮음에 관계 없이 사전에 미리 대비하는 것이다. 일이 터지기 전에 미리 준비하면 어떤 일이 터져도 당황할 것이 없다. 준비한 대로 차분히 대응하면 그만이다. 이는 사태를 예견하지 못하고 우왕좌왕하는 경쟁자와의 거리를 큰 폭으로 넓힐 수 있는 훌륭한 기회이기도 하다.

'위기가 곧 기회'라는 말 역시 사전 대비를 전제로 한다. 문제는 실마리를 찾는 능력이다. 결과론적으로 보면 중요한 단초였던 것도 당시에는 그저 평범한 일상사이기 쉽다. 어떠한 위험도 사전에 신호를 보내게 마련이지만 그 신호는 극히 미약해 레이더에 잡히지 않는 경우가 많다. 그 미세한 차이를 구별하는 힘이 췌마를 가능케 하는 원동력이다. 그것을 키우기 위해서는 세상을 대할 때 늘 냉철한 이성을 유지해야 한다.

주위를 잘 살펴보라. 방금 휴지통에 던져 버린 광고 전단이 그 단초가 될 수도 있다.

영웅은 절망의 순간에 나온다

엘리자베스 1세와 전국 시대의 소진

남들의 비웃음을 존경으로 바꾼 소진

위기(危機)라는 한자어에서 위(危)는 '위험'을 뜻하고 기(機)는 '기회'를 뜻한다. 즉, 위기란 말에는 '위기가 곧 기회'라는 의미가 함축되어 있는 것이다. 중국 전국 시대 중기에 세 치 혀 하나로 6국의 재상 자리에 오른 소진(蘇秦)은 바로 위기를 기회로 바꿀 줄 알았던 대표적인 인물이다.

소진은 동주의 낙양 출신으로 동쪽 제나라로 건너가 사상가이자 권모술수의 달인이었던 귀곡자(鬼谷子)의 가르침을 받았다. 그가 여러 해 동안 이리저리 떠돌다가 거지꼴로 고향으로 돌아오자 형제들과 형수, 처첩들이 비웃으며 말했다.

"주나라 풍습에 밭을 갈거나 공업과 상업에 힘써 2할 이익을 보려고 하는 것이 사람의 도리인데 그는 본업을 버리고 다만 혀끝 말만 일

삼고 있으니 곤궁해지는 것이 당연하지 않은가."

이에 수치심을 느낀 소진은 방에 혼자 틀어박혀 생각했다.

'사내로 태어나 머리 숙여 배움을 구하거늘 아무 영달도 얻지 못한다면 공부를 해서 무슨 소용이 있단 말인가.'

강태공이 지은 병법서인 『주서(周書)』의 '음부(陰符)'를 찾아 열심히 읽어 1년여 만에 췌마술을 터득한 그는 마침내 자신감을 얻었다. '이것만 있으면 당대의 모든 군주를 설득할 수 있으리라.'

상대의 내심을 헤아려 그것을 자기의 뜻으로 바꾸는 췌마술이 정말 효과가 있었는지 소진은 연·조·한·위·제·초 6국의 임금을 구워삶아 강대국 진나라에 맞서는 6국의 남북 연대를 이루어 냈다. 이러한 소진의 합종책(合從策) 탓에 동쪽으로 세력 확대를 꾀하던 진나라는 야망의 실현을 십수 년 뒤로 미루어야 했다.

6국의 재상이 된 뒤 임금 부럽지 않은 행차로 고향을 지나는데 소진의 형제와 처족들은 차마 고개를 들어 그를 마주 보지 못하고 엎드려 기어서 식사 심부름을 했다. 소진이 웃으며 형수에게 말했다.

"전에는 그렇게 위세를 부리시더니 어째서 지금은 이토록 공손하십니까."

형수는 몸을 떨며 엎드려 얼굴을 땅에 대고 사과했다. 소진은 탄식하며 말했다.

"똑같은 사람이라도 부귀하면 친척도 우러러보고 빈천하면 업신여긴다. 하물며 남이야 더 말해 무엇 하랴. 만일 내게 밭 두어 뙈기만 있었던들 오늘날 이렇게 여섯 나라 재상의 인수(印綬)를 찰 수 있었겠는가."

그렇다. 모든 사람의 손가락질을 받는 위기가 없었다면 그는 그저 두어 뙈기 밭에서 나오는 소출로 만족하며 살았을 것이고, 그랬다면 소진은 오늘날 이름을 남기기는커녕 범상한 필부로 살다 먼지처럼 사라졌을 것이다. 위기란 곧 한 단계 더 도약할 수 있는 절호의 기회인 것이다.

혹독한 유년기를 보낸 엘리자베스 1세

소진도 그렇지만 진정으로 위기를 기회로 일궈 낸 이는 영국 여왕 엘리자베스 1세(Elizabeth I)였다. 2000년에 미국의 일간지 「뉴욕타임스(The New York Times)」는 지난 밀레니엄 기간 동안 가장 위대한 지도자로 엘리자베스 1세를 꼽았다. 스페인과 프랑스의 위세에 눌려 유럽의 작은 섬나라에 불과했던 영국을 '해가 지지 않는' 대영제국으로 도약할 수 있는 발판을 마련한 사람이 바로 엘리자베스 1세였던 것이다.

그녀의 삶은 그야말로 위기의 연속이었다. 출생부터가 그랬다. 헨리 8세는 아들을 얻기 위해 로마 교황과 등을 지면서까지 스페인 공주 캐서린과 이혼을 강행한 후 궁녀 앤 볼린과 결혼했다. 그런데 앤은 아들이 아닌 딸을 낳았고 헨리 8세는 크게 실망했다. 그 딸이 바로 엘리자베스 1세였다. 아들을 낳기 위한 지극 정성에도 불구하고 앤 볼린이 유산과 사산을 거듭하자 앤을 향한 헨리 8세의 사랑은 순식간에 식고 말았다. 결국 결혼 3년 만에 헨리 8세는 앤 볼린에게 간통 혐의를 씌워 참수형을 내린다.

한때 사랑하던 아내의 목을 자른 뒤 11일 만에 헨리 8세는 제인 시모어와 재혼했고, 둘 사이에 드디어 아들 에드워드가 태어난다. 헨리 8세는 에드워드에게 왕위를 물려주기 위해 앤 볼린과의 결혼을 무효라 선언했고 졸지에 서출이 된 엘리자베스는 왕궁에서 쫓겨나 하트필드의 사유지에서 어린 시절을 보내야 했다. 병약했던 에드워드 6세가 열여섯의 나이에 세상을 떠나고 캐서린의 딸 메리 1세가 왕위를 물려받았다.

열렬한 구교 신봉자였던 메리의 등극은 엘리자베스에게 치명적인 위험을 예고했다. 메리 여왕은 이미 국교가 뿌리 내리기 시작한 영국을 다시 가톨릭 국가로 바꾸기 위해 국교도들에 대한 피비린내 나는 대학살을 감행한다. 오죽하면 '피의 메리(bloody mary)'라는 별명까지 붙었을까. 아버지 헨리 8세 아래에서 목숨을 부지하기 위해 국교회 신자가 되었던 엘리자베스는 다시 한 번 생명을 연장하기 위해 메리 여왕 앞에서 구교로 개종할 것을 선언한다.

그러나 개신교도 토머스 와이어트(Thomas Wyatt)의 주도로 반란이 일어나자 여왕은 배다른 동생 엘리자베스를 공모자로 몰아 런던탑에 가두어 버렸다. 언제 목이 날아갈지 모르는 위기 속에서 살아가던 엘리자베스는 1558년, 메리 1세가 후사 없이 세상을 떠난 뒤에야 비로소 여왕의 자리에 올라 자유를 만끽하게 된다.

나는 여자지만 왕의 심장을 가졌다

숱한 위기를 극복한 엘리자베스 1세는 여왕이 된 이후로 마침내 위기를 기회로 만들며 그 진가를 발휘한다. 1588년 스페인의 필리페 2세가 리스본 항에 전함 122척과, 함포 2,000문, 병사 1만 9,000명으로 구성된 무적함대를 소집하는 순간 영국과 엘리자베스 1세의 운명은 풍전등화와도 같았다.

16세기 말의 스페인은 유럽에서 가장 막강한 경제력과 군사력을 자랑하는 나라였다. 그에 비해 영국의 해군력은 이름만 남은 해안경비대뿐, 육군은 거의 없는 것이나 다름없었다. 영국이 스페인의 공격을 물리칠 가능성은 거의 없어 보였다.

엘리자베스 궁정의 신하들과 보좌관들은 필리페 2세와 협상에 나서 영국과 여왕 자신을 구하라고 진언했다. 하지만 평화를 구걸하는 것은 나라를 빼앗기는 것이나 다름없다고 생각한 엘리자베스 1세는 맞서 싸우기로 했다. 이는 유년기에 경험한 혹독한 고난과 위기를 통해 터득한 교훈을 잊지 않았기에 가능한 일이었다. 그것은 바로 '위기가 곧 기회'라는 교훈이었다.

엘리자베스 1세는 무적함대의 공격을 막기 위해 무장한 상선을 포함해 80척의 배를 동원하고, 손수 보병을 소집해 스페인 병사들의 육지 상륙을 저지하도록 했다. 당시 보좌관들은 여왕에게 영국군이 집결해 있는 틸베리 캠프에 가지 말라고 당부했다. 정정이 불안한 상황에서 영국 내 가톨릭 동조 세력이 여왕 암살을 기도할 것을 우려했기 때문이다.

그러나 엘리자베스는 절박한 심정으로 자신의 왕국을 지키는 병사들을 외면할 수 없었다. 그녀는 병사들에게 용기를 불어넣어야 했다. 그래야만 더 큰 위험을 막을 수 있었기 때문이다. 스페인 침공이 예상되는 바로 전날 엘리자베스는 기병 장교의 갑옷으로 무장하고 틸베리 캠프를 전격 방문했다. 놀란 병사들을 상대로 캠프에는 여왕의 힘찬 연설이 울려 퍼졌다.

"사랑하는 나의 병사들이여! 나의 안전을 염려한 몇몇 측근이 내게 무장 병사들이 반란을 일으킬지도 모르니 조심하라고 당부했다. 하지만 나는 여러분에게 분명히 말한다. 나를 사랑하는 충직한 병사들을 믿지 못하면서까지 구차하게 살 생각은 없다. 폭군들이나 두려워 떨라. 나는 지금까지 부끄럽지 않은 삶을 살아왔다. 신께 맹세하건대 나는 기분 전환을 위해 온 것이 아니다. 여러분과 생사고락을 같이하겠다는 결의를 다지기 위해서 온 것이다. 신과 나의 왕국, 그리고 나의 백성들을 위한 일이라면 내 명예와 목숨을 티끌같이 여길 것이다. 비록 갈대처럼 연약한 여자의 몸이지만 내게는 왕의 심장과 용기가 있다!"

엘리자베스는 병사들에게 맹목적인 애국심을 강요하지 않았다. 먼저 자신의 목숨을 걸었고 자신을 따르는 병사들에게 구체적이고 현실적인 보상을 약속했다. 그러한 용기와 현실 인식 능력이 있었기에 그녀는 위기를 기회로 바꿀 수 있었다.

사실 틸베리 캠프의 병사들은 단 한 번도 전투 명령을 받은 적이 없었다. 스페인 병사들이 영국 땅을 밟을 엄두도 내지 못했기 때문이다. 무적함대는 플리머스 연해에서 영국 함대를 잡으려 했지만 실패하고, 프랑스 북부 도시 칼레 연해에서 불타는 폐선을 돌진시킨 영국군의 기습적 화공 전략으로 타격을 입었다.

무적함대는 어쩔 수 없이 북쪽으로 달아나 스코틀랜드와 아일랜드를 지나 가까스로 스페인으로 귀환했다. 돌아오는 길에 풍랑까지 만나 리스본 항에 입항한 배는 고작 54척에 불과했다. 대서양의 패권이 스페인에서 영국으로 넘어오는 순간이었다.

이 같은 해상권을 바탕으로 영국은 동인도 회사를 설립하고 북아메리카 버지니아 식민지의 기초를 확립했다. 셰익스피어, 스펜서 등을 배출하며 영국의 르네상스라 일컬어지는 국민 문학의 황금시대가 펼쳐진 시기도 이때였다. 그야말로 위기를 기회로 승화시킨 엘리자베스 1세의 용기와 지혜가 없었다면 모두 불가능한 일이었다.

현실과 타협하되 속내는 드러내지 말라

천재 과학자 갈릴레이와 철혈 재상 비스마르크

천재성만큼이나 처세에 뛰어났던 갈릴레이

"그래도 지구는 돈다."라는 말로 유명한 갈릴레오 갈릴레이(Galileo Galilei)는 젊은 시절부터 논쟁을 좋아하는 열혈 청년이었던 것 같다. 이것저것 따지고 드는 것이 많아 주위 사람들은 그를 '싸움닭'이라 불렀다고 한다.

이 같은 별명이 붙은 것은 그가 아버지의 뜻에 따라 피사에서 의학 공부를 할 때의 일이었다. 청년 갈릴레이는 당시의 해부학 연구가 아리스토텔레스나 고대 로마의 의사이자 해부학자인 갈레노스의 견해를 맹목적으로 따르는 것을 참지 못하고 교수들에게 의문을 제기하며 논쟁을 벌였다. 아무리 위대한 인물의 생각이라도 과학은 실험적 증거로 증명되어야만 한다는 것이 그의 주장이었다. 백 번 옳은 말이지만 원칙 운운하며 사사건건 따지고 드는 사람을 누가 좋아하겠는가.

의도하지 않게 그는 수많은 적을 만들고 있었다.

하지만 갈릴레이의 생애를 찬찬히 들여다보면 그가 앞뒤가 꽉 막힌 채 자신과 생각이 다른 사람에게 시비나 거는 외골수는 아니었던 것 같다. 그의 삶을 통해 우리는 유용한 처세술을 배울 수 있다.

갈릴레이는 1589년 스물다섯의 나이에 피사 대학의 수학 교수로 임용되지만 3년 뒤 재임용에 탈락하고 만다. 권위와 규제를 증오하던 그는 대학에서 항상 가운을 입어야 한다는 낡은 규정을 견뎌 내기 힘들었던 것이다.

갈릴레이는 주저함 없이 유럽에서 가장 오랜 역사를 자랑하는 파도바 대학으로 자리를 옮겼고, 진보적 색채의 이 대학에서 아무런 방해도 받지 않고 자신의 천재성을 유감없이 발휘했다. 사실 19세 때 의학에서 수학으로 전공을 바꾸자마자 유명한 '진자의 등시성' 을 발견할 만큼 갈릴레이의 천재성은 이미 널리 알려진 바였기에 자리를 얻는 것은 문제가 되지 않았다. 진자, 즉 추가 흔들리는 진폭이 작아져도 주기는 변하지 않는다는 진자의 등시성 이론은 갈릴레이가 성당에서 지루한 설교를 듣다가 흔들리는 샹들리에를 보고 깨달은 것이다.

그런데 이 시기에 그의 운명을 바꿔 놓을 뿐 아니라 과학사를 다시 쓰게 될 역사적 사건도 일어난다. 갈릴레이는 이때 네덜란드의 한 안경 제작자가 발명해 특허를 신청한 망원경을 보게 되는데 그 망원경은 배율이 고작 서너 배에 불과한 데다 흐릿하게 사물의 윤곽만 보일 뿐이었다.

베네치아 총독은 이 망원경의 성능을 높이는 사람에게 포상금을 내걸었고, 갈릴레이는 며칠 만에 배율이 아홉 배까지 확대되는 망원경을 만들어 총독에게 바쳤다. 그런데 놀랍게도 갈릴레이는 포상금을 사양했다. 이에 감동한 총독은 그에게 종신 교수직을 부여하고 급여를 세 배로 올려 주는 것으로 보답했다. 얼마나 남는 장사인가. 이는 소탐(小貪)하다 대실(大失)하는 경우가 많은 우리에게 주는 첫 번째 교훈이다.

갈릴레이는 망원경의 성능을 향상시키기 위해 꾸준히 노력한 결과 곧 1,000배나 확대되는 망원경을 만들어 냈다. 여기서 그의 운명이 바뀐다. 그에게 망원경으로 보는 세상은 눈으로만 보던 세상과는 너무나 달랐다. 그는 이 과정에서 은하수가 무수히 많은 별들로 이루어져 있다는 것과 목성 주위를 네 개의 위성이 돌고 있다는 사실을 발견하게 된다.

갈릴레이는 자신이 발견한 위성들을 '메디치 가(Medici Family)의 위성들'이라 명명하는데 여기서도 그의 빛나는 처세술을 발견할 수 있다. 메디치 가는 당시 최고의 권력을 자랑하는 가문이었다. 이 효과는 바로 나타나 메디치 가의 코지모 2세가 갈릴레이를 초청하기에 이른다. 이로써 갈릴레이는 최고 실력자의 측근이 된 것이다. 두 번째 교훈은 바로 '감동은 사람을 움직인다'는 것이다.

숨겨야 할 의도는 끝까지 숨겨라

이후 갈릴레이는 망원경으로 천체를 연구하면서 코페르니쿠스가 주장한 지동설이 옳다는 확신을 가졌다. 그는 코페르니쿠스의 학설이 자신의 관찰을 통해 과학적으로 증명되었다고 주장했다. 수난이 시작되는 순간이었다. 그의 주장이 성서의 내용과 어긋난다고 판단한 교회에서 그를 공격한 것이다.

교황청과 대립해 좋을 것이 없다고 판단한 갈릴레이는 자신의 천문학 연구를 정리하고 출판 허가를 받기 위해 직접 로마로 달려가 설득했다. 교황청은 코페르니쿠스의 설을 가설로 서술한다면 출판해도 좋다고 허가했다. 드디어 1632년 『프톨레마이오스와 코페르니쿠스의 2대 세계 체계에 관한 대화(Dialogo sopra i due massimi sistemi del mondo, tolemaico e copernicaon)』가 발간된다.

이 책은 갈릴레이 자신을 대변해 지동설을 주장하는 사루비아치와 중립을 지키는 사그레도, 단순한 사고로 천동설을 고집하는 심프리치오 등 세 명이 등장해 나흘간 토론한 내용을 담고 있다. 갈릴레이는 여기서 밀물과 썰물을 설명하며 우회적으로 지동설을 주장했다. 거기까지는 문제가 없어 보였는데 생각지도 않은 곳에서 사단이 나고 말았다.

그동안 갈릴레이를 적극적으로 지원하던 교황 우르바노스 8세가 심프리치오가 자신을 빗댄 인물이라고 오해를 한 것이다. 갈릴레이는 이듬해 로마에서 종교 재판에 회부되어 지동설을 진리로 인정하지 않는다는 각서를 쓰고 근신하라는 판결을 받는다. 저서 역시 금서가 되었다. 여기에서 우리가 얻을 수 있는 세 번째 교훈은 '의도는 선했다 할지라도 때로는 오해를 낳을 수 있다'는 것이다.

지금까지의 세 가지 교훈을 종합해 '출세를 위해서는 아부를 잘해야 하지만 자칫 잘못하면 신세를 망칠 수도 있으니 조심해야 한다'는 결론을 얻었다면 당신은 하수다. 좀 더 앞서 가는 리더를 꿈꾼다면 '숨은 의도를 쉽게 드러내지 말라' 는 교훈을 얻었어야 한다.

갈릴레이는 포상금을 사양하고 자신이 발견한 위성에 메디치라는 이름을 부여함으로써 자신의 원대한 포부를 감추고 자신의 목적을 달성하는 데 가장 큰 걸림돌이 될 수 있는 현실적인 권력과 타협할 수 있었다. 하지만 연구의 결정판이라 할 수 있는 저서에서 (3자 대화 형식이라는 가면을 썼음에도 불구하고) 자신의 의도를 숨기지 못하고 드러내는 바람에 시련을 겪게 된 것이다.

예측 불가능한 사람일수록 존경의 대상이 된다

상황이 무르익을 때까지 의도를 드러내지 말라는 교훈을 가장 잘 실천한 이는 독일을 통일한 프로이센의 철혈 재상 비스마르크(Otto E. L. von Bismarck)였다. 1850년 그가 35세의 나이에 프로이센 연합 의회 의원이 되었을 당시 현안은 분열된 독일의 소국들을 통일해 강대국 오스트리아와 전쟁을 치르는 것이었다.

프로이센 왕인 프리드리히 빌헬름 4세와 대신들은 전쟁에 반대했으나 왕위를 물려받을 빌헬름 왕자와 의회는 당장이라도 전쟁에 뛰어들 기세였다. 물론 비스마르크도 전쟁에 찬성하는 쪽이었다. 하지만 전쟁의 분위기가 고조되고 있던 상황에서 그는 전쟁의 광기를 비난하고 오스트리아를 옹호하는 의회 연설을 해 사람들을 놀라게 했다.

"유효한 명분 없이 전쟁을 일으키는 정치가들은 화를 입을 것입니다. 여러분은 과연 전쟁이 끝난 뒤 잿더미로 변한 농장을 망연자실 바라볼 농부, 한쪽 다리가 사라진 젊은이, 자식을 잃은 부모들을 똑바로 바라볼 자신이 있습니까?”

다른 의원들은 혼란을 느꼈고, 일부 의원은 전쟁 불가로 입장을 바꾸었다. 결국 왕과 측근들의 의견에 따라 전쟁을 피할 수 있었다.

몇 년 뒤 비스마르크는 프로이센의 총리 자리에 오른다. 그에게 속은 왕이 그를 총리로 삼은 것이다. 비스마르크는 여기서 그 유명한 총리 취임 연설을 하게 된다.

“이 시대의 가장 중요한 문제들을 연설과 다수결로 해결할 수는 없습니다. 오직 철과 피로 해결할 수 있을 뿐입니다.”

그는 총리가 되자마자 군대를 강화했고 왕을 밀어붙여 오스트리아와 전쟁을 벌여 결국 오스트리아 제국을 무너뜨리고 프로이센을 중심으로 독일을 통일하기에 이른다.

그렇다면 그는 왜 전쟁에 반대하는 연설을 했을까. 그때는 프로이센 군대가 싸울 준비가 되어 있지 않았기 때문이다. 그렇다고 힘을 키워 나중에 싸우자고 했다면 의원들을 설득할 수 없었을 것이다. 당시 프로이센 사람들은 자국의 군대가 강하다고 착각했고, 따라서 여론도 당연히 오스트리아에 이긴다는 쪽으로 기울었다. 그러므로 당시 비스마르크가 전쟁 반대 연설을 한 것은 왕에게 아부해 총리 자리에 오르기 위해서가 아니라, 일단은 현실과 타협해 상황이 무르익을 때까지 기다려야 한다고 판단했기 때문이다.

아무 앞에서나 자신의 견해를 밝히고 느끼는 대로 감정을 숨김없이 드러내서 상대방의 마음을 얻을 수 있다고 믿는다면 그것은 착각이

다. 자신을 그렇게 내보이면 오히려 예측 가능한 사람만 될 뿐이고, 따
라서 존경이나 두려움의 대상도 될 수 없다.

역발상을 승부수로 걸어라
상식과 관습을 무너뜨린 임공과 임상옥

역발상은 현실 극복 의지의 또 다른 이름

흔히 돈 버는 사람은 따로 있다고 한다. 누구는 뭘 해도 돈을 버는데 누구는 뭘 해도 말아먹고 만다. 기업도 마찬가지다. 어떤 기업은 별것 아닌 아이디어 하나로 대박을 터뜨리는데 어떤 기업은 엄청난 아이디어로도 쪽박을 차고 만다. 그래서 팔자니 운수소관이니 하는 말이 나오고 철학관·운명상담소들이 돈을 긁어모은다.

물론 운을 무시할 수는 없다. 하지만 자신의 실패를 운이 없는 탓으로만 돌리는 사람은 결코 성공할 수 없다. 운이란 노력의 부산물이고 행운은 노력하는 사람만의 몫이기 때문이다.

성공하는 데는 이유가 있게 마련이다. 정확한 미래 예측, 풍부한 자금과 정보력, 근면 성실 등 여러 가지가 있을 수 있지만 그중 하나가 바로 역발상이다. 역발상은 상식과 관습을 뒤집는 것이다. 가장 쉬운 일은 상식과 고정 관념을 따르는 것일 수 있다. 하지만 그 길은 수많은 경쟁자가 득실대는 레드 오션이다. 아무리 좋은 아이디어라도 많은 사람이 함께 생각하는 것이라면 치열한 경쟁이 불가피하다. 그럴 바에는 남들이 가는 길과 반대 방향으로 거슬러 올라가는 것이 나을 수 있다.

위험이 따르더라도 대담하게 승부를 걸어야 할 때가 있다. 또한 아무 생각 없이 남들과 반대로 간다고 블루 오션에 이르는 것은 아니다. 현실에 순응해 따르는 대신 현실을 능동적으로 극복해 나가려는 의지가 있어야 한다. 이럴 때 필요한 것이 바로 역발상이다.

신 안 신는 오랑캐에 신발을 판 임공

『사기(史記)』가 소개하는 진나라 때의 인물 임공(壬公)은 그러한 역발상의 롤 모델이 될 만하다. 임공의 집안은 대대로 관청의 창고지기로 일하며 살아왔다. 하지만 임공은 가난한 조상처럼 살고 싶지는 않았다. 그는 돈을 모으기 위해 창고지기를 그만두고 장사를 하기로 마음먹었다.

우선 그는 적은 돈으로 할 수 있는 소금 장사를 시작했다. 돈을 조금 모은 뒤 다시 목축업과 농업에 뛰어들었다. 임공이 살던 때는 천하를 통일한 진시황이 죽고 그의 2세인 호해가 다스리던 시절이었다.

어리석은 황제 대신 교활한 환관 조고(趙高)가 권력을 주무르자 세상은 크게 어지러웠다. 사람들은 다투어 사치를 부렸다. 금은보석으

로 몸을 치장하고 화려한 수를 놓은 비단옷이 유행했다. 하지만 임공
은 사치를 부리지 않고 열심히 일해 곧 큰 재산을 모을 수 있었다.

조고의 폭정이 계속되자 각지에서 영웅호걸들이 들고일어났다. 진
승과 오광이 일어나고 이어 항우(項羽)와 유방(劉邦)이 거사했다. 천하
는 전쟁터가 되었고 사람들의 피난 행렬이 줄을 이었다.

사람들은 '피난을 갈 때는 들고 가기도 간편하고 피난지에서 요긴하
게 쓸 수 있는 금이 최고다.'라고 생각하며 경쟁적으로 금을 사들이기
시작했다. 당연히 금값이 폭등하고 곡식 값은 폭락했다. 하지만 임공은
사람들과 반대로 움직였다. 곡식을 꾸준히 사들인 것이다. 그런 임공을
가족들조차 이해하지 못했다. 아들이 걱정스러운 표정으로 물었다.

"아버님, 세상에 난리가 났는데 곡식을 사들여서 어찌시려는 겁니
까? 다른 사람들은 금을 사고 있습니다."

"어리석은 소리 말아라. 금 덩어리 몇 개가 요긴하게 쓰일지는 몰라
도 대상(大商)이 취할 태도는 아니다. 전쟁이 일어나면 누구나 같은 생
각을 하기 때문에 금값이 폭등한다. 하지만 모든 사람과 똑같은 생각
을 하면서 어찌 부를 이루길 바라겠느냐. 아무 소리 말고 곡식이나 부
지런히 사들여 땅속에 묻거라."

아들은 불만이 많았지만 임공이 시키는 대로 곡식을 사들인 뒤 땅
을 파고 잘 보관했다.

항우와 유방의 대결이 더욱 격렬해지면서 양쪽의 수십만 대군은 군
량이 부족해 백성들의 양곡을 빼앗아 갔다. 전쟁으로 농사를 짓지 못
하는 데다 보관해 둔 양곡마저 빼앗기자 굶어 죽는 사람이 속출했다.
사람들은 집 안에 있는 모든 패물을 꺼내 들고 곡식을 사기 위해 아우

성이었다. 금값은 폭락하고 곡식 값은 하루가 다르게 치솟았다.

임공이 아들에게 말했다.

"자, 이제 비축해 두었던 곡식을 꺼내 팔거라."

임공은 양곡을 팔아 금은보화를 거두어들였다. 그리하여 유방이 항우를 누르고 천하를 통일했을 때 임공은 한나라 최고의 거부가 될 수 있었다. 한고조 유방이 임공에 대한 소문을 듣고 그를 불러 물었다.

"그대는 엄청난 부를 축적했다고 하는데 무슨 비결이라도 있는가?"

"남들과 다르게 생각하고 다르게 행동했을 뿐입니다. 그것을 역발상이라 하지요."

"예를 들어 보겠는가?"

"남월에 사는 미개한 오랑캐들은 신발을 신지 않는 풍습이 있습니다. 그래서 아들에게 남월에 가서 신발을 팔라고 했지요. 아들은 신발을 신지 않는 사람들에게 어찌 신발을 팔 수 있느냐고 따졌습니다. 그래서 제가 신발을 신도록 풍습을 바꾸면 될 게 아니냐고 했습니다. 아들은 그 말을 듣고 남월에 가서 많은 돈을 벌어 왔습니다."

"풍습을 어떻게 바꾸었는가?"

"먼저 몇몇 여자에게 돈을 주고 예쁜 신발을 신게 했습니다. 그러자 모든 여자들이 예쁘게 보이기 위해 앞다투어 신발을 샀습니다. 결국 남자들까지 신발을 신게 되었지요."

결과만 놓고 보자면 손바닥을 뒤집는 것만큼 쉬워 보인다. 하지만 실제 실행에 옮기기에는 결코 쉬운 일이 아니다. 남들이 다 오른쪽으로 가는데 혼자만 왼쪽으로 가는 것이 어디 쉬운 일이겠는가. 고독한 결정이 따라야 하는 일이다.

청나라 상인들의 농간을 꿰뚫어 본 임상옥

그러한 결정을 하기 위해서는 정확한 판단력과 남다른 결단력이 필요하다. 우리나라에도 그런 능력을 갖춘 인물이 있었으니, 조선 후기의 의주 상인 임상옥(林尙沃)이다.

임상옥은 전국에서 최상품 인삼을 사들인 뒤 동지사(冬至使, 조선이 명과 청에 정기적으로 파견했던 사신) 일행을 따라 청나라로 들어갔다. 연경(燕京, 지금의 베이징)에 도착하여 인삼을 펼쳐 놓았으나 어찌 된 영문인지 청국 상인들은 약속이나 한 듯 인삼을 거들떠보지도 않았다. 예전에는 조선 상인들이 오면 청국 상인들이 먼저 달려와 인삼을 찾았는데, 이번엔 청국 인삼 가게들을 찾아다니며 사라고 해도 고개를 가로저으며 비싸다고만 하는 것이었다.

경상·송상·만상 등 조선 상인들은 안절부절못했다. 조선으로 돌아가야 할 날은 다가오는데 인삼을 한 뿌리도 못 팔았으니 걱정이 태산 같았다. 조선 상인들은 대책 회의를 열었다.

"이제 어쩔 수 없소. 청상이 부르는 가격에 그냥 팝시다."

조선 상인들이 이구동성으로 말했다. 한쪽 구석에서 묵묵히 이 말을 듣고 있던 임상옥이 말했다.

"청상들이 부르는 값에 팔려면 제게 파십시오."

조선 상인들은 눈이 휘둥그레졌다.

"아니, 당신 인삼도 팔지 못하면서 우리 인삼까지 사겠다는 거요?"

"제가 전 재산을 걸고 약속하겠습니다. 제 신용을 아시지 않습니까? 어음도 써 드리겠습니다."

임상옥은 상인들에게 어음을 써 주고 인삼을 모두 인수했다. 그러고는 객사 앞에서 인삼을 불태우기 시작했다.

사실 청상들은 조선 인삼을 헐값에 사들이기 위해 비매 동맹을 맺고 있었다. 귀국 날짜가 다가오면 조선 상인들이 인삼을 안 팔래야 안 팔 수가 없을 것이라고 판단한 것이다. 임상옥은 이를 간파하고 다른 상인들의 인삼을 모두 사들인 것이다.

조선 상인들의 동향을 살피고 있던 청상들은 조선 상인들이 머물고 있는 객사 마당에서 불길이 치솟는 것을 발견했다. 임상옥이 인삼을 태우고 있다는 사실을 알게 된 청상들은 대경실색해서 달려왔다.

"아니, 그 귀한 인삼을 태워 버리다니 도대체 왜 그러시오?"

청상들은 사색이 되어 임상옥의 소매를 잡고 만류했다. 그들은 고려 인삼을 사기 위해 돈까지 빌린 상황이었던 터라 인삼을 사지 못하면 막대한 손해를 볼 수밖에 없었다.

임상옥은 장작불에 인삼을 던지며 태연히 말했다.

"인삼은 헐값에 팔면 약효가 없다오. 그래서 이렇게 태워 버리는 것이오."

청상들이 애원했다.

"우리가 두 배로 값을 쳐 드리겠소. 우리에게 파시오."

하지만 임상옥은 막무가내였다.

"이미 태운 게 있어서 갑절이라도 손해를 메울 수 없소."

"그렇다면 열 배에 사겠소. 제발 이제 그만하시오."

임상옥은 그제야 못 이기는 체하고 인삼을 팔았다. 임상옥은 조선 상인들의 인삼을 모두 거두어 열 배로 팔아 조선 최고의 거부가 되었다. 그의 나이 마흔도 되기 전의 일이었다.

남들은 팔지 못해 안달일 때 모두 사들이는 역발상과 사들인 것을 모두 불에 태워도 좋다는 결단력, 그리고 청상들의 농간을 꿰뚫어 본 판단력이 그를 거상의 길로 인도한 것이다.

이길 수 없으면 친구가 돼라

프랜시스 베이컨과 토머스 모어

무모한 경쟁은 치유 불가능한 상처를 남긴다

16세기 영국의 시인이자 극작가였던 로버트 그린(Robert Greene)은 글 쓰는 일을 생업으로 한 최초의 전업 작가로 유명하다. 소설과 희곡 등 많은 작품을 남겼지만 정작 그를 유명하게 만든 것은 셰익스피어에 대한 험담이었다.

그는 일련의 자전적 팸플릿에서 자기보다 네 살 어린 나이에 연극배우이자 극작가로서 두각을 나타내기 시작하던 셰익스피어에게 혹독한 비판을 가한다.

"우리들의 깃털로 아름답게 치장하고 벼락출세를 한 까마귀가 있다. 배우라는 껍데기 속에 숨긴 호랑이 심장으로 무장한 이 친구는 그대들(동료 작가들)만큼이나 무운시(無韻詩)를 멋지게 쏟아 낼 수 있다고 생각하고 있는 데다 못하는 게 없는 팔방미인이어서 이 나라에서 연극 무대를 뒤흔들 수 있는 사람은 자기뿐이라는 식으로 우쭐해 있다."

그린은 옥스퍼드나 케임브리지 대학을 졸업하고 문단에 진출한, '가방 끈' 긴 작가 그룹을 일컫는 대학재인파(大學才人派, University Wits)의 일원이었다. 그런 그가 제대로 된 교육도 받지 못한 신출내기 셰익스피어에게 불 같은 질투를 느낀 데는 그만한 이유가 있었다.

자신이 의지하고자 했던 너그러운 후원자 사우스햄튼 백작의 관심을, 어디서 날아왔는지도 모르는 근본 없는 까마귀가 하루아침에 가로채 갔기 때문이다. 그린은 사우스햄튼 백작에게 자신의 작품을 헌정하며 애정을 표시했지만 이 젊은 백작이 공적인 자리나 사적인 자리에서 관심을 보인 상대는 오로지 셰익스피어뿐이었다.

하지만 어쩌랴. 상대가 너무 센 것을. 200년 뒤 영국의 문필가 토머스 칼라일(Thomas Carlyle)이 "식민지 인도와도 바꾸지 않겠다."라고 호기를 부려 인도인들의 심기를 불편하게 했던 대문호이자, 그 후로 200년이 더 지난 오늘날에도 전 세계 어딘가에서 그에 관한 책이 매일같이 적어도 한 권 이상은 출판되고 있다는 그 셰익스피어가 아닌가 말이다.

만약 그린이 셰익스피어에 대해 퍼부은 독설만큼이나 정열적으로 글을 썼다면, 쉼 없이 솟구치는 분노를 상상력으로 바꿀 수 있었더라면 셰익스피어에 버금가는 작품 한두 개쯤 못 썼을 이유도 없을 것이다. 적대감을 극복하고 셰익스피어에게 다가가 그와 함께 연극에 대해 토론하고 고민했다면 셰익스피어 대신 그린의 『맥베스(Macbeth)』가 불후의 명작으로 남았을지도 모를 일이다.

하지만 그린은 그럴 만한 그릇이 되지 못했는지 셰익스피어에 대한 질투와 저주를 멈추지 않았다. 결국 그는 런던 시내의 쥐가 들끓고 불결하기 짝이 없는 오두막에서 정부(情婦)의 잔소리를 들으며 길지 않은 생을 마쳐야 했다.

경쟁 그 자체는 좋은 것이다. 그러나 무모한 경쟁은 치유할 수 없는 상처만 남길 뿐이다. 경쟁에 뛰어들 때는 먼저 자신을 냉철히 돌아보아야 한다. 도저히 당해 낼 수 없는 상대와 경쟁을 벌이는 것은 수레 앞에 선 사마귀나 다를 바 없다. 수레에 깔리지 않으려면 수레에 맞설 힘이 있거나 그렇지 못하면 길에서 비켜서야 한다.

길에서 비켜난 뒤에는 다시 두 가지 길이 있다. 하나는 잠시 동안 물러나 있으면서 수레에 맞설 힘을 기르는 것이다. 또 다른 하나는 수레에 함께 타고 한 방향으로 가는 것, 즉 이길 수 없는 상대라면 그를 경쟁자가 아닌 친구로 만드는 것이다.

길에서 비켜설 것인가, 승부를 걸 것인가

그런 의미에서 셰익스피어와 같은 시대를 살았던 과학자이자 철학자, 정치가인 프랜시스 베이컨(Francis Bacon)과 그보다 약 1세기 먼저 태어난 성직자이자 정치가인 토머스 모어(Thomas More)의 삶은 두 사람의 대표적 저서만큼이나 절묘한 대비를 이룬다.

이상주의 국가상을 그린 저서 『유토피아(Utopia)』에서 '유토피아(이상향)'라는 말을 처음 만들어 낸 토머스 모어는 당시 최고의 지위인 국새상서(Lord Keeper of the Great Seal) 자리에 올랐음에도 불구하고 철저한 성직자의 삶을 살았다. 그는 세상을 떠난 지 400년이 지난 1935년 로마 교황청으로부터 성자 칭호를 받을 정도로 타협을 모르는 고결한 인품의 소유자였다.

그는 탁월한 식견과 외교력으로 국왕 헨리 8세의 신임을 한 몸에 받았지만 끝까지 왕의 이혼과 왕이 영국 국교회 수장 자리에 오르는 것에 동의하지 않았다. 당시 헨리 8세의 위상을 생각하면 이는 대단한 용기가 아닐 수 없다. 모어는 결국 반역죄를 뒤집어쓰고 런던탑에 갇혔다가 단두대의 이슬로 사라지고 말았다. 그는 국새상서에 임명되었을 때 이미 자신의 운명을 예감했는지 주위 사람들의 축하를 물리쳤다고 한다.

그에 비하면 과학의 발전이 가져올 미래주의 이상 사회의 모습을 그린 『새로운 아틀란티스(The New Atlantis)』를 쓴 프랜시스 베이컨은 마찬가지로 국새상서의 지위까지 올랐지만 훨씬 현실적인 인물이었다. 당시 세력가였던 에식스 백작의 재판 문제는 그의 현실 감각을 적나라하게 드러낸 사건이었다.

에식스 백작은 베이컨의 먼 친척이면서 그를 정계에 입문시킨 은인이었다. 베이컨을 법무차관 자리에 앉히려고 백방으로 노력하다 뜻을 이루지 못하자 그를 위로하기 위해 거대한 영지(領地)를 선물할 정도였다.

그런데 에식스 백작이 아일랜드 반란군을 진압하러 나섰다가 엘리자베스 여왕의 허락도 없이 반군과 휴전을 체결하고 돌아온 일이 있었다. 이 일로 여왕의 노여움을 산 백작은 모든 관직을 박탈당하고 내란을 주도했다는 죄목으로 체포되었다. 그런데 그를 단죄하기 위한 재판에서 베이컨은 여왕 편을 들면서 에식스 백작에게 불리한 증언을 한다. 백작의 편을 든다고 해서 그가 처형을 면하기는 어려울 것이고, 여왕의 진노로 볼 때 백작을 옹호하면 함께 처형될 것이 뻔했기 때문이다. 이 일로 은인을 배반했다는 비난이 평생 베이컨을 따라다녔지만 사실 당시로서는 그것만이 곤경에서 벗어날 수 있는 유일한 방법이었다.

이렇듯 은인을 배반하면서까지 실리를 추구했지만 베이컨의 출세는 더디기만 했다. 그러다가 제임스 1세가 즉위하면서 그는 출세가도를 달리기 시작했다. 왕의 편에 서서 의회를 견제하고 왕권을 옹호하는 데 앞장서면서 제임스 1세의 신임을 얻은 그는 1618년 드디어 국새상서의 자리에 오른다.

하지만 왕의 측근이 되다 보니 의회파와 충돌하지 않을 수 없었다. 의회파는 그를 몰아내기로 작심하고 베이컨이 뇌물을 받은 사례를 28가지나 모아 뇌물 수수 혐의로 제소했다. 결국 베이컨은 예순 살의 나이에 국새상서 자리에서 물러날 수밖에 없었다.

비록 불명예 퇴진을 하긴 했지만 베이컨은 그 후에도 공직에 진출하기 위해 갖은 노력을 아끼지 않았다. 하지만 한 번 지나간 물결을 다시 돌이키기란 쉬운 일이 아니었다.

베이컨은 이제 길에서 비켜나 있었다. 토머스 모어 같으면 길에서 걸어 나오기 전에 결코 굽힐 수 없는 소신에 따라 의회파와 한판 승부를 벌였을 것이다. 하지만 베이컨의 눈에는 너무나 냉엄한 현실이 보였다. 그는 자신의 재판에 대해 이렇게 말하며 승복했다.

"지난 200년 동안 의회가 견책한 사건 중에서 가장 공정한 견책이었다."

그가 뇌물을 받았는지, 받았다면 그 액수는 얼마였는지는 전혀 밝혀지지 않은 상황이었다. 하지만 베이컨은 이미 그와 같은 주장을 뒤집을 수 없는 상황이라는 것을 너무도 잘 알고 있었다.

현실을 받아들인 베이컨은 정계 복귀에 눈을 돌리는 대신 저술이나 연구 활동 등에 관심을 쏟았다. 『새로운 아틀란티스』는 물론이고 『헨리 7세 치세사』『자연사 및 실험사』『삶과 죽음의 역사』 등과 같은 뛰어난 저서들이 쏟아져 나온 것도 바로 이 시기였다. 더 이상 수레에 올라탈 수 없는 현실을 직시하고 길에서 비켜나 나름대로 수레에 맞설 수 있는 힘을 키운 것이다. 그것은 또 다른 수레였다.

1626년 3월 눈이 펑펑 내리던 어느 날, 베이컨은 조금은 우스운, 그러나 나름대로 극적인 삶을 마감한다. 닭고기의 부패를 방지하기 위해 눈 속에서 냉동 효과를 실험하다 찬바람을 많이 맞는 바람에 독감에 걸려 숨을 거둔 것이다. 이 때문에 베이컨은 '실험 과학의 첫 번째 순교자'라는 별명을 얻게 된다. 뇌물 수수 혐의로 불명예스럽게 물러나야 했던 그가 과학계에서는 최고로 명예로운 순교자의 찬사를 받게 된 것이다.

베이컨의 삶이 지나치게 출세 지향적이고 기회주의적이라고 비난할지도 모르겠다. 하지만 어쩌면 그것은 자신의 이상을 실현하기 위한 또 다른 방법일 수도 있고, 시대가 낳은 산물일 수도 있다. 베이컨과 셰익스피어가 살던 르네상스 시대는 완벽한 도덕성보다는 정치가이자 법률가, 인본주의 철학자이자 문필가, 과학자로서 여러 분야에

서 뛰어난 재능을 발휘했던 베이컨 같은 만능인이 더 존경을 받던 시
대였던 것이다.

천하, 얻는 법과 지키는 법이 다르다
당 태종과 진시황

창업과 수성, 어느 쪽이 더 어려운가

'창업이수성난(創業易守成難)'이라는 말이 있다. 말 그대로 '어떤 일을 시작하는 것은 쉬우나 이룬 것을 지키기는 어렵다'는 뜻이다. 원래는 맹자가 한 말이지만 당(唐) 태종의 고사로 더 유명하다.

『정관정요(貞觀政要)』에 이런 이야기가 전한다. 어느 날 태종이 신하들에게 갑작스런 질문을 던졌다.

"창업과 수성, 둘 중에 어떤 것이 더 어렵소?"

명신 방현령(房玄齡)이 대답했다.

"우후죽순 일어난 군웅 중 최후의 승자만이 창업을 할 수 있습니다. 당연히 창업이 어렵습니다."

또 다른 명신 위징(魏徵)의 생각은 달랐다.

"예부터 임금의 자리는 간난(艱難) 속에서 어렵게 얻어 안일(安逸)

속에서 쉽게 잃는 법입니다. 그만큼 수성이 어렵습니다.”

그 말에 태종이 웃으며 다음과 같이 결론지었다.

“현령은 짐과 더불어 천하를 얻고 구사일생으로 살아났소. 그래서 창업이 어렵다고 한 것이오. 징은 짐과 함께 천하를 편안하게 해 교사(驕奢)는 부귀에서, 화란(禍亂)은 이완에서 오는 것이라는 것을 항상 두려워하고 있소. 그래서 수성이 어렵다고 한 것이오. 그러나 이제 창업의 어려움은 끝났소. 짐은 앞으로 공들과 함께 수성에 힘쓸까 하오.”

얼마나 현명한 지도자인가. 태종은 자신의 말대로 수성에 힘써 후세의 제왕에게 선정의 모범이 된 ‘정관의 치〔貞觀之治〕’를 열며 당 왕조 290년의 기틀을 마련했다. 그의 정치 철학이 담긴 『정관정요』는 수성의 노하우가 담긴 제왕학의 명작이다.

조선 태종 역시 창업과 수성을 성공적으로 수행한 모범적인 예다. 태조 이성계를 도와 구세력을 몰아내고 신진 세력을 결집하는 데 결정적인 공을 세운 인물이 태종이었다. 그러나 그는 태조에 의해 세자로 책봉되지 못하고 두 차례 왕자의 난으로 피바람을 일으킨 뒤 비로소 왕위에 올랐고, 수성에 힘써 조선 왕조 500년의 대들보를 세운 성군이 되었다.

태종은 개국 과정에서 정몽주, 정도전 등을 살해했던 과격성에서 벗어나 제위 기간 내내 백성들의 안위를 돌보는 데 온 힘을 기울였다. 특히 실록에는 가뭄 등 자연 재해로 백성들이 고통을 겪을 때마다 가슴 아파하는 어진 임금의 모습이 자주 등장하는데, 정통성에 대한 콤플렉스 탓인지 스스로 자책하는 경우가 잦았던 것으로 보인다.

각사(各司)에서 진언한 것을 친히 보고, 시독 김과를 불러 말하기를 '지금 하늘이 비를 주지 않는 것은 부덕한 내가 왕위에 있기 때문이다. 내가 왕위를 사양하고자 한다.' 하고, 인하여 눈물을 흘리니 과 또한 눈물을 흘리며 울었다.

임금이 말하기를 '요사이 무슨 일이 편하지 않은가? 죄 없이 형벌을 받는 자가 있는 것이 아닌가?' 하고 외방의 시위군(병역을 위해 중앙에 올라온 지방 장정)을 놓아줘 각각 집으로 돌아가게 하고 해가 한낮이 되어도 수라를 들지 않았다. 이로 인하여 몸이 편치 않았다.

-『태종실록』, '태종 2년 7월 4일'

금년 봄·여름은 가뭄이 몹시 심했다. 그래서 내가 이른 아침부터 밤 늦게까지 경계하고 두려워하며 허물을 들어 자책하는데 몸을 닦고 마음을 바르게 하는 도가 지극하지 아니함이 있는가? 정령이 고르지 못함이 있는가?

대신·백료가 그 직책을 다하지 못함이 있는가? 환관·궁첩이 간알(干謁, 사사로운 일로 왕을 알현함)을 행함이 있는가? 그대들은 직임이 언책(言責)에 있으니 마땅히 숨기지 말고 극언하라. 내 마땅히 용납하리라.

-『태종실록』, '태종 5년 7월 7일'

태종은 임종할 때까지 날이 몹시 가문 것을 걱정했는데 눈을 감기 전에 "내 마땅히 옥황상제님께 빌어 한바탕 비가 오게 하여 우리 백성들에게 은혜를 베풀리라."라고 했다. 그런데 태종이 승하하자마자 많은 비가 내렸고, 이후 태종의 기일인 음력 5월 초열흘에는 늘 비가 내려 백성들은 이 비를 '태종우(太宗雨)'라고 하며 감사했다고 한다.

이처럼 창업과 수성은 달라야 한다. 국가뿐 아니라 기업도 마찬가지다. 창업 단계에서는 어떠한 위험도 마다하지 않는 도전 정신과 실패를 두려워하지 않는 모험 정신이 필요하다. 그러나 일단 틀이 잡히고 나면 관리와 경영에서는 안정적인 방식을 취해야 한다.

물론 처음의 패기를 잃어버리고 안일하고 방어적인 경영만 고집하다 도태되는 경우도 있다. 아무것도 잃을 것이 없었던 창업 단계와는 달리 사업이 어느 정도 궤도에 오른 상황에서 자칫 모든 것을 다 날려버릴지도 모를 모험과 도전에만 매달릴 수는 없는 노릇이다.

국가 경영에서도 대통령은 취임 초기에는 집중적으로 개혁을 추진하다 중반기 이후부터는 안정에 힘써야 한다. 그렇지 않고 임기 내내 개혁만 밀어붙이다가는 국민 모두 개혁 피로 증후군을 겪게 되어 오히려 생산성이 떨어지는 결과를 초래할 수 있기 때문이다.

천하 통일 후 14년 만에 무너져 내린 진나라

사마천(司馬遷)은 『사기』의 '진시황본기(秦始皇本紀)'에서 진나라의 흥망을 예로 들며 이러한 이치를 의미심장하게 지적하고 있다.

대체로 천하를 아우를 때는 계략이나 무력이 중요하나 안정되었을 때는 권력, 즉 힘의 균형에 따르는 것이 중요하다. 이는 천하를 얻는 방법과 지키는 방법이 다르다는 것을 말한다. 진나라가 전국 시대를 끝내고 천하를 통일했음에도 그 방법을 바꾸지 않고 정치를 개혁하지 않았으니 천하를 얻고도 지키는 방법을 달리하지 않았음이다. 홀로 고립되어 천하를 차지하려 했으니 그 멸망은 서서 기다릴 수밖에 없을 정도로 빨리 닥쳤다.

듣기만 해도 섬뜩하다. 성공적 창업에도 계속 같은 속도로 치닫다 보니 곡선 도로에서 방향을 선회하지 못하고 절벽 밑으로 떨어지고 말았다는 얘기다.

진나라는 중국 최초의 통일 국가다. 세계 7대 불가사의 중 하나로 일컬어지는 만리장성을 쌓은 나라일 뿐 아니라, 중국의 영어 이름 ‘차이나(China)’가 ‘진(Chin)’에서 유래된 것일 정도로 그 세력 또한 막강했다. 진은 원래 서쪽 변경의 유목 부족이었다. 기원전 10세기 주 왕실로부터 진읍에 봉해져 세력을 일으켰으며 이후 점차 힘을 키워 나가 기원전 8세기에 제후로 인정받았다. 이후 전국 시대에 전국 7웅 중 하나로 성장했으며, 진시황(秦始皇) 때 나머지 6국을 정복해 기원전 221년 천하를 통일했다. 이렇게 나름대로 오랜 역사를 가지고 성장해 온 강력한 국가가 어째서 천하를 통일한 지 14년 만에 허무하게 무너지고 말았을까.

진시황 하면 포악한 절대 군주로만 상상하기 쉬운데, 사실 그의 정책은 대부분 통일 국가를 위해서는 반드시 필요한 것들이었다. 그는 법령을 정비하고 봉건제 대신 군현제를 실시해 권력을 중앙으로 집중시켰다. 또한 문자와 도량형, 화폐를 통일하고 전국적인 도로망을 건설했으며 수레바퀴 규격도 통일했는데 이는 문화와 산업 발전의 초석이 되었다.

그렇다면 무엇이 문제였을까? 진나라 발전의 원동력은 상앙(商鞅), 한비자(韓非子), 이사(李斯)로 이어지는 법가 사상에 바탕을 둔 강력한 법치주의였다. 획일적인 사회 통제를 주장하는 법가 노선을 비판하는 일체의 학문과 사상이 배격되었다. 권모술수와 모략, 야합과 배신이 천하를 쪼개고 나누던 전국 시대에는 이것이 강력한 힘으로 작용할 수 있었다. 하지만 통일 이후까지 같은 이데올로기를 밀고 나가 강력한 사회 통제를 실시하고자 한 것이 화근이었다. 진시황은 한 걸음 더 나아가 당시 승상이던 이사의 제안을 받아들여 진기 이외의 사서와 시, 서, 백가어(百家語, 전국 시대의 제자백가들이 내세운 주장)를 불태우고 유생들을 생매장하는 이른바 '분서갱유(焚書坑儒)'를 단행한다.

이것은 파멸의 서곡이었다. 분서갱유는 실제적 사상 통제의 효과보다는 상징적인 사건에 불과했지만 그것이 주는 메시지는 컸다. 지금까지 해 온 창업 드라이브를 계속 강력하게 추진하겠다는 뜻이기 때문이었다. 그러나 이는 애초부터 불가능한 일이었다. 진시황의 드라이브는 진보적이고 개혁적이었지만 그 효과가 나타난 곳은 초기 진나라와 문화와 풍속이 같은 일부 지역뿐이었다.

나머지 대부분의 지역에서는 종기가 곪을 대로 곪아 있었던 터라 진시황이 순행 도중 사망하자마자 각지에서 고름이 터져 나오기 시작했다. 전국에서 민란이 일어나고 도적 떼들이 기승을 부렸다. 중국 동쪽의 중원과 서쪽 관중을 잇는 함곡관(函谷關) 동쪽은 진시황의 죽음과 함께 이미 진나라가 아닌 독립 국가가 되어 있었다.

만약 진시황이 천하를 통일한 뒤 민심을 수습하고 각 지역의 사상과 문화, 풍속을 존중하며 백성을 순리대로 이끌었다면 진이 그렇게 허무하게 망하지는 않았을지도 모른다. 그렇게 하기 싫었다면 진시황은 더 오래 살아야 했다. 그가 불로초를 구하려고 그리 애쓴 것도 어쩌면 진의 운명을 내다보고 있었기 때문인지도 모른다.

원래 자신의 것이 아니었던 자리를 운 좋게 차지한 2세 황제 호해는 진을 수성할 뜻도, 능력도 없는 인물이었지만 3세 황제 자영은 그보다 나았던 모양이다. 사슴을 보고 말이라 우기는 '지록위마(指鹿爲馬)'의 고사를 남기며 국정을 농단하던 환관 조고(趙高)가 자신을 황제 자리에 앉히자마자 그를 죽여 버렸으니 말이다.

하지만 때는 이미 늦었다. 자영이 즉위한 지 46일째 되던 날 한고조 유방이 진의 수도 셴양[咸陽]에 입성한 것이다. 아무래도 '창업보다는 수성이 어렵다' 는 위징의 말이 맞는 모양이다.

싸우지 말고 굴복시켜라

사마의와 남송의 명장 악비

제갈량의 대군과 맞선 사마의의 전략

'죽은 공명이 산 중달을 쫓는다'는 말이 있다. 제갈량(諸葛亮)이 죽은 뒤 촉나라 군사가 후퇴를 시작했다는 정보를 입수한 위나라의 사마중달(司馬仲達, 사마의)은 드디어 때가 왔다고 판단해 군사를 몰아 촉 군의 진영으로 쳐들어갔다. 중달이 선두에서 달려가는데 갑자기 앞쪽에서 함성이 울렸다.

중달이 바라보니 '한 승상 무향후 제갈량'이라는 글씨가 쓰인 깃발이 휘날리고 수십 명의 군사가 제갈량이 앉아 있는 사륜거를 끌고 나오는 것이 아닌가. 놀란 중달은 말을 돌려 50리나 달아난 뒤 수하에게 "내 목이 아직 붙어 있느냐?"라고 물었다.

하지만 그것은 제갈량의 마지막 계략이었다. 촉 군은 이미 제갈량의 발상(發喪)까지 마친 상태였고 사륜거에 타고 있던 것은 제갈량의 목상(木像)이었던 것이다. 중달이 달아난 사이 촉군은 무사히 퇴각할 수 있었음은 물론이다. 뒤늦게 사실을 안 중달이 탄식하며 한 말이 바로 "죽은 공명이 산 중달을 쫓는구나."였다.

나관중(羅貫中)의 『삼국지연의(三國志演義)』에 나오는 이 일화는 흔히 신출귀몰한 제갈량의 계략을 칭송하는 데 인용된다. 하지만 사실은 좀 다르다. 사마중달은 제갈량과 어깨를 견줄 정도로 뛰어난 지략을 가진 장수였다. 실제 오장원(五丈源) 전투에서의 최종 승자는 제갈량이 아니라 사마의였다. 제갈량의 대군에 맞선 사마의의 전략은 '싸우지 않고 이기는 것'이었다.

그는 오장원에 진을 친 제갈량이 수없이 싸움을 걸어 와도 응전하지 않았다. 물자 보급이 원활하지 못할 것이라는 촉 군의 약점을 간파하고 있었던 것이다. 상대와 싸우면 비록 승리한다 하더라도 아군의 피해를 면할 수 없다. 가만히 내버려 두면 지쳐서 철수할 상대와 싸워 아군의 피해를 내는 것은 어리석은 일이라는 게 사마중달의 판단이었다. 결국 제갈량은 뜻을 이루지 못한 채 병을 얻어 오장원에서 세상을 떠났고 촉 군은 안전하게 철수하는 데 급급할 수밖에 없었다.

100승보다 불패가 중요하다

이처럼 '싸우지 않고 이기는 것'이 가장 훌륭한 전술이며 그 같은 전술을 제대로 사용할 줄 아는 장수가 바로 명장이다. "백 번 싸워서 백 번 이기는 것이 최선이 아니다. 싸우지 않고 적을 굴복시키는 것〔不

戰而屈]이 최선이다.”라는 『손자병법(孫子兵法)』의 요체 역시 곧 공격보다 방어가 우선이며 백승보다 불패가 중요하다는 것이다. 내가 다치고 이기는 것은 무의미하기 때문이다.

이는 기업 경영에서도 마찬가지다. 소모적인 경쟁은 가능한 한 피하는 것이 상수다. 이긴다 한들 상처뿐인 영광이 될 가능성이 크다.

기왕 『삼국지』 얘기가 나왔으니 한 가지 예를 더 들어 보자. 조조(曹操)의 모사 정욱(程昱)이 견성을 지키고 있는데 수하의 군사가 700명밖에 되지 않았다. 그런데 원소(袁紹)가 도강해 남하한다는 소식을 들은 조조가 견성에 군사 3,000명을 증파하려고 했다. 그러자 정욱이 이를 말리며 말했다.

“10만 대군을 가진 원소는 천하무적임을 자처하고 있습니다. 따라서 군대가 적은 견성쯤은 안중에 두지도 않을 겁니다. 그런데 병력을 증파하면 공연히 긁어 부스럼을 만들어 원소의 주의를 끌게 됩니다. 만일 원소가 견성을 친다면 하루도 버티지 못하고 함락되고 말 것입니다. 절대로 군사를 보내지 마십시오.”

원소가 정욱의 예상대로 견성은 칠 것이 못 된다고 판단해 비켜 가자 조조는 이에 감탄하며 측근들에게 말했다.

“정욱의 담량은 맹분, 하육보다 더 크더군.”

그야말로 『손자병법』의 내용 그대로가 아닌가.

손무는 승리를 위한 네 가지 방법에 대해 다음과 같이 말했다. 첫 번째인 상책(上策)은 싸우기 전에 먼저 상대방의 의도를 간파하고 전의를 꺾어 놓는 벌모(伐謨)를 통한 승리다. 두 번째인 중상책(中上策)은 상대방을 도울 만한 주변 사람들을 내 편으로 만드는 벌교(伐交)의 승리로 적의 동맹 관계를 깨뜨려 고립시키는 것이다. 세 번째, 중하책(中下策)은 상대방과 물리적으로 충돌해 결판을 내는 벌병(伐兵)의 승리다. 마지막으로 하책(下策)은 성문을 걸어 잠근 채 웅크리고 있는 적에게 몰려가 싸우자고 덤비는 공성(攻城)이다.

공성 전략은 상대에 비해 전력상 상당한 우위에 있을 때만 승리가 보장되는 방법이다. 엄청난 희생을 각오해야 한다. 게다가 잘못하면 오히려 싸움에서 패배할 위험도 배제할 수 없다. 원소도 그것을 알아 불필요한 싸움을 피한 것이다. 정욱은 그러한 적의 생각을 역이용했다는 점에서 더욱 뛰어난 지략가라 할 수 있다.

남송 때의 명장 악비(岳飛)도 그와 같은 장수였다. 양요가 동정호에서 반란을 일으켰을 때 악비는 진압 임무를 맡았다. 그런데 양요의 군대는 수전에 능한 반면 악비의 군대는 태반이 서북 사람들이어서 수전에 익숙지 않았다. 이에 악비는 양요 수하의 대장인 황좌에게 사람을 보내 '영웅에게는 출신 여하를 묻지 않는 법이니 투항해 넘어오면 꼭 중용하겠다'는 내용의 비밀 서신을 전했다.

황좌는 천하무적 악가군(岳家軍, 악비의 군대)과 상대해서는 승산이 없다는 판단 아래 투항하겠다는 답신을 보냈다. 이에 악비는 필마단기(匹馬單騎)로 황좌의 영채를 찾아가 그의 어깨를 두드리며 말했다.

"시세를 알고 대공을 세운다면 앞으로 어찌 공후 백작이 못 되겠는가. 본 원수는 그대를 동정호 양요에게 돌려보낼 생각이네. 기회를 봐서 양요를 귀순시키든지 아니면 생포하길 바라겠네."

황좌는 자신을 믿어 주는 악비에게 감동해 눈물을 흘리며 죽음으로 보답하겠다고 다짐했다. 얼마 후 황좌는 양요 휘하의 용맹무쌍한 장수 양흠을 설득해 귀순시켰다. 악비는 양흠에게 벼슬을 주고 동정호로 다시 돌려보냈다. 이틀이 지나 이번에는 양흠에게 설복당한 전종과 유예 등 양요의 장수들이 악비에게 투항했다.

그러나 이번에는 악비의 태도가 달랐다. 그는 "적들이 아직 전부 투항하지 않았는데 여기는 뭘 하러 왔느냐."라며 매질한 뒤 돌려보냈다. 그러고는 그날 밤 양요 군영을 기습 공격해 적병 몇 만 명을 사로잡았다. 양요는 배를 타고 동정호로 달아났다.

양요가 탄 배는 높이가 10장(丈)이나 되고 차륜(車輪) 장치가 부착되어 있어 다른 배보다 몇 배나 빨랐다. 게다가 뱃머리에는 말뚝 같은 장치가 있어 거기에 부딪치기만 해도 다른 배들은 부서지고 말았다. 그래서 관군들은 그가 나타나도 쳐다보기만 할 뿐 잡을 도리가 없었다.

이에 악비는 커다란 나무를 베어 항만을 막게 하고 군사들을 상류로 보내 고목과 잡초들을 대량으로 떠내려 보내게 했다. 그리고 욕 잘하는 군사들을 물가에 배치해 양요가 얕은 곳으로 나오면 마구 욕을 해 대도록 시켰다.

과연 양요는 병사들의 욕지거리에 화가 나 물이 얕은 것도 살피지 못하고 마구 쫓아왔다. 그러다 고목과 잡초에 걸려 옴짝달싹할 수 없는 지경에 이른 양요는 끝내 붙잡혀 참수되고 말았다. 이로써 악비의 관군은 물론 반군 역시 거의 인명 피해 없이 괴수인 양요만 붙잡을 수 있었다. 이것 역시 손자의 가르침이다.

"적국을 온전하게 놔두고 굴복시키는 것이 최상이고 적국을 파괴해 굴복시키는 것은 차선의 방법이다. 적의 군대를 그대로 두고 굴복시키는 것이 최상이고 적군을 파괴해 굴복시키는 것은 차선이다."

온전하게 두고 굴복시키는 것이 상책

시장 참여자들 사이의 치열한 순위 다툼에서만 아니라 각종 거래와 협상에서도 이 같은 손자의 가르침은 절대 진리일 것이다. 퇴로를 열어 주지 않고 경쟁자를 몰아붙이면 그는 절망적인 상황에서 비이성적인 행동을 할 수도 있다. 그럴 경우 틀림없이 자신에게도 피해가 돌아오게 마련이다. 협상에서도 상대방을 궁지에 몰아넣는 태도로만 일관하면 성공할 확률은 제로에 가깝다.

가능한 한 싸우지 않고 대화와 설득으로 목표에 도달하는 것이 가장 완벽한 성공이다. 나폴레옹(Napoleon Bonaparte)이나 마오쩌둥〔毛澤東〕 같은 군인뿐 아니라 빌 게이츠 같은 크게 성공한 기업가들이 『손자병법』을 성공을 위한 전략 바이블로 삼아 항상 지니고 다닌 것도 바로 이 때문이다.

노자의 『도덕경(道德經)』에도 비슷한 구절이 나온다. 이는 만고불변의 진리인 까닭이다.

제대로 된 선비는 싸움을 좋아하지 않고 잘 싸우는 이는 성내지 않는다. 잘 이기는 이는 정면에서 다투지 않고, 사람을 잘 쓰는 이는 스스로 몸을 낮춘다. 이를 일러 다투지 않는 덕이라 하고 사람을 부리는 힘이라 한다[善爲士者不武 善戰者不怒 善勝敵者不與 善用人者爲之下 是謂不爭之德 是謂用人之力].

치밀하게 기회를 포착하라
기회를 운명으로 바꾸며 열강이 된 미국

싸우는 틈을 타 이익을 취하는 제3자

사자와 곰이 새끼 사슴을 발견하고 서로 차지하겠다고 싸움을 벌였다. 목숨을 건 격렬한 사투에도 승부가 나지 않았다. 사자와 곰은 지쳐 쓰러져 버렸다. 그때 지나가던 여우가 이 광경을 목격하고 쓰러져 있는 사슴을 물고 달아나 버렸다. 사자와 곰은 분했지만 발가락 하나 까딱할 수 없었다. 이솝 우화의 한 이야기다.

중국에도 비슷한 이야기가 있다. 도요새가 물속에 있는 조갯살을 쪼아 먹으려고 주둥이를 집어넣었다. 그러자 조개는 깜짝 놀라 입을 오므려 도요새의 부리를 물어 버렸고 서로 죽을힘을 다해 버텼다. 이때 가까이 있던 어부가 이를 발견하고 도요새와 조개를 모두 잡아 버렸다. 『전국책(戰國策)』에 나오는 이른바 어부지리(漁父之利)의 고사다.

동서고금을 막론하고 비슷한 고사가 존재하는 것은 그것이 인지상

정인 까닭이다. 다시 말해, 일견 어리석고 아무 소용도 없어 보이는 다툼이지만 이 같은 다툼이 인간 사회에서 개인 간은 물론 조직 간, 심지어 국제관계에서도 비일비재하게 일어나고 있음을 뜻한다. 자칫하면 제3자에게 이익을 빼앗기게 될 줄 뻔히 알면서도 소모적인 싸움을 벌일 수밖에 없는 상황이 발생하는 것이다. 그렇게라도 다투지 않으면 이익을 기대할 수조차 없기 때문이다. 운이 좋아 제3자가 나타나기 전에 적이 지쳐 버리면 승리를 거둘 수 있다는 헛된 기대를 품은 채 말이다.

도요새는 조개를 보고 '이대로 가면 이놈은 바짝 말라 죽게 될 거야.'라고 생각했고 조개는 도요새를 보고 '이대로 가면 이놈은 굶어 죽게 될 거야.'라고 생각했다. 그러나 때로는 발상의 전환이 필요하다. 그와 같이 소모적이지만 일단 서로 양보할 수 없는 싸움이 시작되면 최선의 방법은 제3자, 즉 사자나 곰 대신 여우가 되고 도요새나 조개 대신 어부가 되는 것이다. 물론 상황이 항상 우리에게 유리하게 전개되지는 않는다. 하지만 경쟁자인 도요새나 조개가 다투고 있는 모습을 본다면 결코 그들에게 하나가 말라 죽거나 다른 하나가 굶어 죽을 때까지 시간을 주지 말라는 얘기다.

때로는 경쟁자인 사자와 곰이 지쳐 나가떨어질 때까지 싸움을 시킬 수도 있다. 별 볼일 없던 식민지 미국이 지구상에서 유일한 초강대국이 될 수 있는 발판을 마련한 과정을 보면 새삼 그러한 과단성 있는 기회 포착의 중요성을 깨닫게 된다.

신대륙 패권을 두고 벌어진 열강들의 대결

그 노하우를 살펴보기 위해 1682년으로 거슬러 올라가 보자. 프랑스의 탐험가 라살(Robert C. de La Salle)은 미시시피 강 일대를 탐험한 뒤 그 일대를 프랑스령으로 선포하고 '루이지애나(Louisiana)' 라는 이름을 붙인다. 루이지애나는 프랑스 어 '라 테르 루이지엔느(La terre Louisienne)' 에서 나온 것으로 '루이 왕의 땅' 이라는 뜻이다.

당시 북아메리카는 신대륙의 패권을 놓고 유럽의 강대국인 프랑스와 스페인 그리고 영국이 경쟁을 벌이고 있었다. 먼저 스페인은 북미 대륙의 서남부 지역과 서부 해안의 대부분을 지배했다. 프랑스 또한 멕시코 만에서 장래에 캐나다와의 국경이 될 중북부에 이르는 방대한 지역에 지배권을 행사하고 있었다.

영국은 북동부 해안을 따라 13개 주의 식민지를 거느리고 있었다. 프랑스는 루이지애나에 대한 지배권을 공고히 하는 데 전력을 기울였다. 특히 물자 수송을 위해 미시시피 강을 관할하는 뉴올리언스에 중점을 두었다. 이는 세계 곳곳에서 벌어지던 식민지 경쟁의 최대 라이벌, 영국의 팽창주의에 대항하기 위해서였다.

동부 해안을 장악한 영국도 신대륙의 패권을 장악하기 위한 서부 진출이 불가피했다. 따라서 영국과 프랑스의 충돌은 예견된 일이었다. 두 나라가 북아메리카에서 맞붙은 것이 바로 '프렌치–인디언 전쟁'(1754~1763)이다.

서부 진출을 꾀하며 오하이오 강 유역에 접근한 영국은 인디언과 모피 거래를 하고 있던 프랑스와 마찰을 일으켰다. 이에 영국은 식민지 이권 보호를 위해 해군을 파견했고 프랑스는 인디언과 제휴해 이에 대항함으로써 양국은 전쟁 상태에 돌입했다. 처음에는 전황이 프랑스와 인디언 연합군에 유리하게 돌아가는 듯했으나 1759년 퀘벡, 이듬해 몬트리올이 각각 영국에 함락되면서 전쟁은 영국의 승리로 끝났다.

이에 따라 미시시피 강 동쪽의 프랑스 영토는 모두 영국에 넘어가게 되었다. 하지만 프랑스는 뉴올리언스나 루이지애나 서부 지역을 영국에 넘겨주지 않기 위해 이 땅을 스페인에 양도하는 비밀 협약을 맺었다. 그런데 18세기 말부터 북미 대륙에 판도 변화가 일어났다. 미국이 영국으로부터 독립하는 데 성공한 것이다. 이에 나폴레옹 치하에서 다시 강대국으로 부상하던 프랑스는 빼앗긴 루이지애나 영토를 되찾겠다는 야심을 키우기 시작했다.

나폴레옹은 북아메리카에 제국을 건설하기로 결심했다. 북미 대륙을 장악할 경우 식민지에서 얻을 수 있는 막대한 부를 통해 프랑스의 세력을 전 세계로 확장해 숙명의 라이벌 영국을 압도할 수 있다는 계산이었다.

나폴레옹은 스페인을 협박하며 비밀리에 루이지애나의 통치권을 프랑스에 넘길 것을 요구했다. 그러면 스페인 카를로스 4세의 사위인 파르마 공작이 이탈리아를 지배할 수 있도록 새로운 왕국을 건설해 주겠다고 약속했다. 1800년 프랑스와 스페인 사이에 '산 일데폰소(San Ildefonso) 조약'이 맺어졌다. 이 조약의 정식 명칭을 보면 그 목적이 적나라하게 드러난다. 그것은 '파르마 공작 전하의 이탈리아 지배권 강화와 루이지애나 반환에 관한 프랑스 공화국과 스페인 왕 폐하 사이의 예비 비밀 조약'이었다.

이 조약에 따르면 프랑스는 스페인에서 반환받은 영토를 어떤 상황에서도 다른 국가에 판매 또는 양도할 수 없었다. 나폴레옹은 루이지애나에 대한 지배권을 공고히 하기 위해 현재 도미니카 공화국의 수도로서 신대륙 최초의 식민 도시였던 산토도밍고에 주둔하던 군대를 북미 대륙에 파견했다. 하지만 현지 주민과 노예들이 반란을 일으킴에 따라 군대를 본국으로 불러들이지 않을 수 없었다.

나폴레옹의 야심을 꿰뚫어 본 제퍼슨

미 건국의 아버지들은 이 절묘한 기회를 놓치지 않았다. 그들은 산 일데폰소 조약이 체결될 때부터 그 사실을 알고 있었다. 이는 미국으로서는 좋은 소식이 아니었다. 쇠망해 가는 스페인에 비해 강대국으로 급부상하고 있는 프랑스는 훨씬 더 위험한 이웃이었다.

1801년 토머스 제퍼슨(Thomas Jefferson) 미국 대통령은 프랑스 공사인 로버트 리빙스턴(Robert Livingston)에게 북미 대륙 내 프랑스 영토에 대한 구매 작업을 추진하라는 지시를 하달했다. 하지만 나폴레옹은 미국의 제의를 일거에 거절했다.

여기서 미국의 제3자 전략이 빛을 발한다. 그것은 사실 고전적인 첩보 전략이었다. 제퍼슨과 리빙스턴 사이에 오간 비밀 서한을 프랑스 첩보원에게 슬쩍 흘린 것이다. 서한의 내용은 '프랑스가 뉴올리언스의 소유권을 차지하게 된다면 우리는 다시 영국과 손을 잡지 않을 수 없다'는 것이었다.

그것은 나폴레옹이 가장 두려워하는 결과이기도 했다. 프랑스가 신대륙에서 밀려나고 영국이 다시 패권을 잡는 것은 프랑스로서는 생각조차 하고 싶지 않은 악몽이었다. 그보다는 프랑스에 위협이 되지 않는 미국에 넘겨주고 영국과 대항하게 만드는 것이 훨씬 이득이었다. 게다가 미국에 땅을 팔면 다른 곳에서 영국과의 전쟁에 들어가는 막대한 군자금을 확보할 수도 있었다.

프랑스는 영토를 되팔지 않기로 한 스페인과의 약속을 지킬 겨를이 없었다. 1803년 제퍼슨은 제임스 먼로(James Monroe)를 특별 대사로 파리에 파견했다. 먼로는 뉴올리언스와 멕시코 만의 영토 일부를 양도받는 대가로 프랑스에 1,000만 달러를 제시하라는 명령을 받았다.

하지만 협상 테이블에 앉은 먼로와 리빙스턴은 깜짝 놀라지 않을 수 없었다. 프랑스가 루이지애나 영토 전체를 매물로 내놓은 것이다. 결국 그해 4월 미국과 프랑스는 거래에 합의했고, 이로써 미국은 1,500만 달러를 주고 루이지애나 영토 전체를 획득하게 되었다. 미국은 현재 영토의 거의 3분의 1에 달하는 루이지애나를 얻음으로써 비로소 '매니페스트 데스티니(Manifest Destiny)' 원칙을 강력히 추진할 수 있었다.

'매니페스트 데스티니'란 '명백한 운명'이라는 말 뜻 그대로 서부를 향한 미국의 거침없는 영토 확장 정책을 표방한 표현이었다. 루이지애나 매매 계약이 체결되는 순간 리빙스턴은 "미합중국은 비로소 일류 강대국의 반열에 들어서게 되었다."라고 말했다 한다.

이것은 미국이 영국과 프랑스의 경쟁을 이용하여 손에 쥔 어부지리였지만 결코 거저 얻은 것은 아니었다. 그것은 기회를 운명으로 바꿀 줄 알았던 미국 스스로가 만들어 낸 것이었다.

때가 아니면 아이디어도 묵혀라
제너럴 일렉트릭의 설립자 에디슨

직류 전류와 교류 전류의 대결

지구상에서 가장 유명한 사람을 꼽으라면 열 명 중 네댓은 아마도 에디슨을 떠올릴 것이다. 어린 시절 세계 위인 전집 속에서 '발명왕 에디슨'의 이야기를 감동적으로 읽고 발명가가 되겠다고 마음먹어 보지 않은 사람이 없을 테니 말이다. 그만큼 에디슨은 어린이들에게 꿈과 희망을 주는 인물이다.

토머스 앨버 에디슨(Thomas Alva Edison)은 84세의 나이로 세상을 떠날 때까지 '99퍼센트의 땀과 1퍼센트의 영감'으로 1,100여 개의 발명품을 남겼다. 그는 축음기와 전화기, 활동 사진기 등 수많은 아이디어에 생명을 불어넣었지만 뭐니 뭐니 해도 그의 가장 위대한 작품은 인류의 밤을 밝힌 백열전구였다.

사실 전구를 처음 발명한 사람은 에디슨이 아닌, 영국인 험프리 데

이비(Humphry Davy)였다. 그는 1806년 두 가닥 철심 끝에 목탄 조각을 붙인 뒤 유리관을 씌운 아크(arc) 전등을 만들어 냈다. 이 아크 전등은 파리의 콩코르드(Concorde) 광장의 가로등으로 쓰이기도 했지만 전극에 붙인 탄소가 지나친 열로 얼마 못 가 타 버리는 바람에 매일 전극을 갈아 주어야 하는 등 문제점이 많았다.

에디슨은 유리관을 원형으로 만들고 진공 상태를 유지한다면 필라멘트가 타지 않고 빛을 낼 수 있다고 생각했다. 1만 개 가까운 물질을 실험한 끝에 에디슨은 불에 그을린 무명실을 필라멘트로 이용한 백열전구를 만들어 냈다. 이 전등의 효과는 45시간 동안 지속되었다고 한다.

하지만 에디슨이라고 늘 성공만 했던 것은 아니다. 아이디어는 훌륭했지만 타이밍이 맞지 않아 실패한 경우도 많았다. 대표적인 것이 송전 방식이었다. 에디슨은 자신이 발명한 전구에 불을 밝힐 전기를 공급하기 위해 발전소를 세우고 '에디슨 제네럴 일렉트릭'이라는 전기 회사를 차렸다. 하지만 그 회사가 사용하는 전류는 110볼트의 직류였기 때문에 낮은 전압과 전선 저항에 의한 손실로 발전소에서의 송전 거리가 2~3마일밖에 되지 않았다. 송배전이 제대로 되려면 3마일마다 발전소를 만들어야 했던 것이다.

이 점에 주목한 사람이 바로 조지 웨스팅하우스(George Westing-house)였다. 그는 철도용 에어 브레이크를 발명해 번 돈으로 자기 이름을 딴 전기 회사를 세우고 본격적인 전력 공급 사업에 뛰어들었다. 우선 그는 변압기 관련 특허를 사들였다. 직류 송전 방식을 장거리 송전이 가능한 교류 송전 방식으로 바꾸기 위해서였다. 이 방식은 발전소에서 최초 송전할 때는 전압을 크게 올려 중간 손실을 최소화하고 일반 가정에는 변압기를 통해 전압을 낮추는 방식이다.

마침 그때 에디슨 연구소에서 발전기와 전동기를 연구하던 니콜라 테슬라라는 인물이 있었다. 에디슨의 명성에 가려 이름이 널리 알려지지는 않았지만 테슬라 역시 수백 건의 특허를 가진 발명가였다. 그는 교류 송전 방식이 더 유용하다고 주장하다 에디슨과 결별한 뒤 스스로 연구소를 차리고 교류 송전에 알맞은 전동기와 변압기 등을 발명했다. 웨스팅하우스는 곧바로 교류 송전용 전동기 특허를 구입하고 교류 송전 사업에 전력투구했다.

오늘날 대부분 이 교류 송전 방식을 사용하고 있지만 당시에는 직류와 교류 중 어떤 것이 좋은가를 두고 상당한 논란이 있었다. 특히 강력한 경쟁자를 맞게 된 에디슨은 고압을 사용하는 교류 송전은 대단히 위험하다고 떠들어 댔다.

당시에는 고압선 감전 사고가 빈발하던 터라 그의 주장에 힘이 실렸다. 에디슨은 여세를 몰아 경쟁자에게 최후의 일격을 가할 이벤트를 벌인다. 언론계·학계 인사들을 대거 초청해 개와 고양이를 고압의 교류 전류로 감전시켜 죽이는 실험을 실시한 것이다.

얼마 후 뉴욕 주가 교수형보다 인도적인 사형 방법을 고심하자 에디슨은 쾌재를 불렀다. 그는 뉴욕 주 사형 위원회에 편지를 보내 웨스팅하우스의 교류 전류를 사형 집행에 적용하도록 했다. 하지만 쓴맛을 본 것은 에디슨이었다. 사형수가 앉은 전기의자에 교류 전류를 흘려보냈지만 그의 예상과 달리 사형수가 단번에 죽지 않았던 것이다. 이로써 교류 전기의 위험성을 주장했던 에디슨의 힘은 크게 약화되었다.

반대로 웨스팅하우스는 이 사건 이후 승승장구했다. 1983년 시카고 만국 박람회에서 25만 개의 전등을 켜는 계획에 대해 웨스팅하우스는 에디슨을 제치고 최종 낙찰을 받았다. 나이아가라 폭포에 세계 최초의 수력 발전소를 건설하는 대규모 공사 역시 그에게 돌아갔다. 전기 송전 방식을 둘러싼 숙명의 대결에서 교류 전류가 승리를 차지한 것이다.

에디슨 사후, 대세가 된 직류 전기

에디슨은 1931년 84세의 나이로 세상을 떠났다. 그가 세상과 이별할 때 세상은 교류 전류가 흐르는 백열전구로 어둠을 밝히고 있었지만 사후 70여 년이 지난 오늘 백열전구의 추방과 함께 직류를 사용하자는 움직임이 일고 있으니 아이러니가 아닐 수 없다. 21세기의 최우선 과제로 환경 보호가 대두되면서 에디슨 시대에 그를 승자로 만들어 준 백열전구는 에너지 낭비의 주범으로 퇴출 일보 직전에 있는 데 비해 그를 패배자로 만든 직류 전류가 다시 각광을 받고 있는 것이다.

직류 전류에 관심이 쏠린 이유는 교류 전류의 에너지 낭비가 크기 때문이다. 교류로 송전할 경우에는 소비되는 전력 외에 전송망에 어느 정도의 전력이 남아 있어야 한다. 이를 무효 전력이라고 하는데 이는 대부분 소모되고 만다. 또한 전기 기기를 오래 사용할 경우 뜨거워지는 것도 전기 에너지가 열에너지로 바뀌어 낭비되고 있는 것이며, 가정에서 사용하려면 교류를 직류로 바꿔야 하므로 전자 기기마다 전원 장치와 변압기가 필요하다. 이는 전자 기기의 부피가 커지는 원인이 된다.

직류 전기로 송전할 경우 이런 문제점들은 일거에 해결된다. 전자 기기들의 크기와 무게를 줄일 수 있음은 물론 전자 기기 간에 전력선 통신이 가능해져 전선의 수를 대폭 줄일 수 있다. 또한 변압기가 필요 없으므로 전자 기기의 가격이 내려가고 전력 낭비도 줄어든다. 교류를 직류로 바꿔 주는 충전기의 필요성이 사라지고 휴대전화 등을 직접 콘센트에 꽂아 충전할 수 있다.

전문가들은 직류를 사용할 경우 국토의 분산·균형 발전에도 도움이 된다고 주장한다. 대형 발전소를 지으려면 부지 매입과 송전탑 등을 건설하는 비용이 만만찮아 오히려 소규모 발전기를 곳곳에 설치하는 것이 유리하다는 것이다. 이를테면 대규모 아파트 단지를 새로 만들 경우 작은 발전소를 지어 전기를 생산·공급하는 식이다. 발전소에서 만들어진 전기는 가정에서 직접 직류로 사용하기 때문에 에너지 손실이 적고 고압이 아니라 안전성도 높다. 전력이 소규모 지역 단위로 생산되기 때문에 대규모 정전 사태를 미연에 방지하는 효과도 있다.

이런 갖가지 장점 덕분에 직류 전기는 세계 여러 나라에서 현실적 대안으로 적극 고려되고 있다. 특히 태양열 발전이나 연료 전지들이 모두 직류를 만들어 내는 것이어서 호환성도 높다. 일본에서는 NTT 통신 회사가 교환실을, JR 철도 회사가 전철을 이미 직류화하고 있다. 미국에서도 일부 지역의 직류 송전을 검토 중이라고 한다. 지하의 에디슨이 땅을 치고 통곡할 일이다.

중요한 것은 시대와의 타이밍

에디슨이 주장한 직류 송전 방식은 효율적이며 생산 비용이 적게 든다는 장점에도 불구하고 시대와의 타이밍이 맞지 않아 현실화되지 못했다. 우리는 시대를 앞서 가는 천재들이 동시대인들의 인정을 받지 못하고 불행하게 삶을 마치는 경우를 수없이 보아 왔다.

하지만 조직을 이끄는 리더가 그런 경우라면 곤란하다. 그것은 개인의 불행으로 그치는 것이 아니라 조직 전체의 불행으로 이어지기 때문이다. 가끔 현실성이 떨어지는 아이디어를 고집하는 사람들을 볼 수 있다. 아무리 아이디어가 기발하더라도 주위 환경이 뒷받침되지 않으면 아무 소용이 없는 것이다. 아무리 훌륭한 가발을 만들었어도 변발을 하던 청나라 시대에는 팔 수 없지 않은가 말이다.

에디슨은 교류 송전 방식이 글로벌 스탠더드로 채택되자 커다란 손실에도 가차 없이 에디슨 제너럴 일렉트릭을 팔아 버린다. 당연히 회사명에서 에디슨이라는 이름도 빠졌다. 그렇게 남은 이 기업이 바로 현재의 종합 가전 업체 제너럴 일렉트릭이다.

제너럴 일렉트릭은 1896년 다우 존스(Dow Jones) 산업 지수가 발표한 미국의 12개 우량기업 중 현재까지 생존하고 있는 유일한 기업이다. 만약 에디슨이 직류 송전을 계속 고집하고 있었다면 오늘날의 제너럴 일렉트릭은 존재하지 못했을 것이다. 훌륭한 생각도 때가 아니면 묵혀 둘 줄 아는 지혜, 그것이 곧 리더가 가져야 할 덕목 중 하나다. 아이디어, 묵힐 때는 묵혀라.

말이 아닌 실력으로 나의 가치를 보여라

자신의 브랜드 가치를 높인 전국 시대의 오기

강한 브랜드가 곧 강한 무기다

누구나 다 아는 『삼국지』의 이야기 한 토막을 소개하고자 한다. 제갈량이 촉나라 군대를 양평관에 주둔시키고 대장군 위연을 시켜 위나라 군대를 공격하게 할 때의 일이다.

주력군을 모두 투입한 작전이었던 터라 제갈량이 머물고 있는 성에는 100명의 병사만 남아 있을 뿐이었다. 그것도 대부분 늙고 병든 군사들이었다. 이런 사실을 알고 위나라의 대도독 사마의가 15만 대군을 이끌고 쳐들어왔다.

제갈량은 20여 명의 군사에게 일반 백성의 옷을 입힌 뒤 성문을 활짝 열고 청소를 하도록 했다. 그리고 자신은 높은 망루에 올라 한가로이 거문고를 뜯었다. 이를 보고 제갈량이 무슨 계략을 꾸미고 있다고 판단한 사마의는 군사를 거두고 물러났다.

제갈량이 거문고를 뜯어 사마의를 물리쳤다는 '탄금주적(彈琴走敵)'의 고사다. 어찌 보면 허술한 공성계(空城計)에 불과할 수 있는데 여우 같은 사마의가 감쪽같이 속아 넘어간 이유는 무엇일까.

그것은 곧 제갈량이라는 브랜드의 힘이다. '귀신도 혀를 찰 모사(謀士)'라는 이미지 덕분에 뭔가 함정이 있지 않고서야 적의 대군 앞에서 지도자가 거문고나 뜯고 백성들이 청소나 하고 있을 수는 없다고 생각한 것이다. 이처럼 브랜드는 힘이다. 상품뿐만이 아니라 사람에게도 마찬가지다. 대인관계에서 남이 느끼는 나의 이미지가 무엇보다도 강력한 무기가 될 수 있는 것이다.

강력한 브랜드를 가진 사람은 남보다 늘 한발 앞서 출발하게 마련이다. 코미디언 이주일이 무대에 등장하기 전부터 관객들의 얼굴은 이미 폭소를 터뜨릴 준비를 하고 있었던 것과 같은 이치다. 제2차 세계대전 때 '사막의 여우'라는 별명으로 아프리카에서 영국군을 공포에 떨게 했던 로멜(Erwin J. E. Rommel)의 경우, 그가 휴식을 취하기 위해 움직일 때조차도 영국군은 꽁무니를 빼기에 바빴다고 한다.

브랜드의 힘으로 전쟁을 승리로 이끈 오기

다음은 자신의 브랜드 가치를 높여 성공한 인물이다. 중국 전국 시대 위나라 사람 오기(吳起) 얘기다. 『손자병법』에 비견되는 병서인 『오자병법(吳子兵法)』을 남긴 오기는 공자의 제자인 증자에게 학문을 배웠으며 노나라에서 벼슬을 했다.

그 무렵 제나라가 노나라를 공격했다. 노나라는 병법에 능한 오기를 장군에 임명하려 했으나 오기의 아내가 제나라 사람이어서 의심을 샀다. 그러자 오기는 자신의 결백함을 증명해 보이기 위해 아내를 죽였고, 결국 장군으로 임명되어 제나라 군대를 크게 물리쳤다.

하지만 노나라는 공자의 나라답게 유학자들이 득세하던 나라였기 때문에 공명심 때문에 아내를 죽인 오기의 평판이 좋을 리 없었다. 사람들은 수군거렸다.

"오기는 시기심 많고 잔인한 인간이다. 그는 가산을 탕진하고 나라 밖으로 도망친 뒤 어머니가 죽어도 돌아오지 않았다. 그래서 증자는 불효자라는 이유로 그를 내쫓았다. 노나라와 위나라는 예부터 형제 관계다. 따라서 위나라에서 도망쳐 온 오기를 등용하는 것은 위나라와의 우호 관계를 해치는 행위다."

나라 안에 이런 평판이 돌자 노나라 왕은 오기를 해임했다. 이에 오기는 노나라를 떠나 다시 위나라로 돌아갔다. 마침 위 왕 문후(文候)가 인재를 모으고 있다는 소식이 들리자 오기는 왕을 찾아가 일을 맡겨달라고 청했다.

문후가 재상 이극에게 오기가 어떤 인물인지 묻자 그는 다음과 같이 대답했다.

"오기는 탐욕스러운 데다 호색가이긴 하지만 용병의 교묘함은 제나라 명장 사마양저도 따를 수 없습니다."

이 말을 받아들여 문후는 오기를 장군으로 임명했다. 평판 때문에 어려움을 겪은 오기는 새로운 이미지를 쌓기 위해 노력했다. 그는 늘 가장 낮은 병사와 똑같은 옷을 입고 똑같은 음식을 먹었다. 잘 때도 자리를 깔지 않았으며 행군할 때도 마차에 오르지 않았다. 자신의 식량은 자신이 직접 가지고 다녔다.

이런 일화도 있다. 어느 날 병사 한 명이 종기가 나서 괴로워하자 오기는 종기에 입을 대고 고름을 빨아냈다. 이 소식을 들은 병사의 어머니는 땅을 치고 통곡했다. 이웃 사람이 이를 이상하게 생각해 물었다.

"당신의 아들은 일개 병사에 지나지 않는데 장군이 직접 고름을 빨아 주었습니다. 그런데 어째서 우는 것입니까?"

이 말에 어머니가 한숨을 쉬며 대답했다.

"지난해 오기 장군께서 그 아이 아버지의 종기 고름을 빨아 주셨습니다. 그 후 전쟁에 나간 남편은 장군의 은혜에 보답하기 위해 끝까지 적에게 등을 보이지 않고 싸우다 목숨을 잃었습니다. 그런데 이번에는 아들의 종기를 빨아 주셨으니 이제 그 아이의 운명은 뻔한 것 아닙니까. 어찌 제가 슬프지 않겠습니까."

병사를 자식처럼 사랑한다는 오기의 브랜드 가치는 병사들의 충성심과 사기를 최상으로 끌어올렸다. 그 같은 힘을 바탕으로 오기는 진나라를 공격해 다섯 개의 성을 함락시켰다.

자신의 브랜드 가치를 높이기 위해서는 강한 의지와 결단력이 필요할 때가 많다. 경쟁에서 승패는 전적으로 능력의 우열로만 가름되는 것이 아니다. 당장은 힘이 떨어지더라도 상대의 심리적 특성을 파악해 허를 찌르는 것도 중요한 전술이 될 수 있다. 이를 통해 승리의 경력이 쌓이면 그것이 곧 브랜드로 구축되는 것이다.

20만 대군을 물리친 당 태종의 힘

이에 대한 좋은 본보기는 당나라 태종이 소수의 기병만으로 20만이나 되는 돌궐 군대를 물리친 일이다. 태종이 현무문 정변으로 황제의 자리에 오른 직후 민심이 크게 동요하고 있는 틈을 타 돌궐의 둘리 카칸과 셸리 카칸이 20만 대군을 이끌고 위하 북쪽까지 쳐들어왔다. 돌궐은 사신을 당에 보내 허실을 정탐했다. 황제를 만난 돌궐의 사신은 허세를 부렸다.

"폐하께 아룁니다. 우리 돌궐의 두 카칸은 100만의 군사를 거느리고 이미 당의 국경을 넘었습니다. 폐하께서 우리 두 군주에 대한 예의를 표하시면 가서 잘 전하도록 하겠습니다."

태종은 진노했다.

"짐이 일찍이 돌궐의 카칸들과 직접 만나 화친을 맺었는데 이제 와서 너희들이 맹약을 깨고자 하는구나. 너희들이 도대체 뭘 믿고 허세를 부리는지 알 수가 없으니, 우선 네놈의 목을 벤 다음 네놈들이 몰고 온 오합지졸을 상대해 주겠다!"

그러면서 태종은 즉시 사신의 목을 베라고 명했다. 기겁한 사신은 목숨만 살려 달라고 애원했고 태종의 신하들도 국제 관례에 따라 그를 돌려보내는 것이 바람직하다고 간언했다. 그러나 태종은 단호했다.

"그럴 수는 없소. 지금 저자를 풀어 준다면 돌궐은 필시 짐이 겁을 먹었기 때문이라 생각할 것이오."

결국 사신은 옥에 갇히고 말았다. 태종이 신하들에게 말했다.

"돌궐은 최근 우리 나라에 내란이 발생했다는 소식을 듣고 우리가 대항하지 못하리라 판단하고 쳐들어온 것이오. 강력하게 대응하지 않으면 돌궐은 마음 놓고 우리 국경을 노략질하게 될 것이오. 짐이 홀로 나가 저들의 군대를 하찮게 여긴다는 뜻을 보이고 결전의 의지를 과시할 필요가 있소. 사태가 예상과 다르게 돌아가면 저들도 크게 당황할 것이오.”

태종의 강경한 태도에 만류하던 신하들도 더 이상 아무 소리를 할 수 없었다. 약간의 호위 기병들만 거느린 채 단신으로 말에 올라 위수(渭水)로 향한 태종은 돌궐의 두 카칸에게 진영에서 나와 대화를 할 것을 제의했다.

셀리 카칸이 나와 위수를 사이에 두고 태종과 대화를 시작했지만 그는 홀로 전선에 나온 태종의 위용에 이미 기가 질린 상태였다. 게다가 당의 조정에서 예를 갖추지 않았다는 이유로 사신을 구금했다는 소식을 들은 터라 겁을 먹지 않을 수 없었다. 결국 셀리 카칸은 서로의 국경을 침범하지 않는다는 맹약에 동의하고 병력을 거두어 돌아갔다. 태종이 구축한 브랜드 가치가 돌궐의 20만 대군을 물리친 것이다.

브랜드 가치는 스스로 떠든다고 만들어지는 것이 아니다. 진정한 용기와 결단력을 가지고 꾸준히 노력하지 않으면 금방 허점이 드러나고 만다. 브랜드란 내가 자랑하는 것이 아니라 남들이 알아줘야 하는 것이다. 『탈무드(Talmud)』에 이런 이야기가 있다.

한 사람이 임종을 앞두고 있었다. 학업 성적이 우수했던 그의 아들이 아버지에게 말했다.

“아버님, 돌아가시기 전에 부디 아버님 친구들에게 제가 얼마나 학문에 열심인지, 얼마나 실력이 있는지 말씀해 주십시오.”

그러자 아버지는 아들에게 조용히 말했다.

"아니다, 얘야. 나는 굳이 그런 추천을 하지 않을 것이다. 평판이 곧 가장 좋은 소개장이 될 테니까 말이다."

그러면서 『탈무드』는 말한다.

"당신은 남이 당신을 좋게 생각해 주기를 원하는가? 그렇다면 그것을 입 밖에 내지 마라."

중요한 것은 말이 아니라 실력이라는 얘기다.

그늘에서 더욱 움직여라
윈스턴 처칠과 덩샤오핑

외면받을 때 투지를 불사른다

역사를 보면 승승장구하다가도 단 한 번의 패배나 한순간의 실수로 쓰러져 다시는 일어서지 못하는 인물들을 만나게 된다. 왕좌에서 밀려난 왕들, 전쟁에서 패한 영웅들, 동시대인들에게 외면받아야 했던 수많은 천재들이 그랬다. 역사적 인물들이 그럴진대 하물며 평범한 사람들이야 말해 무엇 하랴.

해마다 있는 인사 발령에서 한 번 '물' 먹었다고 좌절하거나 반발하는 경우가 많다. 그러면 자신에게 주어진 업무가 하찮게 느껴지고 '내가 이 따위 일이나 하고 있을 사람이란 말인가.' 하는 생각에 업무를 등한시하기 쉽다. 특히 입사 동기들에 비해 뒤처지거나 후배가 앞질러 승진하게 되면 그 증세는 더욱 심해진다. 자연히 실적은 더 나빠지고 그러다 보면 더욱 윗사람의 눈 밖에 나게 되어 결과적으로 다음번 인사에서 또다시 뒤처지는 악순환을 거듭하게 된다.

이 같은 과정을 한두 번 반복하다 보면 그 사람에 대한 평판이 확고히 굳어져 버려 끝내 회복 불가능한 상태가 되기 십상이다. 능력 있다고 인정받던 사람이 이런 악순환의 고리에 빠져 허덕이다 조직의 버림을 받는 경우는 일상에서 흔히 볼 수 있다.

위대한 인물들은 바로 그럴 때 남들과 다르게 행동하는 사람들이다. 그들은 도태당했을 때 오히려 투지를 불태운다. 왜 이런 일이 일어났는지 곱씹어 보고 실패를 거울삼아 다시는 이를 반복하지 않기 위해 노력한다. 자신에게 새로 주어진 일이 다소 덜 중요한 업무라 할지라도 최선을 다한다. 그렇게 하다 보면 그동안 상대적으로 비중이 낮던 분야가 갑자기 새로운 비전으로 각광받게 되는 경우도 적지 않다.

추운 그늘에 있을 때는 몸을 더 움직여야 몸이 얼지 않는 법이다. 당연한 이치인 데다 말은 쉽지만 행동으로 옮기기는 어려운 이 원칙의 충실한 실천 사례를 돌아보자.

세 번의 실각에도 주저앉지 않은 처칠

윈스턴 처칠(Winston L. S. Churchill)은 관운이 넘치는 사람이었다. 서른한 살에 식민 차관으로 공직 생활을 시작해 여든 살에 총리로 은퇴했다. 하지만 그의 관운은 절로 얻어진 것이 아니다. 실패를 기회로 만든 끈기와 노력의 결과였다.

서른다섯 살에 내무 장관이 된 처칠은 2년 뒤 세계에서 가장 힘 있는 자리 중 하나인 해군 장관 자리에 올랐다. 세계 최강인 대영 제국 함대를 지휘하는 사령관이 된 것이다. 하지만 그로부터 4년 만인 1915년, 처칠은 해군 장관직에서 해임되고 만다.

대영 제국 함대를 몰고 오스만 제국의 수도인 이스탄불을 공격한 것이 화근이었다. 이 공격의 의도는 오스만 제국의 심장부에 기습 펀치를 날림으로써 오스만이 독일과 맺은 동맹을 포기하게 하는 것이었다. 독일군의 공세를 막아 내는 데 어려움을 겪고 있던 러시아에 탄약 등 물자를 보급하는 것도 이 작전의 목적이었다. 영국이 다르다넬스(Dardanelles) 해협을 차지하면 흑해를 통해 러시아에 물자를 보낼 수 있다고 판단한 것이다.

그러나 영국 함대만으로 다르다넬스 해협을 봉쇄할 수 있으리라는 처칠의 생각은 분명 오판이었다. 두 달 뒤 처칠은 함대를 철수시키고 작전 실패를 공식적으로 인정함과 동시에 패배의 책임을 지고 해군장관직에서 물러나야 했다. 그때 그는 한 친구에게 보내는 편지에 이렇게 썼다.

"나도 지쳤네. 이제 다 끝났어."

하지만 끝난 것이 아니었다. 해군 장관 자리에서 해임된 것은 그가 인생에서 겪어야 할 네 번의 실각 중 시작에 불과했다. 실패의 고통은 컸지만 처칠은 거기서 물러날 사람이 아니었다. 샌드허스트(Sandhurst) 육군 사관 학교를 졸업하고 몸속에 군인의 피가 흐르던 처칠은 세계를 휩쓸고 있는 전쟁을 관전자로 지켜볼 수만은 없었다.

자원입대하여 전선에 뛰어든 그는 소령 계급장을 달고 제6 로열 스코틀랜드 퓨질리어(Royal Scotland Fusiliers) 연대의 지휘관으로 프랑스 전선에 투입되었다. 하지만 전직 장관이 일선에 나온 것이 병사들의 눈에는 낯설게만 보였다. 별수 없이 처칠은 이듬해 하원 의원의 신분으로 의회로 되돌아갔다.

당시 로이드 조지 총리는 과거에 비해 훨씬 좋은 평가를 받고 있던 처칠을 군수 장관에 임명했다. 군수 장관이 되자마자 처칠은 해군 장관 시절 계획했던 '육상 선박' 프로젝트를 열정적으로 추진했다. 그는 미국 농촌에서 사용하던 트랙터처럼 무한궤도가 달린 강철 차량에 기관총을 장착하면 이를 활용하여 전투에서 활약할 수 있을 것이라고 확신했다.

육군 장성들은 이 풋내기 군수 장관의 제안에 콧방귀를 뀌었지만 비밀 계획의 암호명이었던 이 '탱크'는 처칠의 예상대로 육상에서는 천하무적이었다. 1918년 8월 프랑스 북부 솜(Somme) 강 유역에 도달한 연합군은 450대의 탱크를 앞세워 독일군 전선을 돌파했다. 당시 독일 육군 사령관이었던 에리히 루텐도르프는 탱크의 위력에 놀라 이날을 독일의 패전일로 선언할 정도였다고 한다.

하지만 전쟁 영웅 처칠은 전쟁이 끝난 뒤 1922년 로이드 조지가 실각하자 함께 물러나야 했다. 이후 쓰라린 패배가 이어졌다. 3년 동안 세 번이나 하원 선거에 출마했지만 연거푸 고배를 마셨다. 스탠리 볼드윈 내각에서 재무 장관을 지냈던 처칠은 1929년 볼드윈이 실각하자 또다시 물러나야 했다. 세 번째 실각이었다.

하지만 그는 주저앉지 않았다. 정치 참여의 길이 막히자 그는 펜을 들었다. 1937년 네빌 체임벌린 총리가 히틀러에 대한 온건 정책을 표방했을 때 언론인으로 변신한 처칠은 격정적인 글로 재앙을 예고했다. 1939년 7월 그는 자신의 고정 칼럼에 이렇게 썼다.

"지금 폭군의 군대가 엄청난 공격을 준비하고 있다. 독일 내부 사정이 아무리 나빠 보여도 최소한 초기에는 이 군대가 아주 끔찍한 타격을 가할 것이다."

9월 1일 독일이 폴란드를 침공하자 처칠이 옳았음이 증명되었다. 예순네 살의 처칠은 체임벌린에 의해 다시 해군 장관에 임명되었고, 이듬해에는 체임벌린 대신 총리에 선출된다. 그가 바뀐 현실에 안주했거나 패배를 극복하지 못하고 좌절했다면 불가능했을 일이었다.

그는 1945년까지 연합군의 선봉장으로 전쟁을 이끌었다. 하지만 전쟁이 끝나자 영국 국민은 처칠이 이끄는 보수당 대신 노동당을 선택했다. 나중에 처칠은 이렇게 회고했다.

"우리의 적들이 무조건 항복을 선언하는 시점에 나는 영국 유권자들로부터 국정에서 손을 떼라는 명령을 받았다."

이번에도 역시 끝이 아니었다. 처칠은 퇴임 직전 미국의 트루먼 대통령에게 편지를 썼다.

"스탈린은 뤼베크에서 아드리아까지 '철의 장막'을 치고 그 뒤에서 무자비하게 권력을 키워 가고 있습니다."

그가 말한 '철의 장막'은 곧 냉전의 상징이 되었고 처칠은 1951년 일흔여섯의 나이로 다시 한 번 총리에 선출되었다. 그것이 그의 네 번째이자 마지막 승리였다.

음모와 사주도 쓰러뜨리지 못했던 덩샤오핑

서양에서 처칠이 이처럼 '그늘에서 더 많이 움직여야 한다'는 진리를 실천하고 있을 때 동양에서는 덩샤오핑(鄧小平)이 같은 마음가짐으로 운명에 맞설 준비를 하고 있었다.

대지주의 아들로 태어난 덩은 프랑스 유학 중이던 열일곱 살에 공산주의자가 되었다. 1931년 마오쩌둥의 동지가 되었고, 1945년에는 중국 공산당 중앙 위원, 1955년에는 정치국원에 임명되는 등 승승장구했다.

그러다 1966년 문화 혁명 때 홍위병에 의해 반(反)마오 주자파(走資派)로 몰려 공직에서 물러나야 했다. 그러나 덩은 현실을 모두 받아들였다. 온갖 모욕 속에서 사상 개조 교육까지 받았고, 마오의 정책에 반대했던 자신의 행적을 공개 석상에서 자아 비판하는 수모도 감내했다.

그는 음지에서 자신에게 주어진 역할을 충실히 수행했다. 그 결과 덩은 7년 뒤인 1973년 부총리로 당당하게 복귀했다. 이듬해에는 다시 정치국원에 임명되었고 1975년에는 당 부주석 자리까지 올랐다. 그러나 이것은 겨우 1년에 그치고 말았다. 마오의 아내 장칭(江青) 등 4인방의 음모와 사주에 의해 갑자기 베이징 대학의 벽에 덩을 비방하는 대자보가 붙기 시작했기 때문이다. 결국 1975년 덩은 마오의 명령에 따라 모든 관직을 버려야 했다. 두 번째 실각이었다.

그러나 덩은 1977년 4인방이 체포되자 다시 일어났다. 세계가 놀랐고 그에게는 '부도옹(不倒翁, 오뚝이)'이라는 별명이 붙었다. 1983년 그는 일흔아홉의 나이로 국가 군사 위원회의 주석 자리에 올랐다.

물론 처칠이나 덩샤오핑 같은 인물의 삶이 범상한 것은 아니다. 운
도 많이 따른 것이 사실이다. 하지만 미국의 시사 주간지「타임(Time)」
이 두 사람을 두 번씩이나 '올해의 인물'로 선정했을 만큼 그들은 치열
한 삶을 살았다. 그 치열함은 음지에 있을 때 더욱 뜨거웠다.

패배는 깨끗이 인정하라
리처드 닉슨과 에르빈 로멜

실패를 받아들이는 태도에 따라 미래가 갈린다

무릇 누구나 실패를 경험하게 마련이다. 모험적이고 도전 정신이 강한 삶일수록 실패의 쓴맛을 많이 보는 것이 인생의 법칙이다. 실패하지 않는 유일한 길은 도전하지 않는 것뿐이다. 하지만 그런 소극적이고 안주하는 태도로는 달콤한 성공의 맛도 기대할 수 없다.

실패에도 정도의 차이가 있다. 툭툭 털고 일어날 수 있는 정도의 가벼운 실패가 있는 반면 재기가 불가능할 정도로 참담하고 치명적인 실패도 있다.

사소한 실패는 받아들이기도 쉽다. 그저 웃음 한 번으로 훌훌 털어버릴 때도 있다. 작은 실패는 대개 큰 성공을 위한 밑거름이 되기도 한다. 그래서 '실패는 성공의 어머니'란 말도 있지 않은가. 주위의 격려가 있어 외롭지도 않다.

하지만 치명적인 실패는 다르다. 절체절명의 순간에 모든 구원의 빛이 꺼지는 상황, 가용한 모든 자원을 쏟아 붓고 모든 수단을 총동원했어도 일을 성취해 내지 못하는 경우 등이 이에 해당한다. 그야말로 완전한 실패다. 다시 일어나 재도전할 수도 없는 최후의 실패라고도 할 수 있다. 이런 실패를 받아들이기란 결코 쉬운 일이 아니다. 이 같은 실패에 직면할 경우 많은 사람이 절망의 나락에서 헤어나지 못하고 때론 충격을 못 이겨 폐인이 되기도 한다.

지금부터는 완전한 실패를 경험한 두 사람의 사례를 살펴볼 것이다. 두 사례 모두 치명적인 최후의 실패였음에도 불구하고 그것을 받아들이고 대처하는 두 사람의 태도는 너무나 달랐다.

먼저 제37대 미국 대통령인 리처드 닉슨(Richard M. Nixon)이다. 스물네 살에 변호사로 사회에 첫발을 내디딘 닉슨은 서른세 살이던 1946년 공화당 후보로 하원 의원이 되었고, 4년 뒤인 서른일곱 살에는 상원 입성에 성공한다. 그 후로도 그는 탄탄대로를 걷는다.

실패 인정 않다 비참해진 닉슨

닉슨은 한때 악명 높은 매카시 상원 의원의 공산주의자 사냥에 동조하기도 했지만 한여름 밤의 꿈처럼 사라져 버린 매카시와는 달리 아이젠하워 대통령의 러닝메이트가 되는 행운을 누린다. 고령의 아이젠하워를 젊은 부통령이 보필할 필요가 있는 데다, 필요할 경우 맷집 좋은 소방수 역할까지 시킨다는 당 지도부의 선택이었다.

서른아홉의 나이에 그는 부통령에 당선되었고 재선에도 성공했다. 그 8년 동안 사실상의 백악관 주인은 닉슨이었다. 전쟁 영웅 아이젠하워(Dwight D. Eisenhower)는 점점 노쇠해지고 정치에 관심을 잃어 갔기 때문이다.

닉슨은 1958년 아이젠하워 대신 베네수엘라를 방문했다가 침과 돌세례를 받는 수모를 당했다. 1959년에는 모스크바를 찾았다가 흐루쇼프(Nikita S. Khrushchyov)와 그 유명한 '부엌 논쟁'을 벌이기도 했는데 흐루쇼프의 허풍에도 불구하고 논쟁의 승자는 닉슨으로 평가되었다.

그는 여세를 몰아 1962년 대통령에 도전했다. 존 F. 케네디에게 패배한 뒤 한때 정계 은퇴를 선언하기도 했지만 거기서 멈출 닉슨이 아니었다. 1968년 화려하게 부활해 민주당 후보인 허버트 험프리를 꺾고 대통령에 당선했다. 득표율이 43퍼센트로 낮기는 했지만 8년 전 케네디에게 당한 패배의 설욕으로 충분했다.

대통령으로서의 4년은 성공적이었다. 불명예스럽게 철수하긴 했지만 월남전을 종식시켰고 키신저(Henry A. Kissinger) 국무 장관과 함께 외교사에 길이 남을 치적도 쌓았다. 하나는 핑퐁 외교를 통해 중국과 화해를 한 것이고, 또 하나는 중동에서 미국의 입지를 강화한 것이었다.

이 같은 성과를 평가해 1972년 1월 시사 주간지 「타임」은 닉슨을 '올해의 인물'로 선정했다. 그해 11월로 예정된 대통령 선거에 더없는 호재였다. 하지만 '워터게이트 사건'이 그를 파멸로 이끌었다. 파멸의 주원인은 민주당 선거 본부에 도청 장치를 설치하려 한 사실 자체보다 워터게이트가 터지고 난 후 거짓과 변명으로 일관한 닉슨의 태도였다. 도청 장치를 설치하기 위해 워터게이트 빌딩에 무단 침입한 괴한 다섯 명이 체포되었는데도 닉슨 측은 사실무근이라고 펄펄 뛰었다.

가까스로 재선에 성공했지만 그것으로 끝이 아니었다. 범행 1년여 만에 열린 청문회에서 대통령 집무실에서 나눈 대화가 녹음된 테이프가 있다는 증언이 터져 나왔다. 이번에도 닉슨은 사건을 은폐하기에 급급했다. 여론에 밀려 테이프 몇 개를 내놓긴 했지만 불리한 내용이 담긴 것은 제외시켰다. 특별 검사가 테이프 제출을 요구하자 닉슨은 법무 장관에게 특별 검사를 해임하라고 지시했다. 그러나 법무 장관은 특별 검사를 해임하는 대신 자신이 사표를 제출했다.

사면초가에 몰린 닉슨은 테이프 녹취록이 담긴 1,300여 쪽의 문서를 제출했다. 하지만 거기에도 핵심은 빠져 있었다. 닉슨이 몇몇 테이프를 폐기하라고 지시했다는 사실도 터져 나왔다. 이제 더 이상 닉슨을 믿는 사람은 없었다. 공화당 내에서도 민주당이 요구하는 대통령 해임안에 찬성하는 목소리가 높아졌다.

막다른 골목에 몰린 닉슨은 대국민 성명을 발표했다. 워터게이트 사건 발생 엿새 뒤 보고를 받았으며 계속 사실을 은폐할 것을 지시했다는 내용이었다. 이것도 끝은 아니었다. 닉슨은 더 이상 사실을 부인하지 않았지만 그렇다고 물러나지도 않았다.

대신 그는 백악관에 숨었다. 최측근들이 아니면 그를 만날 수 없었다. 물러나라는 여론이 들끓었다. 민주당은 탄핵을 무기로 닉슨의 목을 조여 왔다. 워터게이트 사건이 발생한 지 2년 2개월 하고도 12일을 버틴 닉슨은 결국 1974년 8월 8일 대통령직에서 물러났다. 이미 세상의 조롱을 한껏 받고 만신창이가 되고 난 뒤였다.

그는 실패를 의연히 받아들이지 못했다. 절망 속에서 악수(惡手)에 악수를 거듭했다. 외통수에 몰렸음에도 실패를 인정하기를 거부했다. 그렇다고 승부가 바뀔 것이 아니었다. 스스로 점점 더 비참해지고 구차해질 뿐이었다.

적국에서도 칭송받는 로멜

제2차 세계 대전 당시 독일에서는 에르빈 로멜이라는 인물이 영웅 대접을 받았다. 1941년 1월 히틀러는 육군 대장 로멜에게 아프리카로 가라는 명령을 내렸다. 로멜은 5월까지 리비아를 사수하라는 상부 명령을 어기고 3월에 공격을 개시했다.

전력의 열세에도 불구하고 그는 단숨에 650킬로미터를 진격해 영국군을 이집트로 몰아냈다. 이 전투를 가리켜 처칠은 '1급 재앙'이라 불렀고 영국 언론은 로멜에게 '사막의 여우'라는 별명을 붙여 주었다.

6월 영국군이 반격을 개시했지만 사흘 만에 전차 90대를 잃고 다시 이집트로 쫓겨 갔다. 11월 전력이 보강된 영국군이 다시 독일군 진지를 공격했지만 그들이 도착했을 때 독일군 진지는 텅 비어 있었다. 그런데 얼마 후 독일 탱크들이 갑자기 나타나 영국군 진지를 휘저었고 영국군은 혼비백산하여 30킬로미터나 달아나야 했다.

영국군으로서는 그것이 재앙의 끝이 아니었다. 1942년 로멜은 적의 마지막 요새였던 모로코의 토부르크로 쳐들어갔다. 이 작전에서 로멜은 3만 5,000명의 영국군을 포로로 잡고 독일 아프리카 군단의 80퍼센트를 수송할 수 있는 탱크와 수송 트럭을 손에 넣었다.

육군 원수로 승진한 로멜은 토부르크 함락 이틀 뒤 다시 이집트 깊숙이 160킬로미터나 진격했다. 영국 군은 독일보다 세 배나 많은 전차를 보유하고도 후퇴해야 했고 독일군은 전략 요충지 엘 알라메인(El Alamein)을 점령했다.

하지만 미국이 북아프리카 전선에 본격 개입하기 시작하면서 전세는 역전되기 시작했다. 로멜은 패배의 순간이 다가옴을 직감할 수 있었다. 병력과 병참이 절대적으로 열세였기 때문이다.

그는 "엘 알라메인을 사수하라."라는 히틀러의 명령을 어기고 퇴각했다. 당시 움직일 수 있는 독일 군 전차는 22대에 불과했다. 그들 중 상당수는 취사장의 에틸알코올을 연료로 사용해 간신히 움직이고 있었다.

로멜은 1943년 3월 히틀러에게 아직 시간이 있을 때 아프리카에서 철수하자고 제안했다. 하지만 히틀러는 로멜을 겁쟁이라 비난하며 철수를 거부했다. 두 달 뒤 독일과 이탈리아의 아프리카 군단은 결국 튀니지에서 연합군에 항복해야 했다.

1944년 6월 6일 연합군이 노르망디에 상륙했다. 11일 뒤 로멜과 서부 전선 총사령관 룬트슈테트(Karl R. Rundstedt) 장군 등 장성들이 회동했다. 더 이상 가망이 없으며 전쟁을 끝내야 한다는 데 의견을 모았다. 그리고 이를 히틀러에게 전달할 사람으로 로멜이 지목되었다. 히틀러는 이들의 제안을 받아들이지 않고 격분했다. 장성 중 일부가 히틀러 암살 음모를 꾸미고 대통령직을 제안하며 로멜에게 접근했지만 그는 이에 가담하지 않았다.

로멜은 최선을 다한 뒤에 맞이한 불가항력적인 패배를 의연하게 받아들였다. 그는 구차하게 성공으로 포장하려고 하지 않았다. 그런다고 바뀔 수 있는 것이 아니라는 사실을 잘 알고 있었기 때문이다. 이것이 바로 로멜이 오늘날까지 독일뿐 아니라 연합군 측 국가들에서까지 위대한 영웅으로 칭송받고 있는 이유다.

마지막 결과가 성공이라면 좋겠지만 설사 패배라 할지라도 담담하게 받아들여야 한다. 모든 것을 다 잃었다고 해도 무엇보다 가장 중요한 명예와 자존심은 간직할 수 있기 때문이다.

난세에는 멈춤의 미학이 필요하다
나폴레옹과 탈레랑

급한 성미로 파국을 맞은 나폴레옹

나폴레옹은 성미가 급하기로 유명했다. 아침에 일어나면 늘 혼자서 식사를 했다. 그는 포크와 나이프를 집을 틈조차 없이 음식을 언제나 손으로 집어먹었다. 어떤 음식이 나와도 마찬가지였다. 저녁식사도 10분을 넘기지 않았다. 식사 시간이 20분만 지나도 그는 한탄했다.

"아, 권력이 부패하기 시작하는구나."

몇 시간씩 계속되게 마련인 황실의 공식 만찬은 나폴레옹에게는 그야말로 고역이었다. 그래서 대부분의 황실 만찬은 의전 장관에게 맡기고 나폴레옹은 황후와 둘이서 따로 저녁 식사를 했다.

나폴레옹의 그 유명한 위궤양은 이 같은 식사 습관과도 무관하지 않다. 나폴레옹은 위궤양 탓에 초상화 속에서도 손으로 배를 감싼 모습으로 자주 등장하는데 실제로 배를 움켜쥐고 바닥에 뒹굴 정도로 극심한 복통에 시달렸다고 한다. 나폴레옹의 이러한 급한 성미는 그를 황제의 자리로 인도하는 데 크게 기여했지만 결국은 그를 파국으로 이끌었다.

1795년 스물여섯 살의 나폴레옹은 파리에서 반란을 일으킨 폭도들에 대한 '대포 발사'로 일약 유명세를 탔다. 현실과 타협하지 않는 과단성과 신속함으로 폭도를 진압한 공로를 인정받아 나폴레옹은 이듬해 이탈리아 원정군의 총사령관이 된다. 이탈리아에서의 첫 대승은 나폴레옹에게 군사적·정치적 야심을 키우게 한다.

나폴레옹 보나파르트는 1804년 인민 투표로 황제에 즉위했지만 그의 야심은 거기서 멈추지 않았다. 그는 이듬해 15만 병력의 프랑스·스페인 연합군으로 영국을 공격하려다 그해 10월 트라팔가르 해전에서 영국의 넬슨 제독에게 패한다. 그러나 이에 굴할 나폴레옹이 아니었다.

영국 상륙의 꿈이 막힌 나폴레옹은 관심을 대륙으로 돌렸다. 그는 군사를 오스트리아로 진격시켜 빈을 점령했다. 오스트리아 황제 프란츠 1세는 북으로 달아나 오늘날 체코 동부의 슬라프코프(Slavkov)인 아우스터리츠(Austerlitz) 인근에서 러시아 황제 알렉산드르 1세와 연합해 8만 5,000명의 병력으로 7만 3,000명의 나폴레옹 군과 대치했다. 나폴레옹은 아우스터리츠 평원의 중앙을 속전속결로 돌파해 대승을 거두었다.

프라첸 고지대에서 벌어진 이 전투는 세계 최초의 근대적 대평원전(大平原戰)으로 기록되고 있다. 나폴레옹은 이 고지대를 바라보며 부하 장군들에게 여러 차례 "이 지형을 잘 기억해 두시오. 이곳이 전장이 될 것이오."라고 강조했다고 한다.

나폴레옹이 열세인 병력과 적의 절반에 불과한 대포로도 승리를 거둘 수 있었던 가장 큰 요인은 무엇보다도 속도였다. 나폴레옹은 믿을 수 없을 만큼 빠른 행군 속도로 유럽을 가로질렀다. 오스트리아와 러시아는 나폴레옹 군이 파리에서 자신들의 땅 한복판으로 그처럼 빨리 밀고 들어올 줄은 상상도 못했다. 결과는 불 보듯 뻔했다. 2만 명 이상의 전사자를 낸 러시아는 폴란드로 철수했고, 오스트리아는 나폴레옹에게 휴전을 구걸해야 했다.

아우스터리츠 전투에서 대승을 일궈 낸 나폴레옹은 독일 서남부 영토를 보호국으로 삼아 라인 동맹을 만들고 20만 명의 군대를 주둔시켰다. 여기에 위협을 느낀 프로이센의 프리드리히 빌헬름 3세(Friedrich Wilhelm III)는 1806년 15만 병력을 동원해 나폴레옹에게 선전포고를 했다. 양군은 그해 10월 14일 독일의 튀링겐 지방의 예나와 아우어슈테트 두 지역에서 맞붙었다.

프로이센 군을 격파한 나폴레옹 군은 프로이센 본토까지 일거에 내달려 10월 25일 수도 베를린에 입성했으며 전쟁 개시 7주 만에 프로이센의 전 지역을 정복했다. 쾨니히스베르크로 달아난 빌헬름 3세는 러시아를 끌어들여 빼앗긴 영토를 회복하려 했다. 러시아는 10만 병력을 지원했지만 프랑스 군에 격파되고 말았다.

1807년 2월 러시아 국경의 칼리닌그라드 주에 있는 네만 강 위에 띄운 뗏목에서 나폴레옹은 러시아 황제 알렉산드르 1세와 회동했고, 7월에는 네만 강 좌안의 도시 틸지트에서 빌헬름 3세를 만났다. 이때 맺은 틸지트 화약(和約)으로 프로이센은 엘베 강 서쪽의 영토와 폴란드를 나폴레옹에게 넘겨주어야 했다.

오늘날 학자들이 '승자 효과(winner's effect)'라고 일컫는 것이 있다. 생물학적으로 남성들의 경우 혈액 1리터당 10분의 1그램의 남성 호르몬 테스토스테론을 가지고 있는데 승리를 거두면 테스토스테론의 분비가 더욱 왕성해진다. 공격적 행동을 유발하는 테스토스테론 수치가 높아질수록 전투력도 향상되므로 한 번 이기면 승승장구할 확률이 높아진다고 할 수 있는데 이것이 승자 효과다.

승리하는 리더일수록 멈출 줄 알아야

그러나 문제는 과다 분비된 테스토스테론이 합리적인 판단을 흐리게 할 수도 있다는 사실이다. 공격 성향이 지나치게 높아져 싸움보다는 협상이 유리할 수 있다는 사실을 간과할 수 있다. 나폴레옹의 경우가 바로 그랬다. 나폴레옹이 네만 강에서 멈췄더라면 폴란드까지 이르는 넓은 땅이 오늘날까지 프랑스 영토로 남아 있을지도 모른다.

하지만 나폴레옹의 피 속에 넘치는 테스토스테론은 멈춤 신호를 무시했다. 당시 유럽 각국을 상대로 능수능란한 외교전을 벌인 프랑스 외무 장관 탈레랑(Charles-Maurice de Talleyrand)은 나폴레옹의 위험을 본능적으로 알았다. 그는 나폴레옹이 패배한 국가에 굴욕적 조건을 강요하는 데 반대했다. 오스트리아는 아우스터리츠 패전 이후 4,000만 프랑의 전쟁 배상금을 물었다. 프로이센은 틸지트 화약으로 1억 2,000만 프랑의 배상금과 엘베 강 서부 영토의 할양, 군대 규모를

4만 명 이하로 축소하는 가혹하고 모욕적인 조건을 받아들여야 했다. 탈레랑은 나폴레옹과 다른 생각을 가지고 있었다. 그는 오스트리아에 관대한 조건을 내걸어 러시아에 대한 방어벽으로 삼고 동유럽의 세력 균형을 공고히 해야 한다고 생각했다.

틸지트 화약에서도 나폴레옹은 탈레랑의 견해와 달리 러시아에 굴욕감을 안겨 주었다. 폴란드에 바르샤바 대공국을 세움으로써 러시아를 분노케 했으며 러시아 차르에게 영국의 목을 죄려는 대륙 봉쇄를 강요해 받아들이게 했다.

결국 역사는 탈레랑이 옳았음을 증명해 주었다. 오스트리아는 재기해 끊임없이 프랑스를 괴롭혔다. 러시아는 대륙 봉쇄를 무시하고 나폴레옹에게 러시아 진격이라는 최악의 카드를 사용하게 만들었다.

국가건 기업이건 늘 멈출 줄 아는 리더가 필요하다. 그렇지 못하면 그를 기다리는 것은 몰락뿐이다. 워털루 전투에서 나폴레옹에게 최후의 일격을 가한 웰링턴은 "정복자는 포탄과 같다."라는 명언을 남겼다. 계속 날아가다 결국에는 폭발해 흔적도 없이 사라지고 마는 포탄에 정복자를 비유한 것이다.

경쟁자에게 치명적인 일격을 가한들 자신도 터져 버리면 아무 소용이 없다. 경쟁자의 도전 의지를 꺾었다면 이제 상생의 기회를 남겨 주어야 한다. 경쟁자를 끝장내 버리는 데 남은 에너지를 사용하는 것은 위험하고 비효율적인 일이다. 그보다는 차라리 식탁에 앉아 음식 맛을 즐길 줄 아는 여유를 가져라. 그것이 더 생산적이다.

임기응변의 지혜로 운명을 바꿔라
위기관리 능력의 대가인 관중과 포숙아, 유방

소백을 왕위에 올린 포숙아의 기지

전쟁을 할 때 하루에 수십 번도 전투를 치를 수 있지만 대개 승부는 어느 한순간에 결정된다. 수년에 걸쳐 준비하고 진행해 온 프로젝트도 단 한순간의 판단 착오로 물거품이 되는 경우를 볼 수 있다.

미처 예상하지 못한 위험을 사전에 민첩하게 파악해 적시에 위기 상황에서 탈출하는 일은 누구나 할 수 있는 일이 아니다. 관포지교(管鮑之交)로 유명한 관중(管仲)과 포숙아(鮑叔牙)는 깊은 우정뿐 아니라 위기 대처 능력에서도 타의 추종을 불허하는 대가들이었다.

두 사람의 임기응변 능력을 잘 보여 주는 사례가 있다. 그들이 활동하던 춘추 시대 제나라에 내란이 일어났다. 이에 큰왕자 규는 노나라로 피신했고 이복동생인 작은왕자 소백은 여나라로 몸을 피했다. 이때 관중은 규를 수행했고 포숙아는 소백을 따랐다.

얼마 후 제나라 왕인 영공이 죽임을 당했다는 소식이 전해졌다. 규와 소백은 서로 왕좌를 차지하려고 서둘러 제나라로 돌아왔다. 그런데 귀국 도중 관중은 소백이 탄 수레가 앞서가고 있는 것을 발견했다. 관중은 소백을 없애야 후환이 없다는 판단에 따라 활을 꺼내 소백을 쏘았다. 화살은 소백의 허리춤에 맞았고 그 충격에 소백은 수레 위로 쓰러졌다. 관중은 소백이 죽었다고 생각하고 규에게 말했다.

"공자님, 소백이 죽었으니 이제 왕좌에 오르시는 일만 남았습니다."

하지만 화살은 소백이 차고 있던 은대(銀帶)를 맞혔을 뿐이었고, 포숙아는 소백에게 죽은 척하고 일어나지 말라고 조언했다. 관중의 2차 공격을 피하기 위함이었다. 그러고는 달리는 말에 채찍질을 더해 수레를 급히 몰아 제나라로 향했다. 관중과 대거리를 하는 것보다 왕궁에 먼저 도착하는 것이 무엇보다 중요했기 때문이다.

결국 소백의 수레는 규가 탄 수레보다 먼저 왕궁에 도착했고, 이로써 소백은 임금 자리에 오를 수 있었다. 그가 바로 춘추 오패 중 한 사람인 제 환공이다. 하지만 운명의 날, 찰나의 위기 상황에서 포숙아가 순간적인 기지를 발휘하지 못했더라면 그 자리는 큰왕자 규에게 넘어갔을 것이다.

순간에 현명하게 대응한 지혜, 관중과 유방

얼마 뒤 이번에는 관중이 그러한 위기 대처 능력을 발휘한다. 제 환공은 왕위에 오르자 자신을 위해 몸 바친 포숙아에게 재상을 맡기려

했다. 그러나 포숙아는 이를 사양하고 관중을 추천했다. 관중은 거사에 실패한 뒤 다시 노나라로 달아난 상태였다. 제 환공은 화가 나 소리쳤다.

"그놈은 과인을 죽이려고 활까지 쏜 놈이오. 나는 그 화살을 아직도 가지고 있소. 그의 살을 씹어도 시원찮거늘 어찌 재상으로 중용한단 말이오!"

포숙아는 다시 한 번 간곡하게 청했다.

"신하된 자로서 자신이 모시는 사람을 위하는 걸 어찌 탓하겠습니까. 그를 등용하신다면 관중은 이제 주공을 위해 그 활로 천하를 쏠 것입니다."

포숙아에게 설복당한 제환공은 사람을 노나라에 보내 관중을 청했다. 그러자 노나라의 대부 시백이 노나라 왕인 장공에게 속삭였다.

"제나라 임금은 관중을 재상으로 삼을 것입니다. 그렇게 되면 노나라에 커다란 위협이 됩니다. 아예 관중을 죽여 그 시체를 보내는 것이 어떻겠습니까?"

그 얘기를 전해 들은 관중은 노나라 사신을 시켜 노 장공에게 이렇게 말하도록 했다.

"관중은 전에 우리 임금을 활로 쏴 상하게 한 적이 있습니다. 따라서 관중은 우리 임금의 불구대천 원수입니다. 그런 관중을 자기 손으로 직접 죽이는 것이 우리 임금의 가장 큰 소원이기도 합니다. 그런데 노나라가 관중을 죽여 그 시체를 제나라에 넘겨주면 원수 갚을 기회를 빼앗는 것이 되지요. 그것은 노나라가 제나라 요청을 거부하고 관중을 넘겨주지 않는 것과 같은 것입니다. 그러면 우리 제나라가 가만히 있지 않을 것입니다."

사신의 말을 들은 노 장공은 관중을 결박한 채 죄수 수레에 가둬 제나라에 보냈다. 가는 도중 노 장공의 마음이 바뀌어 자신을 죽이려고 쫓아올까 두려웠던 관중은 꾀를 내었다. 그는 수레를 끄는 마부에게 "내가 노래를 부를 테니 자네는 박자를 넣게."라고 말했다. 관중은 빠른 곡조의 노래들을 계속 불렀고, 마부는 그 노랫소리에 신이 나 덩달아 말을 빨리 몰았다.

나중에 속은 것을 깨달은 노 장공이 관중의 뒤를 추격하려 했으나 수레는 이미 국경을 넘은 뒤였다. 관중은 절체절명의 순간에 기지를 발휘해 목숨을 구했을 뿐 아니라 훗날 재상 자리에 올라 천하를 호령할 수 있었다.

관중의 화살과 같은 사례는 한고조 유방에게서도 볼 수 있다. 초나라의 항우와 한나라의 유방이 광무산에서 진을 치고 일전을 겨룰 채비를 하고 있었다. 싸움에는 자신이 있는 항우가 유방의 군사 앞에 나서 외쳤다.

"지금 우리들이 승부를 가리지 못한 지 오래라 천하가 안정되지 않고 있다. 그러니 군사로 싸울 것이 아니라 우리 단둘이 승부를 겨뤄 봄이 어떠하겠는가. 그러면 우리 둘 때문에 수많은 사람이 죽지 않아도 되지 않겠는가."

그러자 유방은 앞으로 나서며 "나는 지혜를 다투려고 하지 힘으로는 싸울 생각이 없다."라고 말했다. 이에 격노한 항우는 활을 꺼내 유방을 향해 시위를 당겼다. 화살은 정확히 날아가 유방의 가슴에 꽂혔다. 화살을 맞은 유방은 얼른 허리를 굽혀 발을 만지며 말했다. "이크,

화살이 발에 맞다니……."

사실 유방은 침상에서 일어나지 못할 정도로 큰 상처를 입었다. 그러나 유방의 모사인 장량(張良)은 유방에게 아픔을 참고 일어나 군대를 순시할 것을 진언했고, 유방은 그의 말대로 억지로 일어나 군대를 순시하기도 했다.

소백이 화살을 맞고 죽은 척한 것이나 유방이 화살을 가슴에 맞고도 발에 맞아 크게 다치지 않은 척 위장한 것은 갑작스런 위기 상황에 지혜롭게 대처한 사례들이다. 그런 순발력 있고 현명한 대응이 있었기에 제환공이나 유방 모두 수백 년 대업의 토대를 다질 수 있었다.

천하의 포청천도 아전에 속아

"적절한 임기응변으로 위기 상황에 올바로 대처해야 한다."라는 말은 공허하다. 그때그때 처한 사태에 따라 그 즉시 처리하는 임기응변의 속성상, 경우의 수가 무한한 대처 방법을 일반화시키기는 사실 어렵기 때문이다. 하지만 큰 원칙은 유추해 볼 수 있을 것이다. 그리고 그러한 교훈은 대업을 이룬 영웅들의 행동이 아닌, 오히려 간교한 인간들이 세상을 속일 때 사용하는 사술(邪術)에서 얻을 수 있다.

다산 정약용은 『목민심서(牧民心書)』에서 이런 사례를 들며 개탄하고 있다. 드라마로도 만들어져 유명해진 포청천(包靑天)이 경조윤(京兆尹, 수도를 지키고 다스리던 관직)으로 있을 때의 일이다. 어느 날 어떤 백성이 잘못을 저질러 곤장을 맞게 되었다. 그 백성은 아전을 찾아가 뇌물을 바치고 빠져나갈 길을 모색했다. 아전이 말했다.

"사또께서 반드시 나에게 곤장을 치라고 할 테니 너는 그때 몸이 아프다고 고함을 치면서 변명을 늘어놓거라."

이윽고 포청천이 끌려 나온 죄인을 심문하는데 그가 아전이 시킨 대로 엄살을 떨자 그 아전은 "곤장이나 맞을 일이지, 죄인이 무슨 말이 그리 많은가."라고 꾸짖었다. 그러자 포청천은 아전이 지나치게 권세를 부린다고 생각하고 아전에게 곤장을 쳤고, 죄수에게는 오히려 관대한 처분을 내렸다. 아전의 생각대로 된 것이다. 천하의 포청천도 아전에게 속을 줄은 꿈에도 몰랐다. 다산은 이에 대해 이렇게 말했다.

"이것이 소위 병법의 반간(反間)이다. 빼앗고 싶을 때 주기를 청하고 가두려고 할 때에는 풀어 놓기를 청하며 서쪽을 원할 적에는 동쪽을 공격하고 왼쪽을 차지하고 싶으면 오른쪽을 끌어당겨서 치우친 성질을 충동질하므로 포 염라의 명철한 판단도 술수에 빠지는 것을 면치 못했다."

이처럼 임기응변이란 상대가 예상치 못할 방향으로 움직일 때 효과가 있는 것이다. 상대가 죽이려고 다가서면 죽은 척하고 빈틈을 보이지 않는 상대라면 일부러 자신의 '허'를 노출해 상대의 허점을 유도하기도 하는 것이다. 비록 소인배들의 행동에서 얻은 진리라도 경우 있고 범절 있게 사용한다면 군자로서 부끄러울 것이 없을 것이다.

속일 때에도 최선을 다하라
제2차 세계 대전 시의 노르망디 상륙 작전

적의 관심을 돌리는 기만전술, 양동 작전

양동 작전(陽動作戰, feint operation)은 아군이 계획한 작전 지역에서 적의 관심을 다른 곳으로 돌리기 위해 수행하는 기만전술을 말한다. 한쪽으로 쳐들어갈 것처럼 적을 교란한 뒤 반대쪽을 공격하는 '성동격서(聲東擊西)'와 같은 뜻이다. 이 같은 위장 전술의 대가는 한나라의 명장 한신(韓信)이었다.

진나라를 멸망시키고 팽성(彭城)에 도읍한 뒤 서초 패왕을 칭한 항우는 유방을 경계해 한왕으로 봉했다. 군사 요충지인 관중(關中)에 머물고 있던 유방의 군대를 험난한 산악 지형인 한중(漢中)으로 쫓아 우환을 제거하기 위함이었다. 한중은 후일 삼국 시대에 촉나라 유비의 본거지가 되는 곳으로, 위나라의 조조가 정벌하러 왔다가 "먹자니 먹을 것도 없고 버리자니 아깝다."라고 해서 '계륵(鷄肋)'이라 칭했던 그

땅이다.

유방은 관중을 떠나면서 잔도(棧道)를 불태워 버렸다. 잔도란 가파른 절벽에 나무 말뚝을 박아 만든 이동로를 말하는데 험한 한중으로 들어가려면 없어서는 안 되는 시설이었다. 따라서 다시 관중으로 나가기 위해서도 꼭 필요한 길이었다. 유방은 그런 길을 스스로 없앰으로써 항우에게 관중 땅을 넘볼 의사가 없음을 보여 준 것이다.

하지만 그것은 항우를 안심시키기 위한 전략에 불과했다. 한중에서 세력을 형성한 유방은 다시 중원을 장악할 의지를 키웠고, 한신을 대장군으로 삼아 관중을 정벌할 계획을 세웠다. 양동 작전의 달인 한신은 우선 군사들을 시켜 불타 버린 잔도를 수리하는 척했다. 관중을 지키던 초나라 장수 장한(章邯)은 그 소식을 듣고 대부분 병력을 잔도 쪽으로 배치했다. 진승·오광의 난을 진압한 명장이었던 장한도 한신의 계략은 간파하지 못했다. 그가 잔도만 쳐다보고 있는 사이 한신은 대군을 이끌고 옛길로 우회해 진창을 점령하고 끝내 관중을 함락시켰다. 여기서 '몰래 진창을 건너가다'라는 뜻을 가진 '암도진창(暗渡陣倉)'이라는 고사성어가 생겨났다.

노르망디 상륙과 보디가드 작전

그러나 뭐니 뭐니 해도 양동 작전의 백미는 제2차 세계대전 당시에 있었던 노르망디 상륙 작전이었다. '사상 최대의 작전'이라 일컬어지는 노르망디 상륙 작전을 모르는 사람은 별로 없지만 이 작전을 성공시키기 위한 양동 작전인 '보디가드 작전'을 아는 사람은 그리 많지 않다. '보디가드'란 작전명은 1943년 테헤란 회담에서 처칠이 스탈린에게 "전시에 있어서의 진실은 너무 소중한 것이어서 거짓이라는 보디가드의 보호를 받아야만 합니다."라고 한 말에서 유래했다.

사실 독일군도 연합군의 유럽 본토 상륙 작전의 목표가 프랑스 북부 해안이 될 것이라는 사실을 알고 있었다. 수백만 명의 병력과 대량의 무기와 탄약, 보급 물자를 실어 날라야 하는 대규모 군사 작전을 성공시키려면 프랑스와 영국 사이의 최단 거리인 도버 해협을 건너 프랑스 서북부로 진격하는 것이 가장 이상적이었기 때문이다. 따라서 보디가드 작전의 기본 전략은 독일군으로 하여금 연합군이 프랑스 북부가 아닌 다른 곳에 상륙할 것이라고 믿도록 만드는 것이었다.

1차 위장 지점으로 발칸 반도와 노르웨이가 선택되었다. 발칸 반도는 분명 상륙 작전의 가능성이 있는 곳이었다. 유전 지대일 뿐 아니라 히틀러의 군수 창고가 있는 곳이었기 때문이다. 연합군은 허위 정보가 담긴 무선 통신을 주고받으며 발칸 상륙 작전 준비를 서두르는 척했다.

이 작전은 확실히 효과가 있었다. 히틀러는 프랑스에 주둔하고 있던 주요 사단을 발칸 반도로 이동시켰고 대신 프랑스에는 후방의 약체 보병 사단을 배치했다.

연합군은 또 스웨덴이 독일군에게 철광석을 공급하지 못하도록 노르웨이 공격을 계획하고 있다는 거짓 정보를 흘렸다. 실제 작전 준비가 진행되는 것처럼 철저한 위장도 했다. 산악전을 위한 제4 집단군이라는 위장 편제를 만들고 제설기 같은 산악 전용 장비들을 조달했다.

고무풍선에 바람을 넣어 가짜 화물 운반선과 상륙용 함정들을 만들었고 군함 굴뚝에서 나는 것처럼 연기를 피워 올리기도 했다. 노르웨이가 나치의 수중에서 벗어날 날이 얼마 남지 않은 것처럼 보이도록 스웨덴 주식 시장을 조작해 노르웨이의 주가를 올려놓기도 했다.

독일군은 연합군의 대규모 노르웨이 침공 작전이 있으리라고는 믿지 않았지만 어떤 규모든 공격은 불가피할 것으로 예상했다. 결국 노르망디 상륙 작전이 진행되는 동안 최정예 SS기갑 부대를 포함한 20만 명의 독일군 병력이 스칸디나비아 반도에 머물러 있었다. 그들을 묶어 둔 연합군 제4 집단군 병력은 고작 362명뿐이었다.

이 같은 양동 작전으로도 상륙 작전의 최종 목표지가 프랑스 북부가 되리라는 독일군의 예상을 깨뜨릴 수는 없었다. 그곳만큼 상륙 작전의 조건이 맞아떨어지는 곳은 없었기 때문이다. 그런데 바로 그 점이 상대를 속일 수 있는 최상의 조건이 되었다.

프랑스 북부 중에서도 최적의 상륙 지점은 파드칼레(Pas-de-Calais)였다. 파드칼레는 도버 해협을 가로지르는 최단 루트였으며 대형 항만 시설을 갖춘 항구였다. 대규모 상륙 작전을 위해 항만 시설은 필수 불가결한 요소였다. 연합군은 노르망디 상륙 작전을 실행하기 2년 전인 1942년 8월에도 프랑스 북부 항구 도시 디에프(Dieppe)에 기습 상륙하려다 항만을 지키던 독일군 수비대에 패퇴한 적이 있었다. 따라서 독일군은 연합군이 이번에도 상륙 작전 성공의 관건인 신속한 병력 증강을 위해 대형 항구를 손에 넣으려 할 것이라고 믿었다.

연합군은 파드칼레가 아닌 다른 상륙 후보지를 물색하면서 독일군으로 하여금 자신들이 파드칼레에 상륙할 것이라고 믿도록 대대적인 양동 작전을 펼쳤다. 우선 파드칼레와 맞닿은 영국 동남부에 병력을 증강하는 것처럼 위장했다. 가짜 상륙용 함정과 군함들을 해안에 배치하고 비행장에는 모형 비행기들을 줄지어 세웠다. 영화 스튜디오의 세트 디자이너들까지 고용해 도버 해협 근처에 가짜 석유 저장소와 접안(接岸) 부두 시설을 만들었다. 영국 여왕과 연합군 사령관이었던 몽고메리(Bernard L. Montgomery) 장군이 이 가짜 시설을 방문했고 이는 언론 보도를 통해 대대적으로 선전되었다. 연합군은 유럽 대륙을 공습할 때도 노르망디에 한 번 폭격을 가할 때마다 파드칼레에는 두 번씩 폭격을 가해, 파드칼레가 상륙 지점이 되리라는 독일군의 믿음을 더욱 확고하게 만들었다.

또 하나의 좋은 위장 기회가 생겼다. 1944년 5월 전쟁 포로였던 독일군의 한스 크래머(Hans Kramer) 장군이 건강 악화로 독일로 송환된 것이다. 크래머 장군은 조국으로 돌아가는 길에 자신이 영국 동남부를 지나고 있다는 이야기를 들었다. 하지만 실제 그의 이동 경로는 노르망디 상륙 작전을 위해 한참 병력 증강 중이던 영국 서남부 지역이었다. 그는 고국으로 돌아가 상부에 자신이 들은 바와 본 바, 즉 잘못된 정보를 보고했다. 이로써 독일군 지휘부의 뇌리에 파드칼레는 더욱 확고한 상륙 지점으로 자리 잡았다.

1944년 6월 6일 수송기 2,316대가 연합군 공수 부대를 노르망디의 독일군 배후에 투하함으로써 마침내 상륙 작전은 개시되었다. 이때 독일군 주병력인 제15군은 파드칼레에서 도버 해협을 건너 영국 쪽을 응시하고 있었다.

만약 독일군이 연합군의 양동 작전에 속지 않았다면 전쟁은 몇 년 더 계속되었을 것이다. 프랑스 작가 쥘 베른(Jules Verne)은 '남에게 당하면 곤란하다고 생각하는 일을 남에게 하라고 시키는 것이 모든 전쟁의 바탕을 이루는 원칙'이라고 말했다. 적을 속일 수 있다면 최선이지만 적에게 속는 것은 최악의 상황을 초래하는 것이다.

허를 찌르되 최선을 다하라

'병법은 속임수[兵子詭道也]'라는 손자의 말처럼 전쟁에서 이기는 지름길은 적의 허를 찌르는 속임수일 수밖에 없다. 전쟁뿐 아니라 모든 경쟁에서도 마찬가지다. 중요한 것은 상대를 속일 때도 최선을 다해야 한다는 것이다. 보디가드 작전에는 앞서 설명한 것들 외에 수많은 양동 작전들이 동시에 펼쳐졌다. 주요 기본 계획만 여섯 개에 이르렀고, 그것을 뒷받침한 부수 작전은 무려 36개에 달했다. 그중에서 한 가지라도 어설프게 수행된 것이 있었다면 상륙 작전은 실패했을지도 모른다.

속임수일수록 오히려 전력을 기울여 진짜처럼 보여야 한다. 그렇지 않으면 상대를 속일 수 없고 헛수고로 힘만 낭비하는 결과를 초래한다. 속임수에 실패해 역공을 당하는 것은 그야말로 재앙이다. 온 힘을 쏟아 부을 준비가 안 되었거나 그럴 의지가 없는 경우 속임수는 오히려 사용하지 않는 것이 낫다. 상대가 속아 넘어가는 척하면서 역으로 기습적인 허 찌르기 전략을 구사하면 자칫 치명적인 일격을 맞을 수 있기 때문이다.

창의적 응용으로 승리를 쟁취하라

제나라 명장 전단과 한나라 명장 한신

1등보다 중요한 것은 첫 번째

첫 번째와 두 번째는 하늘과 땅 차이이다. 1등과 2등의 차이를 말하는 것이 아니라 누가, 무엇을 가장 먼저 하느냐의 얘기다. 1등과 2등은 언제든 순위가 뒤집힐 수 있지만 첫 번째와 두 번째는 영원히 자리가 바뀌지 않는다. 심지어 두 번째는 아무도 기억해 주지도 않는다. 예술 작품이 그렇고 스포츠 묘기가 그렇다. 아무리 피카소나 백남준의 흉내를 내 봤자 피카소와 백남준의 명성만 빛내 줄 뿐이다. 농구 경기에서 아무리 멋진 스카이 후크 슛이나 슬램덩크 묘기를 보여도 그 해설에는 압둘 자바와 마이클 조던의 이름이 빠지지 않는다.

기업 간의 경쟁에서도 그렇고 국가 간의 경쟁에서도 마찬가지다. 아무리 더 뛰어나다 해도 두 번째 것은 처음 것을 따라 한 결과밖에 되지 않는다. 경쟁이 치열할수록 두 번째 것의 가치는 떨어진다. 두 번째 것은 전략적으로 예측이 가능하기 때문이다. 예측 가능한 수법은 오히려 역공만 초래할 뿐이다. 모든 사람이 아는 두 번째보다는 완성도는 떨어질지라도 새로운 첫 번째가 더 낫다는 말이다.

같은 병법인데도 결과가 달랐던 이유

전국 시대 때 제나라의 명장 전단(田單)의 예를 살펴보자. 연나라의 소왕이 죽은 뒤 임금 자리에 오른 혜왕은 제나라를 쳐서 승승장구하던 명장 악의(樂毅)와 사이가 좋지 않았다. 이 소식을 들은 전단은 무릎을 쳤다. 자신의 최대 라이벌을 처치할 절호의 기회가 온 것이다.

전단은 연나라에 첩자를 보내 거짓 소문을 퍼뜨렸다.

"제나라 왕은 이미 죽었고 연나라가 빼앗지 못한 제나라 성은 거와 즉묵(卽墨) 둘뿐이다. 악의는 제나라를 친다는 구실로 연나라에 남아 있지만 실은 제나라 왕이 될 욕심을 품고 있다. 다만 제나라 백성이 아직 그를 따르지 않기 때문에 지금은 기회를 노리고 있을 뿐이다. 따라서 제나라 사람들이 진짜 두려워하는 것은 연나라에서 다른 장수를 보내는 것이다."

이 소문을 곧이들은 혜왕은 장수를 기겁으로 바꿨고 악의는 조나라로 망명할 수밖에 없었다. 이처럼 첩자를 보내 적군을 속이는 반간계(反間計) 역시 전단의 예가 기록으로 남아 있기는 거의 처음이지만 전단의 진가는 그 다음 연환계(連環計)로 빛을 발한다.

전단은 성 안에 있는 소 1,000여 마리에 빨간색 바탕에 용 비늘을 붙인 비단을 걸치게 한 후, 뿔에는 날카로운 칼을, 꼬리에는 기름을 먹인 갈대를 달았다. 그러고는 몰래 성벽 여러 곳을 뚫어 놓았다.

밤이 되자 전단은 소의 꼬리에 불을 붙인 뒤 소들을 성 밖으로 내몰았다. 꼬리에 불이 붙은 소들은 크게 놀라 울부짖으며 연나라 군영으로 미친 듯이 달려들었다. 그 뒤를 따라 5,000여 명의 제나라 군사들이 함성을 지르며 돌격했다.

연나라 군대는 용 비늘이 돋은 소들이 달려들자 하늘의 천병(天兵)이 내려온 줄 알고 기절초풍을 했다. 놀란 소들은 닥치는 대로 뿔로 떠받고 발로 짓밟았다. 연나라 군사들은 칼을 단 소 뿔에 베여 아우성을 치며 쓰러졌다. 순식간에 수많은 연나라 군사들이 목숨을 잃었고 부상당한 군사만 5,000명이 넘었다. 연나라 군대는 뿔뿔이 흩어져 버렸고 제나라 군사들은 기겁을 붙잡아 죽였다.

전단은 이러한 연환계로 승세를 잡아 연나라를 물리치고 빼앗겼던 70개 성을 모두 되찾았다. 연환(連環)이란 고리를 연결한다는 뜻이지만 패색이 짙은 싸움에서 적을 속여 기사회생, 승리로 이끄는 계책을 말한다. 연나라 군사에 비해 크게 부족한 군사력을 괴물 모양의 소로 보완해 적의 기선을 제압한 것이다. 하지만 이런 계책도 처음이었기에 가능했던 것일 뿐, 그 다음 싸움에서 전단이 연나라 군사를 상대로 이 작전을 다시 썼다면 통하지 않았을 것이다. 상대가 다시 속아 주길 기대하는 것은 어리석은 일이다.

그런 어리석음을 반복해 낭패를 겪은 예가 있다. 한나라 때 장수 왕덕이 수주(隨州)에서 비적 두목 소청을 토벌할 때의 일이다. 왕덕의 귀에 소청이 불을 단 소를 몰아 자신들을 공격할 준비를 하고 있다는 이야기가 들려오자 그는 코웃음을 치며 말했다.

"그런 전술은 이미 시대에 뒤떨어진 낡은 전술이다. 그 전술을 처음 썼을 때는 효과를 볼 수 있었겠지만 지금 또다시 그걸 써먹겠다고 하는 것처럼 우둔한 짓은 없다. 그렇게 어리석은 놈이 두목이라면 그런 놈이 이끄는 비적 떼는 걱정할 것이 못 된다. 내가 이제 그놈들을 한 놈도 빠짐없이 토벌할 테니 두고 보아라."

그러면서 그는 군사들에게 화살을 넉넉하게 준비하고 대기하라고 명령했다. 마침내 도적들이 뿔에 불을 붙인 소를 내몰자 왕덕은 군사들을 일렬로 세운 뒤 소들이 사정권에 들어오길 기다렸다가 일제히 화살을 쏘게 했다.

온 몸에 화살을 맞은 소들은 통증을 견디지 못하고 날뛰면서 방향을 돌려 소청의 군사 편으로 미친 듯이 달려갔다. 비적 떼들은 예상치 못한 소들의 움직임에 놀라 우왕좌왕했고 그 틈을 이용해 진격한 왕덕의 군사에 일망타진되고 말았다.

검증된 방법도 상황에 맞게 응용할 줄 알아야

이처럼 아무리 훌륭한 병법이라도 이미 그것을 알고 있는 상대에게는 무용지물일뿐더러 오히려 역공의 빌미만 만들 수 있다. 카르타고(Carthago)의 영웅 한니발(Hannibal) 역시 코끼리 부대로 로마 군의 간담을 서늘하게 만들었지만 나중에 이 덩치 큰 짐승은 로마 군을 겁주는 데 그다지 효과를 발휘하지 못했다. 오히려 부대가 신속하게 이동하는 데 방해가 되고 엄청난 먹이를 공급하느라 골칫거리만 되었을 뿐이다.

역사적으로 검증이 된 병법일수록 상대도 그 수에 통달해 있을 가능성이 높다. 따라서 과거에 사용된 병법을 이용하려면 상황과 여건 등을 고려한 응용이 필요하다. 그 응용에 창의성이 더해지면 때론 전혀 새로운, 게다가 과거의 것보다 훨씬 효과적인 병법이 탄생하기도 한다. 한나라의 명장 한신의 경우가 바로 그렇다.

위나라를 멸망시킨 한신은 조나라를 치기 위해 동쪽에 있는 정경구로 내려갔다. 이에 조나라는 급히 12만 군대를 정경구에 집결시켜 한신의 군대를 막으려 했다. 한신은 정경구에서 30리 떨어진 곳에 진지를 구축하고 경기병 2,000명을 뽑은 뒤 이렇게 말했다.

"싸움이 시작되고 우리가 후퇴하는 것을 보면 적군은 총출동해 우리를 추격할 것이다. 너희는 그때 적진지로 달려가 적군의 깃발을 뽑고 우리 한나라 군대의 붉은 깃발을 세우도록 하라."

그러고는 1만 명 병력으로 주력 부대를 편성해 강을 등지고 배수진을 쳤다. 이를 본 조나라 군사들은 "저렇게 물러설 자리 없이 진을 치는 법이 어디 있는가." 하며 크게 비웃었다.

날이 밝자 한신은 선봉대와 함께 정경구로 진군했다. 어느 정도 싸우다 한신은 패퇴하는 것처럼 북과 군기를 버리고 말 머리를 돌려 달아났다. 한신의 부대는 강변에 도착하자 미리 진을 치고 있던 주력 부대와 합세해 다시 조나라 군대와 싸웠다.

강가에 진을 친 한신의 군대가 더 이상 물러서지 못하고 결사적으로 싸우는 바람에 조나라 군대는 승세를 잡지 못하고 후퇴해야 했다.

그런데 진지로 돌아가 보니 온통 한나라 군대의 붉은 깃발로 가득하지 않은가. 조나라 군대는 대경실색해 일대 혼란이 일었다. 이때 한신의 군대는 두 무리로 나누어 조나라 군대를 협공해 대승을 거두었고 조왕 헐을 생포했다.

전투가 끝난 뒤 한신의 수하 장수들이 한신에게 물었다.

"병법에는 오른쪽에는 산이 있고 왼쪽에는 물이 있는 곳을 택해 진을 치라고 했습니다. 그러나 장군께서는 위험하게 강을 등지고 진을 치셨습니다. 그 이유가 무엇입니까?"

한신이 대답했다.

"우리 군사들은 훈련을 많이 받지 못해 일반 백성들이나 다름없다. 이처럼 허약한 군사들은 사지에 몰아넣어야 죽지 않으려고 독기를 품고 열심히 싸우는 것이다. 만약 달아날 곳이 있는 곳에 진을 쳤다면 모두 도망칠 생각부터 했을 터여서 이길 수가 없었을 것이다."

장수들은 한신의 말에 탄복했다. 한신은 지형과 군사들의 사기 등을 고려해 배수진이라는 병법을 만들어 낸 것이다. 그가 부하 장수들에게 설명한 대로 병법에는 이미 그런 전술이 있었다. '죽음에 처해야 살아날 수 있고 망함에 이르게 해야 존재할 수 있다〔置之死地而後生投之亡地而後存〕'는 것이 그것이다. 단지 죽을 각오를 해야 한다는 의미로만 받아들일 수 있는 것을 한신은 실제 전술로 구현한 것이다.

그러나 한신이 배수진만 믿은 것은 아니었다. 그것은 보조적인 작전이었을 뿐, 조나라 진지의 깃발을 바꿔 놓는 연환계가 없었다면 결코 승리를 거머쥘 수 없었을 것이다.

이처럼 창의적인 응용이 승리의 열쇠가 되기도 한다. 각종 여건에

부합하는 창의적 응용은 단순한 응용에 그치는 것이 아니라 새로운 창
조가 된다. 그것은 '첫 번째'를 만들어 내는 것이다. 끝없이 첫 번째를
만들어 내는 사람과 기업, 국가만이 경쟁에서 살아남고 최후의 승자
가 될 수 있는 것이다.

실력 없이 덤비는 건 만용일 뿐이다

카노사의 굴욕과 하인리히 4세

로마 제국의 황제, 교황에게 무릎을 꿇다

여느 해의 겨울보다 추웠던 1077년 1월, 이탈리아 북부의 작은 도시 카노사에서 서양사에 굵은 한 획을 긋는 일대 사건이 벌어진다. 그 유명한 '카노사의 굴욕(Walk to Canossa)'이다. 신성 로마 제국의 황제 하인리히 4세(Heinrich IV)가 자신을 파문한 교황 그레고리우스 7세(Gregorius VII)가 머물고 있던 카노사 성문 밖에서 왕관도 없이 맨 머리로 눈을 맞으며 사흘 밤낮을 빌어 굴욕적인 사면을 얻어 낸 것이다. 이 사건을 계기로 황제권과 교황권이 역전돼 로마 가톨릭 교회의 절정기를 맞게 되었다는 의미를 부여하는 것이 일반적이다.

그런데 꼭 그렇게 볼 일만은 아니다. 신성 로마 제국의 황제는 사면을 구걸하는 굴욕을 감내함으로써 결국 정치적인 승리를 거머쥐었기 때문이다. 교황은 한순간 우쭐했을지 몰라도 향후 복잡하게 꼬여 가는 정세 속에서 곤욕을 치러야 할 터였다. 이 사건을 제대로 이해하려면 하인리히 4세의 부왕인 하인리히 3세 때로 거슬러 올라가야 한다.

하인리히 3세는 독일 역사상 가장 강력한 군주였다. 안으로는 지방 제후들을 제압해 왕권을 강화하고 밖으로는 보헤미아와 헝가리를 정복해 종주권을 주장했으며, 여러 차례 알프스를 넘어 이탈리아 원정을 벌였다.

그는 로마 가톨릭 교회를 손에 쥐고 흔들었다. 제1차 이탈리아 원정 당시 로마에서는 실베스트르 3세, 베네딕토 9세, 그레고리오 6세 등 세 명이 교황 자리를 놓고 다투는 상황이었는데, 하인리히 3세는 그들을 모두 몰아내고 자신의 이탈리아 원정에 참여했던 작센 출신의 귀족을 새 교황 클레멘스 2세로 세웠다. 그는 그 이후로도 세 명의 교황을 자신의 입맛에 따라 갈아 치웠다. 또한 교회를 장악할 명분을 만들기 위해 교회 개혁 운동을 지지했지만, 그것이 자신의 아들로 하여금 카노사에서 무릎을 꿇게 만드는 결과를 초래하리라고는 상상도 못했을 것이다.

하인리히 4세와 그레고리우스 7세의 대립

1056년 하인리히 3세가 세상을 떴을 때 제국의 후계자는 겨우 여섯 살이었다. 프랑스 남서부 아키타니아 공국 출신인 그의 어머니 아니에스가 섭정을 하긴 했지만 그녀 또한 천성적으로 연약한 여인에 불과했다. 이런 상황에서 그동안 억눌려 왔던 지방 제후들이 고개를 드는 것은 너무도 당연한 일이었다.

1065년 부활절에 하인리히 4세는 장엄한 대관식을 거쳐 명실상부한 제국의 황제 자리에 올랐다. 15세에 불과했지만 더 이상 어린아이가 아니었던 그는 왕좌에 오르자마자 제후들이 차지하고 있던 정치 고문직을 모두 젊은 성직자들과 청년 귀족들로 바꾸어 버렸다. 젊은 황제는 젊은 가신들의 충고를 받아들여 지방 제후들을 탄압했다. 제후들이라고 가만히 당하고 있지만은 않았다. 그들은 단결해 황제에 대항하는 공동 전선을 구축했다.

바로 이때 제국의 남쪽에서 불안한 기운이 움트기 시작했다. 교회 개혁을 주도한 클뤼니 수도원 출신인 그레고리우스 7세가 새로 성 베드로 성당의 주인이 된 것이다. 토스카나 지방의 빈농 출신인 그레고리우스 7세는 독일 역사학자 랑케의 말대로 "교회 정치 역사에 있어서 가장 강력한 인물"이었다. 그가 교황으로 선출되는 데 하인리히 4세는 아무런 영향력을 행사할 수 없었고, 그것만으로도 황제는 자존심에 엄청난 상처를 입었다. 그러나 그것이 끝이 아니었다.

그레고리우스 7세는 한술 더 떠 '베드로의 후계자인 교황은 지상과 천국을 연결하는 중개자이자 세상의 지배자로, 어떠한 권력자라도 교황의 지배권을 부인할 수 없으며 이에 저항하는 자는 모두 제거해야 한다'는 주장을 펴며 세속 권력과의 전쟁을 선포했다. 따라서 그와 관련된 분쟁이 발생했을 때 교회는 수단과 방법을 가릴 필요가 없었다. 그는 이렇게 말했다. "피를 흘리는 일을 막기 위해서라도 칼을 거두는 자는 저주받아야 한다."

그레고리우스 7세의 개혁은 크게 세 가지였다. 성직자의 결혼 금지와 성직 매매 금지, 그리고 세속 권력에 의한 성직의 연임 금지가 그것이다. 황제의 입장에서 볼 때 성직자의 결혼 금지는 문제 될 것이 없었다. 하지만 성직 매매와 연임 금지는 달랐다. 당시 독일에서는 장자에게 제후를 상속했기 때문에 둘째나 셋째 아들에게는 주교나 수도원장과 같은 성직을 사서 물려주는 것이 일반적인 관행이었다. 따라서 주교나 수도원장들이 세속적인 영주를 겸하는 경우가 많았다. 그런 자리를 로마 교회에서 좌지우지하겠다는 의도를 하인리히 4세로서는 결코 받아들일 수 없었던 것이다.

황제는 보란 듯이 자신이 지명한 사람을 밀라노 대주교로 임명해버렸다. 이에 그레고리우스 7세는 황제에게 '계속해서 교황의 권위를 무시하면 엄청난 결과를 초래할 것'이라는 경고 편지를 보냈고, 격노한 황제는 거친 언어로 그레고리우스 7세를 더 이상 교황으로 인정하지 않겠다고 선언했다. 교황은 놀라운 용기를 발휘해 황제를 파문하는 것으로 맞섰다.

명분만 챙긴 교황청, 실리를 챙긴 황제

처음 상황은 교황에게 유리하게 움직였다. 그간 황제에게 반감을 품고 있던 지방 제후들이 황제의 파문을 계기로 노골적으로 황제에 대한 복종을 거부하기 시작했기 때문이다. 제후들은 교황에게 아우구스부르크에서 열릴 제후 회의에 참석해 황제와 제후 사이의 분쟁에 판결을 내려 달라고 청원했다.

하인리히 4세는 초조했다. 당장 무력을 동원해 로마로 쳐들어가고 싶지만 제후들이 반기를 들고 있는 상황이므로 결과를 예측하기 어려웠을 뿐 아니라, 교황이 회의에 참석한다면 교황과 제후들이 뭉쳐 자신의 퇴위를 결정하는 판결을 내릴 것이 분명했기에 망설일 수밖에 없었다. 마침내 하인리히 4세는 예상을 뛰어넘는 대담무쌍한 정치적 결단을 내렸다. 교황을 찾아가기로 한 것이다.

아우구스부르크 회의에 참석하기 위해 몇 명의 수행원만 데리고 길을 떠났던 그레고리우스 7세는 황제가 오고 있다는 소식을 접하자 그에게 무력으로 제압당할 것이 두려워 카노사 성문을 걸어 잠그고 틀어박혀 있었다. 사흘 동안 황제에게 문을 열어 주지 않았던 것도 실은 그를 두려워했던 탓이 컸다. 결국 교황은 카노사의 영주(領主)인 마틸다 백작 부인이 그의 안전을 보장하겠다고 설득한 후에야 하인리히를 만난 뒤 파문을 거둬들였다. 이를 빌미로 교황청은 '유럽 최강국인 신성로마 제국의 황제가 교황 앞에서 무릎을 꿇고 빌었다' 고 대대적으로 선전하고 힘을 과시했지만, 실제로 챙겼던 것은 명분뿐이었다.

반면 실리를 얻은 것은 하인리히 4세였다. 황제가 사면되자 곤궁에 빠진 것은 황제에 대항했던 제후들이었다. 교황이 자신들을 배신했다고 생각한 제후들은 하인리히의 사촌 루돌프 대공(大公)을 새 황제로 선출했다. 그러나 굴욕을 견딤으로써 도덕적이나 법률적인 구속을 벗어 버리게 된 하인리히가 이를 지켜볼 리 만무했다.

결국 두 황제 간에 전쟁이 벌어졌고, 승리자는 하인리히였다. 루돌프는 이 전쟁에서 오른손을 잘리는 부상을 입고 그 후유증으로 목숨을 잃었다. 제국의 신민들은 그것을 하늘의 뜻으로 해석했다. 루돌프의 오른손은 그가 하인리히에게 충성을 맹세한 손이었기 때문이다.

새로운 황제 추대에 실패한 제후들의 재촉에 떠밀려 교황은 다시 한 번 하인리히를 파문했지만 이번에는 명분을 찾을 수 없었다. 이것이 곧 하인리히에게는 복수의 기회였다. 그는 브리크센에서 회의를 소집해 그레고리우스 7세의 퇴위를 결정하고 라벤나의 위베르트 대주교를 새 교황으로 옹립했다. 그리고는 직접 군대를 이끌고 이탈리아로 진군했다. 1083년 부활절에 하인리히는 새 교황 클레멘스 3세로부터 당당하게 황제의 왕관을 부여받았다. 그레고리우스는 2년 뒤 추방지 살레르노에서 객사했다.

치욕을 잊지 않으면 만회할 기회가 찾아온다

이처럼 자존심을 죽이고 실리를 챙기면 훨씬 큰 이익을 손에 넣을 수 있는 경우가 많다. 하지만 많은 사람이 한순간 고개를 숙이지 못해 일을 망치는 경우가 허다하다. 개인 간의 거래는 말할 것도 없고 기업 간의 비즈니스, 국가 간의 협상에서도 마찬가지다.

특히 내 힘과 능력이 상대에 미치지 못하면서 공연한 자존심만을 내세워 양보를 하지 않는 것은 수레에 맞서는 사마귀만큼이나 어리석은 행동이다. 한나라의 명장 한신은 젊은 시절 시장 불량배의 다리 밑을 태연히 기어가지 않았던가?

우리의 역사에서도 마찬가지다. 맞서 싸울 능력도 없으면서 여진 오랑캐들에게 항복할 수 없다는 허튼 명분이 가져온 건 두 번에 걸친 전쟁으로 거덜난 나라와 백성들 말고 또 무엇이 있었던가. 때에 이르지 않았다면 굴욕도 참아야 한다. 대신 그 치욕을 잊지 않고 실력을 쌓는다면 틀림없이 그것을 만회할 기회가 오는 것이다.

제 2 장

역사 속에서 발견한
리더들의 조직 관리 전략

발전을 위한 정보는 공유해야 한다
다리우스 대왕과 칼 마르크스

빠른 정보 전달을 중시했던 다리우스 1세

정보는 곧 힘이다. 제때 정확한 정보를 얻느냐 못 얻느냐에 따라 대박이 나기도 하고 쪽박을 차기도 한다. 정확하다는 전제 아래 정보의 생명은 뭐니 뭐니 해도 속도다. 때 늦은 정보는 오히려 화병만 키울 뿐이다. 그러한 정보의 중요성을 일찍이 간파한 사람이 고대 페르시아 제국의 다리우스 1세(Darius I)였다.

인도의 펀자브 지방에서 지중해의 그리스 식민지에 이르기까지 광대한 제국의 영토를 다스리는 데 있어 정보는 성패를 좌우하는 중요한 열쇠였다. 제국의 수도로서 페르시아 문명의 정치·경제적 중심지였던 수사(Shush, 현재 지명은 슈슈)에서 그리스까지는 당시의 이동 속도로 석 달이 넘는 먼 거리였다. 마찬가지로 수사에서 인도의 갠지스 강까지 가려면 또다시 석 달이 걸렸다.

하지만 다리우스 대왕에게 그것은 먼 거리가 아니었다. 다리우스에게 그리스는 바로 코앞이나 다름이 없었다. 이는 모두 페르시아의 다양하고 효율적인 통신 체계 덕분이었다.

우선 망루에서 망루로 전달되는 봉화(烽火)는 제국의 변방에서 일어난 일을 거의 실시간으로 수도에 알렸다. 거기에 페르시아 특유의 '소리 전달법'이 정보의 정확성을 더해 주었다. 고대 그리스의 지리학자이자 역사학자인 스트라본(Strabōn)은 『지리지(Geōgraphiā)』에서 페르시아의 음성 통신술에 대해 설명하고 있다.

깊은 계곡이 많은 페르시아 본토의 산악 지대는 소리를 모아 멀리까지 전달하게 하는 음향 효과가 뛰어났기 때문에 귀에서 귀로 정확한 정보를 전달하는 것이 가능했다는 것이다. 게다가 페르시아 인들은 긴 숨을 가능하게 하는 호흡법과 효과적인 폐활량 사용법을 훈련받아 세계에서 가장 큰 목소리를 내는 사람들로 유명했다. 도보로 전달하려면 한 달이나 걸릴 소식이 계곡의 메아리를 이용하는 이 같은 방법을 쓰면 하루 만에 전달되었다.

그러나 무엇보다 페르시아 제국의 정보망을 구성했던 것은 그 유명한 역참 제도였다. 봉화나 음성 통신술이 빠르기는 하지만 구체적이고 자세한 정보 전달에는 한계가 있었기 때문이다.

다리우스 대왕은 자신의 영토를 가로지르는 왕도를 건설하게 했다. '페르시아 로열 로드'와 '호라산 하이웨이'라 불리는 이 도로는 오늘날 정보 고속도로의 원조라 할 수 있다. 페르시아 왕도는 지중해에서 시리아를 거치고 유프라테스 강과 티그리스 강을 건너 바빌론까지 이어졌다.

바빌론에서 출발하는 호라산 하이웨이는 다시 자그로스 산맥과 힌두쿠시 산맥을 넘어 펀자브까지 이르렀다. 제국의 위대한 이 신경계를 따라 정보가 그리스에서 수사로, 다시 수사에서 간다라까지 수시로 오갔다.

이 도로가 있는 한 제국의 사자(使者)들에게 광대한 영토는 아무런 장애가 되지 못했다. 하루 동안 말을 달려 닿을 지점에는 숙식과 다음 날 타고 갈 말이 준비되어 있는 역참이 있었다. 시급을 다투는 중요한 전갈이 있을 때는 낮과 밤을 가리지 않고 전속력으로 달렸다. 이 경우 수도에서 에게 해까지 2주 안에 주파할 수도 있었다.

하지만 정보는 대왕만을 위한 것이었다. '비야타카(viyataka)'라는 통행증이 없으면 이 도로에 발을 들여놓을 수조차 없었고, 통행증이 없이 도로 순찰대에 잡힐 경우 그 자리에서 처형되었다. 오로지 대왕을 위해 장군급 인물이 직접 정보를 품에 넣고 말을 달렸다.

이것은 분명 낭비였고 페르시아 정보망의 한계였다. 동등한 시민 자격으로 정보를 나누는 그리스 군과는 달랐다. 페르시아에서 정보 공유가 좀 더 활성화되었더라면 마라톤 전투의 결과는 달라졌을지도 모른다.

정보의 공유가 문제 해결력을 높인다

기업 또는 국가, 그 어떤 조직이든 발전을 위해 정보 공유는 무엇보다 중요하다. 정보 공유를 통해 불필요한 비용을 줄이고 조직 경쟁력을 향상시킬 수 있기 때문이다. 그것이 지식 경영의 요체다. 지식 경영 전도사인 피터 드러커(Peter F. Drucker)는 '미래에도 쓸모 있는 유일한 기술은 새로운 기술을 배울 수 있는 능력뿐'이라고 말했다. 보다 유연하고 신속하게 새로운 지식을 쌓고 새로운 기술을 받아들일 수 있도록 해 주는 것이 바로 정보 공유다. 이 대목에서 칼 마르크스(Karl H. Marx)가 재미난 일화를 들려준다.

마르크스는 1850년 무렵 영국과 미국 등에서 발행되는 다양한 신문들에 기고를 했다. 그는 신문사에 원고를 보내면서 일종의 언론 통신사를 만들어 여러 신문에 기사와 칼럼을 제공하면 돈을 벌 수 있을 것이라 생각했다. 하지만 그는 이미 다른 사람들이 그 일을 하고 있을 것이라 지레짐작해 버렸다. 그래서 마르크스는 엥겔스에게 보낸 편지에서 이렇게 한탄한다.

"이 사업을 적절한 시기에 시작했더라면 자네가 그렇게 맨체스터에 틀어박혀 있지도 않았을 테고(엥겔스는 맨체스터에 있는 부친의 공장일을 돕고 있었다.) 나도 여기서 빚 때문에 고통을 당하지 않았을 텐데 말이야."

그러나 마르크스의 생각은 틀렸다. 물론 15년 전에 프랑스에서 이미 아바스 통신이 생겨나긴 했지만, 마르크스와 같은 유대인 출신 독일인 율리우스 로이터(Julius Reuter)는 1년 뒤 마르크스가 거주하던 런던에서 마르크스와 같은 생각을 행동으로 옮겨 대성공을 거두게 된다.

마르크스는 결코 늦지 않았던 것이다.

그런데 엥겔스 역시 그 아이디어를 귀담아 듣지 않은 모양이다. 만약 마르크스가 엥겔스뿐만 아니라 보다 여러 사람이 모인 자리에서 이 아이디어를 내놓았더라면 오늘날 로이터 통신이 아니라 마르크스 통신이 주가를 올리고 있을지도 모를 일이다.

오늘날의 정보량은 다리우스 대왕 시대나 마르크스가 『자본론(Das Kapital)』을 쓸 때와는 비교가 안 될 정도로 많다. 우리는 문자 그대로 정보의 홍수 속에서 살고 있다. 정보의 양은 5년마다 배가 된다고 한다. 그 기간은 갈수록 짧아질 것이 분명하다.

마르크스가 기고한 신문의 정보량은 다리우스 대왕이 평생 얻은 정보량보다 많을 것이고 오늘날 신문 한 부의 정보량은 마르크스 시대 평균 연령대를 사는 사람이 일생 동안 얻는 정보량보다 많을 것이다.

정보 공유는 이처럼 드넓은 정보와 지식의 바다 속에서 잘못된 정보를 가려내는 데도 큰 역할을 한다. 정보와 지식을 나누는 과정에서 잘못되었거나 불필요한 것들은 걸러지고, 꼭 필요한 정보들은 채워지고 보태져 더욱 강력하게 무장하는 것이다. 정보 공유가 문제 해결 능력을 비약적으로 향상시키는 이유다.

우리나라의 경제가 연평균 5퍼센트씩 꾸준히 성장하고 국내 총생산(GDP)의 3퍼센트를 연구 개발에 쏟아 붓는다 해도 미국이 축적한 지식·정보량을 따라잡는 데는 50년이 걸린다고 한다. 미국이 그렇게 앞서 나갈 수 있었던 이유 역시 정보 공유와 거리가 멀지 않다.

스티브 잡스(Steve Jobs)가 설립했던 미국의 컴퓨터 회사 넥스트(NeXT)의 경우 모든 직원들이 서로의 급여까지 알고 있을 정도로 완벽한 정보를 공유하고 있었다. 전 직원의 급여를 공개함으로써 회사 내에 어떤 형태의 불평등 계약도 존재하지 않는다는 신뢰감을 쌓을 수 있다는 것이었다.

'말하는 것은 씨를 뿌리는 것이고 듣는 것은 수확하는 것'이라는 터키 속담이 있다. 정보 역시 우선 주머니에서 꺼내 놓아야 눈덩이처럼 커져 돌아올 수 있음을 잊어서는 안 될 것이다.

귀를 열어야 사나운 개를 내칠 수 있다
당 현종과 명재상 위징

군주는 신하의 말을 가려들을 줄 알아야

'구맹주산(狗猛酒酸)'이라는 말이 있다. '개가 사나우면 술이 쉰다'는 뜻으로 그 유래를 한비자는 다음과 같이 설명한다.

춘추 시대 송나라에 술을 만들어 파는 사람이 있었다. 그는 술 빚는 솜씨가 뛰어나고 양을 속이지도 않았으며 손님들에게도 늘 친절했다. 그런데도 장사는 영 신통치 않았다. 도무지 이유를 알 수 없었던 그는 마을 노인에게 까닭을 물었다. 노인이 웃으며 대답했다.

"당신 집의 개가 너무 사납기 때문이라오."

고개를 갸우뚱한 그가 재차 캐묻자 노인은 다음과 같이 설명했다.

"사나운 개가 손님들을 보고 짖어 대고 술 심부름하는 아이들이 놀라 달아나는 판인데 누가 올 수 있겠소? 그러니 술이 팔리지 못하고 쉬어 버릴 수밖에."

이는 『한비자』의 '외저설(外儲說)' 편에 나오는 이야기로, 한비자는 조정 안에 간신배가 버티고 있으면 현량한 신하가 군주에게 바른말을 할 수 없다는 것을 설명한 것이다.

망하지 않으려면 하루빨리 사나운 개를 없애야 한다. '인사(人事)가 곧 만사(萬事)'라고 하는 것도 바로 이 때문이다. 조그만 술집이건 대기업이건, 나아가 국가를 경영하는 데 있어서도 마찬가지다. 아무리 유능한 사람이 많아도 그런 사나운 개 하나만 있으면 조직이 무너지는 것은 시간 문제다. 그래서 예부터 "천하의 다스림은 군자가 여럿이 모여도 모자라지만 망치는 것은 소인 하나면 족하다."라며 경계한 것이다.

문제는 그런 사나운 개일수록 주인에게는 날카로운 발톱을 감추고 배를 드러내 보이며 아양을 떠는 데 능숙하다는 것이다. 한비자는 탁월한 혜안으로 이 점을 지적하고 있다. 말로 남을 설득하는 것이 얼마나 어려운지 설명한 '세난(說難)' 편에서 한비자는 신하가 어떻게 하면 군주의 뜻을 살펴 환심을 살 수 있는지에 대해 조목조목 나열하고 있다.

> 상대가 사사로운 욕심으로 일하고자 할 때는 공명정대하다고 격려해 그 일을 하게 한다. 상대가 속으로 천하다고 느껴 스스로 어쩌지 못하고 있을 때는 그 의도를 적극 칭찬해 그 일을 하지 않으면 유감이라고 말해 준다. 상대가 자신이 내린 결단이 스스로도 지나치게 과감했다고 생각할 때는 굳이 그의 실수를 끄집어내어 화나게 할 필요가 없다. 또 상대가 자신의 계획이 훌륭하다고 생각하는데 그가 실패한

경우를 꼬집어 곤란하게 만들어서는 안 된다.

신하가 들으면 고개를 끄덕일 얘기지만 군주의 입장에서는 가슴이 섬뜩하고 머리카락이 쭈뼛 서는 소리일 것이다.

한비자의 이 말은 역설적으로 군주가 신하의 말을 가려들을 줄 알아야 한다는 점을 강조하기 위한 것이다. 군주는 총기가 무뎌지지 않도록 늘 스스로를 채찍질해야 한다. 총기를 잃고 사람을 잘못 쓰는 바람에 나라가 망한 예는 역사상 부지기수다.

폭넓게 들으면 밝아지고 편협하게 들으면 어두워져

이 같은 교훈을 말할 때 자주 거론되는 인물이 당 현종(玄宗)이다. 당 현종은 유능한 인재를 등용하고 좋은 의견을 받아들여 이른바 '개원의 치〔開元之治〕'라는 전성기를 이끌어 낸 성군이었다. 스스로 쿠데타로 권좌에 오르고 반란을 진압해 왕권을 공고히 한 만큼 창업과 수성을 동시에 이루어 낸 경험을 살려 옳고 그름을 냉철하게 판단했다.

개원 후반기에는 한휴(韓休)를 재상으로 기용했는데 그는 성품이 강직해 현종의 잘못을 면전에서 지적하기를 서슴지 않았다. 이 때문에 현종은 사냥을 나갔다 좀 늦을라치면 깜짝 놀라 "한휴가 알면 어쩌지?"라고 걱정할 정도였다고 한다.

하루는 한 신하가 "한휴가 조정에 들어온 뒤로 폐하께서는 단 하루도 즐겁게 보내신 적이 없습니다. 그러면서도 왜 그를 내치지 않으십니까?"라고 물었다. 현종의 대답은 이랬다.

"나는 말랐지만 천하가 살찌지 않았는가. 전임 재상은 매사에 내 뜻을 따랐지만 정사(政事)를 끝낸 뒤 자리에 누워 천하를 생각하면 편히 잠을 이룰 수가 없었다. 그러나 한휴는 내 앞에서 듣기 싫은 소리를 많이 해도 자리에 누우면 편안히 잠을 잘 수 있다."

얼마나 어진 임금인가. 심지어 황후의 제부 장손흔이 어사대부 이걸을 두들겨 패는 사건이 일어났을 때도 현종은 장손흔을 쳐 죽이게 함으로써 이걸에게 사과할 정도였다.

훌륭한 임금이 훌륭한 신하의 말을 두려워한다는 점은 당 태종의 경우와도 닮았다. 어느 날 태종이 매 한 마리를 헌상받고 매우 좋아하면서 이를 팔 위에 올려놓고 놀고 있었다. 그러다 멀리서 명재상 위징이 다가오는 것을 보고는 몹시 긴장하며 매를 서둘러 품속에 감췄다. 위징이 알면 또 잔소리를 할 것이 분명했기 때문이다. 위징은 매를 감춘 것을 알고 일부러 정무를 보는 척하며 시간을 끌었고, 그동안 매는 태종의 품속에서 질식사하고 말았다.

태종도 그랬지만 시간이 지나면서 현종은 점차 달라지기 시작했다. 애첩 양귀비와 도교에 빠져 충정 어린 직언은 물리치고 오직 듣고 싶은 말만 들었다. 결국 그의 주변에는 아첨 잘하는 무리들만 에워싸게 되었다. 그중 한 인물이 이임보(李林甫)였다.

그는 현종의 눈치를 살피고 온갖 감언이설로 비위를 맞춰 현종의 사랑을 듬뿍 받았다. 현종은 충신 장구령(張九齡)을 내쫓고 이임보를 재상 자리에 앉혔다. 그가 19년 동안 재상 자리에 있는 사이 나라를 걱정하는 대신들은 모조리 자리에서 쫓겨나고, 조정에는 간신 소인배들만 우글거렸다.

어느 날 현종은 뚱뚱하고 배가 많이 튀어나온 무장(武將) 안녹산(安祿山)에게 농담으로 "그대 배 속엔 대체 무엇이 들었기에 그리도 튀어나왔소?"라고 물었다. 그러자 안녹산은 "폐하에 대한 일편단심이 가득 차 있을 따름이옵니다."라고 대답했다. 현종은 그 말에 크게 기뻐하며 양귀비로 하여금 그를 양아들로 삼게 했다. 국가의 대들보가 될 것이라는 칭찬도 아끼지 않았다.

그 안녹산이 15만 대군을 이끌고 반란을 일으킨 것이 755년에 일어난 '안사의 난'이다. 안녹산의 대군이 장안으로 진격해 와 사천(四川)으로 달아날 때 백성들은 수레를 막고 간신들의 틈바구니에서 놀아난 황제를 비난했다. 그러나 현종은 사나운 개를 없애지 못해 손님들을 다 쫓아 버린 자신의 어리석음을 탓하고 탄식하는 수밖에 없었다.

그렇다면 그런 사나운 개를 물리치는 방법, 사나운 개가 꼬리를 감추고 있을 때 알아보는 방법은 없을까? 유사 이래 간신을 멀리하고 충신을 가까이할 수 있는 비법을 터득하는 것은 제왕들의 오랜 과제였나 보다. 중국 역사에서도 그와 같은 노하우를 밝히고 있는 책들이 여러 권 있다. 주(周)나라의 태공망(太公望)이 지은 것으로 전해지며 병법서의 효시로 일컬어지는 『육도(六韜)』도 그중 하나다.

『육도』에서 태공망은 사람을 가벼이 믿어서는 안 된다고 충고하며 사람됨을 알아보기 위해 다음과 같은 여덟 가지 방법을 제시하고 있다.

첫째, 문제를 내어 이해의 정도를 살핀다.
둘째, 꼬치꼬치 캐물어 반응을 살핀다.

셋째, 간접적 탐색으로 충성을 살핀다.

넷째, 솔직담백한 말로 덕행을 살핀다.

다섯째, 재무일로 청렴과 정직을 살핀다.

여섯째, 여색을 미끼로 품행을 살핀다.

일곱째, 어려운 상황에서 용기를 살핀다.

여덟째, 술에 취한 자세를 살핀다.

과연 이 정도 테스트를 무난히 통과할 수 있는 성인(聖人)이 요즘 세상에 존재할는지는 모르지만 한두 가지 테스트로 미심쩍은 부분을 짚고 넘어갈 수는 있을 것이다.

무엇보다 분명하면서도 중요한 것은 조직의 우두머리가 귀를 활짝 열고 있어야만 그 조직이 건강할 수 있다는 것이다. 아부와 칭찬의 소리는 미꾸라지처럼 작고 미끄러워서 아무리 작은 틈도 비집고 들어갈 수 있지만 약이 되는 쓴소리는 보석의 원석처럼 크고 투박해 어지간히 크게 열린 문이 아니면 들어갈 수 없기 때문이다.

이를 위해서는 당 태종에게 들려준 위징의 말을 마음속에 담아 둘 필요가 있다. 태종이 위징에게 어떻게 해야 명군이 될 수 있냐고 묻자 그는 이렇게 말했다.

"폭넓게 들으면 밝아지고 편협하게 들으면 어두워집니다〔兼聽則明偏聽則暗〕."

조직을 무너뜨릴 비밀은 무덤까지 가져가라

미국의 독립에 숭고함을 새긴 조지 워싱턴

개인의 비밀과 조직의 비밀은 다르다

누구에게나 비밀, 특히 숨기고 싶은 치부가 있다. 국가든 기업이든 또 개인이든 이는 마찬가지다. 하지만 개인의 비밀과 국가나 기업 같은 조직의 비밀은 다르다. 비밀에 내재된 폭발력의 규모를 따지자는 것이 아니다. 비밀이 드러났을 때 미치는 외부적 효과는 크기의 차이는 있을지언정 궁극적으로는 같다.

문제는 내부 효과다. 개인의 비밀이 드러나면 그 당사자에게만 피해가 될 뿐이지만, 조직의 비밀이 밝혀지면 조직 내부가 그것을 둘러싸고 이익이 되는 측과 손해를 보는 측으로 나뉘어 대립할 수 있는 까닭이다. 특히 개국 또는 창업 과정에서 공신 간에 맺은 밀약이나 권력 다툼의 내막 같은 아름답지 못한 과거사가 드러날 경우 자칫 조직의 분열을 가져와 치명적 해악을 끼칠 수 있다. 마키아벨리(Niccoló Machiavelli)

는 『로마사 논고(Discourses on Livy)』에서 이렇게 말한다.

> 도시를 지배하는 당신이 군주든 공화국 지배자든 분열된 도시에서 양
> 정파 모두로부터 우의를 얻을 수는 없다. 천성적으로 인간은 어느 한
> 쪽을 편들게 되고 한 정파가 다른 정파보다 사람들을 더 기쁘게 하게
> 마련이기 때문이다. 어느 한 정파에 속하는 사람들이 불만을 품게 됨은
> 물론이다. 그런 상황에서 전쟁이 일어나면 당신이 그 도시를 잃고 말
> 것은 분명한 사실이다.

조직의 리더라면 그 무엇보다 분열을 피해야 한다는 얘기다. 조직
을 심각한 내분으로 이끌고 갈지 모르는 위험한 비밀은 결코 밝혀져서
는 안 된다. 비밀은 무덤까지 가져가야만 한다.

새러토가 전투의 교활한 장군, 호레이시오 게이츠

역사는 200년을 조금 넘는 정도로 짧아도 그와 같은 비밀의 교훈을
잘 일깨워 주는 국가가 바로 미국이다. 독립 전쟁 당시 상황이 그렇다.
독립이라는 대의명분이 항상 모든 사람에게 추앙받은 것은 아니었다.
개인들의 무능과 단견, 사욕에 의해 큰 뜻은 자주 훼손되고 상처를 입
었고, 그에 따라 미국의 독립은 천국과 지옥을 오가며 벼랑 끝 줄타기
를 거듭했다. 당시의 미 대륙으로 건너가 보자.

새러토가 전투(Battles of Saratoga)는 미국이 독립 전쟁을 승리로 이

끄는 데 결정적인 계기가 된 전투다. 흔히 대륙군의 호레이시오 게이츠 (Horatio Gates) 장군이 영국군의 북부 사령관 존 버고인(John Burgoyne) 장군을 물리친 것으로 기록되는데 사실은 좀 다르다.

1777년 6월 버고인 장군이 지휘하는 영국군은 북부에서 밀물처럼 내려와 뉴욕 주 동부 조지 호수에 자리 잡은 타이콘데로거(Ticonderoga) 요새를 점령했다. 대륙 회의는 이에 맞서기 위해 영국군 참모 출신인 게이츠 소장을 지휘관으로 임명했지만 그는 전투 경험이 없었다. 총사령관 조지 워싱턴은 베네딕트 아널드(Benedict Arnold) 장군에게 게이츠를 지원하도록 했다.

게이츠는 고지에 요새를 구축하고 영국군의 공격을 기다렸다. 하지만 버고인은 게이츠를 고지대에서 측면 공격하기 위해 45문의 중대포를 옮겼다. 버고인의 의도를 눈치 챈 아널드는 당장 나가서 막아야 한다고 주장했지만 겁쟁이 게이츠는 주저했다. 고성이 오가는 논쟁 끝에 겨우 허락을 받아 낸 아널드는 새러토가 숲에서 격렬한 전투를 벌여 영국군을 퇴각시켰다. 그런데 게이츠는 아널드의 이 같은 전공을 가로챘다. 아널드가 이에 항의하자 게이츠는 그의 지휘권을 박탈하고 감금했다.

얼마 후 두 번째 전투가 벌어졌다. 아널드는 게이츠의 명령을 무시하고 전쟁터로 달려갔다. 아널드는 다리에 총탄을 맞는 부상을 무릅쓰고 정면 돌파를 감행했다. 그의 존재만으로도 병사들의 사기가 치솟았다. 수세에 몰린 버고인은 결국 게이츠에게 항복하고 만다. 이 전투는 외교적으로도 중요한 사건이었다. 비로소 대륙군의 승리를 점치기 시작한 프랑스가 대륙군을 지원하기로 결정했기 때문이다.

위기는 여기서 끝나지 않았다. 군부와 대륙 회의 내에서 새러토가 전투의 승자인 게이츠를 조지 워싱턴(George Washington) 대신 총사령관에 임명하자는 음모가 싹텄다. 워싱턴이 결정적 전투에서 두 번이나 패배했다는 것이 표면적 이유였다. 교활한 게이츠는 주변 인물들을 사주해 자신을 최고 사령관으로 추대하도록 만들었다. 워싱턴을 시기했던 사람들도 이에 맞장구를 쳤다.

그러나 약간의 동요가 있긴 했어도 대륙 회의나 군부는 그들의 주장을 귀담아듣지 않았다. 게이츠가 캄텐 전투에서 영국군에 참패한 뒤 가장 빠른 말을 골라 타고 혼자 250여 킬로미터나 달아난 인물이라는 것을 잘 알았기 때문이다.

남부 주들이 함락될 위기에 처하자 이번에는 아널드 장군을 총사령관으로 임명하자는 주장이 나왔다. 하지만 그 무렵 이 새러토가의 숨은 영웅은 불만을 품고 영국군과 내통하고 있었다.

그는 영국군에 보내는 편지의 끝에 '몽크 장군'이라고 서명했다. 이는 자신을 올리버 크롬웰 사망 후 크롬웰을 배신하고 스튜어트 왕조의 복귀를 도왔던 조지 몽크 장군의 화신이라고 여겼기에 나온 행동이었다. 찰스 2세가 몽크에게 하사했던 부와 명예를 기대했음은 말할 것도 없다.

총사령관이 되지는 못했지만 그의 이와 같은 배신은 독립 전쟁을 패배의 수렁으로 몰아넣을 뻔했다. 1780년 아널드는 웨스트포인트의 주요 요새들을 영국군에 거저 내주기로 약속했다. 영국군 정보 장교가 요새를 접수하는 계획서를 가지고 가던 중 대륙군에 붙잡힘으로써 계획이 실패하고 말았지만 대륙군 입장에서는 허드슨 강의 지배권을 영국군에 넘겨줄 뻔한 아찔한 순간이었다.

　미국 독립 전쟁은 이제 마지막 위기를 맞게 된다. 이 위기는 지금까지의 모든 노력을 한순간에 물거품으로 만들어 버릴 파괴력을 가지고 있었다. 다행히 최악의 상황은 면하더라도 고질처럼 두고두고 미국을 괴롭힐 터였다.

국가의 영광을 위해 영원히 묻은 비밀

　전쟁이 막바지에 이르렀을 때 대륙군 장교들의 분노는 폭발 일보 직전이었다. 몇 년 동안이나 임금을 받지 못했기 때문이다. 평생 급여의 절반을 매달 지급하겠다는 약속을 받긴 했지만 이 역시 믿을 수 없었다. 전쟁은 끝나 가고 있었고 더 이상 군인이 필요하지 않게 됨에 따라 의회가 약속을 지키지 않을 것이라는 소문이 나돌았다.

　총을 손에 쥐고 있을 때 문제를 해결해야 한다는 주장에 점점 더 많은 군인이 동조했다. 익명의 누군가가 작성한 "우리의 권리를 짓밟고 우리의 외침을 무시하며 우리의 고통을 모욕하는 정부에 뭔가 조치를 취해야 한다."라는 내용의 성명서가 나돌았다.

　총사령관 워싱턴은 이 성명서를 읽고 분노했다. 이제 첫걸음을 떼는 국가를 위해 군대가 좋은 선례를 남겨야 한다는 것이 그의 신념이었다. 군대가 의회에 대항해 쿠데타를 일으킨다면 그것은 미국의 미래에 영원한 비극의 불씨가 될 것이었다.

　1783년 3월 워싱턴은 뉴버그에서 장교들과 회동했다. 워싱턴은 자신의 믿음을 역설하며 집단 행동을 자제할 것을 호소했다. 장교들은 총사령관의 말을 묵묵히 듣고 있었지만 고집을 꺾진 않았다. 그때 워싱턴은 주머니에서 편지를 한 장 꺼내 들었다. 군인들의 고충을 의회가 알고 있으며 그것을 해결하기 위해 애쓰고 있다는 내용이 담긴 조셉 존스 버지니아 주 의원의 편지였다.

잠시 편지를 살펴보던 워싱턴은 주머니에서 돋보기 안경을 꺼냈다. 장내가 웅성거렸다. 몇몇 참모를 제외하고는 워싱턴이 안경을 쓴 모습을 본 적이 없었기 때문이다. 워싱턴은 말했다.

"실례지만 제가 안경을 좀 써야겠습니다. 조국을 위해 전쟁을 하다 보니 머리는 백발이 되었고 눈은 장님처럼 침침해졌습니다."

순간 감동의 물결이 장교들 사이로 퍼져 나갔다. 워싱턴이 편지 읽기를 끝마쳤을 때는 흐느끼는 사람마저 있었다. 워싱턴은 결정을 장교들에게 맡기고 자리를 떴다.

결국 장교들은 총사령관을 배신하지 않았다. 그들은 표결로써 성명서를 거부했다. 정부도 장교들의 임금을 5년간 유예한 채권으로 지급하겠다고 화답했다. 장교들이 이를 받아들임으로써 미국 역사상 최악으로 평가받을 수도 있었던 위기의 순간이 지나갔다.

하지만 분명 그것이 전부는 아닐 것이다. 기록되지 않은 위기의 순간, 구역질나는 다툼, 비열하고 비겁한 행동을 저지른 사람들은 과연 얼마나 많았을까. 밝혀졌을 경우 그것이 옳다 그르다 내 편 네 편 나뉘어 물어뜯고 싸우게 될 비밀은 또 얼마나 많이 묻혔을까.

초대 대통령이라는 영광스러운 자리에서 물러난 뒤 워싱턴은 대륙회의 의장이었던 찰스 톰슨(Charles W. Thomson)과 회고록을 쓰는 문제로 편지를 주고받는다. 톰슨은 1774년 의회가 구성될 때부터 1788년 해산할 때까지 모든 대륙 회의에 참석한 인물로서, 두 사람은 미국의 수많은 비밀을 누구보다도 잘 알고 있었을 것이다.

하지만 두 사람은 회고록을 쓰지 않기로 합의한다. 신성하고 영광스러운 독립이 얼마나 많은 순간 재앙을 맞을 뻔했던가를 밝힘으로써 수많은 미국인의 자부심을 꺾고 싶지 않아서였다. 그것은 미국의 미래에도 보탬이 될 것이 없었다. 그들은 비밀을 무덤까지 가져감으로써 미래의 영광을 담보한 것이다.

나아갈 때와 물러날 때를 알라

오나라 왕 구천과 그의 현신 범려

강대국 초나라를 물리치고 역사에 등장한 오나라

중국 역사에서 가장 드라마틱한 장면은 아마도 춘추 시대에 오나라와 월나라 두 라이벌의 대립이 아닐까 싶다. 오죽하면 오나라 사람과 월나라 사람이 한 배를 탔다는 '오월동주(吳越同舟)'의 고사성어까지 생겨났겠나.

이 말은 원래 『손자(孫子)』 '구지편(九地篇)'에 나오는 것으로 "오나라 사람과 월나라 사람은 서로 미워하지만 그들이 한 배를 타고 가다 풍랑을 만나면 좌우의 손이 함께 협력하듯 서로 돕는다."라는 손자의 말에서 비롯되었다.

오나라는 오늘날 위치로 볼 때 중국 남동부 장쑤성〔江蘇省〕 쑤저우〔蘇州〕를 도읍으로 일어선 나라이며, 월나라는 보다 남쪽인 저장성〔浙江省〕 항저우〔杭州〕 남쪽 사오싱〔紹興〕 부근을 근거지로 삼았던 나라였다. 두 나라는 중심에서는 밀려나 있는 변방 국가로 당시 중원의 여러 제후국으로부터 야만국이라 멸시를 받던 나라들이다. 그럼에도 춘추5패 중에서 가장 후세의 관심을 많이 받는 나라다.

『사기』 등 기록에 따르면 오 왕은 주 왕조의 후예고, 월 왕은 하 왕조의 후예다. 즉 오나라의 지배 계층은 중원에서 흘러 들어온 왕족이며, 월나라의 지배 계층은 지방 토호 출신이었다. 그러니 애초부터 사이가 좋을 리 없었다.

드라마는 오나라의 왕 합려(闔廬)로 시작한다. 합려는 역시 5패 중 한 나라로 오월보다 훨씬 강대국이었던 초나라에서 온 망명객 오자서(伍子胥)의 도움으로 쿠데타를 일으켜 왕위에 오른 인물이다. 오자서는 『손자병법』의 저자인 손무를 합려에게 추천, 중용케 해 오나라의 힘을 착실히 키운다. 어느 정도 힘을 쌓은 뒤 오자서는 합려를 부추겨 초나라를 공격하게 한다. 자신의 아버지와 형의 목숨을 빼앗은 초나라 평왕에 대한 복수였다.

왕위에 오른 지 9년째 되던 기원전 506년 합려는 드디어 초나라를 정벌한다. 당시 초나라는 평왕의 아들 소왕이 왕위에 있었는데 소왕은 놀라 도망쳐 버리고 오나라는 큰 힘을 들이지 않고 초의 수도 영(郢)을 점령한다.

복수의 화신이었던 오자서는 이때 평왕의 무덤을 파헤쳐 시신을 꺼낸 뒤 채찍질을 했다고 전한다. 이렇게 오나라는 당시의 강대국이었던 초나라를 점령함으로써 역사 무대의 전면에 등장하게 된다.

지혜로운 범려의 조언을 받아들인 구천

하지만 도광양회(韜光養晦), 즉 밖으로 드러내지 않고 힘을 길러 온 (훗날에 쓰인 『삼국지연의』에 나오는 말로 유비가 조조의 식객으로 있으면서 자신의 재능을 드러내지 않고 꾸준히 힘을 길렀던 것을 일컬음) 월나라가 오나라의 대군이 초나라 전선으로 이동한 틈을 타 오나라를 공격했다. 게다가 진나라가 초나라를 도와 원군을 파견하니 합려는 철수할 수밖에 없었다.

분노한 합려는 기원전 496년 다시 월을 공격했다. 하지만 패퇴하고 말았고, 이때 입은 부상이 악화되어 목숨을 잃고 만다. 그의 뒤를 이어 왕위에 오른 아들 부차(夫差)는 절치부심(切齒腐心)하며 복수의 칼날을 간다. 월 왕 구천은 여세를 몰아 오나라에 대한 공격의 고삐를 더욱 조이려 했다.

합려에게 오자서라는 명신(名臣)이 있었다면, 구천에게는 범려(范蠡)라는 현신(賢臣)이 있었다. 범려는 역부족이라며 구천을 말린다. 그러나 구천은 듣지 않고 기어이 오나라를 공격했고, 결국 오나라에 패해 회계산으로 달아나야 했다.

부차는 승기를 잡아 구천을 포위했다. 사지에 빠진 구천은 범려의 충고를 듣지 않은 것을 후회했다. 하지만 위기 상황일 때 오히려 빛을 발하는 것이 뛰어난 인재 아닌가. 범려는 구천에게 사지에서 살아날 방법을 제시한다.

"가득 차 있는 것을 유지하려면 하늘의 이치를 본받아야 하고 넘어지려는 것을 일으키려면 사람의 도리를 알아야 합니다. 또 사물의 이치를 통제하려면 땅의 이치를 거울삼아야 할 것입니다. 겸손한 말과 후한 예물을 갖추어 부차에게 보내십시오. 그래도 받아들이지 않으면 왕께서 스스로 인질이 되어 그를 섬기십시오."

구천으로서도 선택의 여지가 없었다. 범려의 말을 좇아 부차에게 강화를 청했다. 이때 오자서는 화의를 받아들여서는 안 된다고 강력히 주장한다. 하지만 충신이 있으면 간신도 있는 법, 중국 역사상 둘째라면 서러워할 간신 백비는 목청 높여 강화를 주장한다. 구천에게서 미녀와 황금을 뇌물로 받았던 것이다.

결국 부차는 강화를 받아들이고 구천은 부차에게 투항했다. 구천은 범려와 함께 오나라 수도에 인질로 남아 말을 사육하는 일을 담당했다. 그렇게 3년의 세월이 흘렀고 겨우 부차를 안심시킨 구천은 풀려나 자국으로 돌아올 수 있었다.

나라는 반쪽밖에 남아 있지 않았고, 구천은 부차의 신하 노릇을 할 수밖에 없었다. 이 같은 치욕을 되갚기 위해 구천은 매일 쓰디쓴 쓸개를 혀로 핥고 딱딱한 장작 더미 위에서 잠을 자며 "회계산의 치욕을 잊지 말자."고 다짐했다. 그 유명한 고사 '와신상담(臥薪嘗膽)'이 여기에서 유래했다.

천신만고 끝에 호랑이 굴에서 빠져 나온 구천은 재기의 칼날을 갈았다. 여기서도 범려의 능력이 빛난다. 범려는 정치가였을 뿐만 아니라 뛰어난 경제 관료였다. 반 토막 난 나라에서 우선 세금을 줄여 민심을 수습하고 농업과 누에치기를 장려해 경제를 튼튼히 했고, 인구 증가책도 세웠다.

나이가 찼는데도 결혼을 안 하면 부모를 벌하고 나이 차이가 많이 나는 결혼은 인구 증가에 도움이 되지 않는다는 이유로 금지했다. 아이를 낳으면 축하 선물을 보내 치하하고 보조금도 지급했다. 이러한 정책은 당시 제후국들과는 확연히 차이가 있는 것으로 대단히 선진적인 발상이었다.

월이 이처럼 차근차근 기운을 회복해 가는 사이 오 왕 부차는 중원을 차지하려는 야심을 숨기지 않고 서진을 계속한다. 앞을 내다볼 줄 아는 오자서가 월나라를 정복해 화근을 없애야 한다고 계속 간언했지만 태재(太宰) 백비(伯嚭)의 반대로 받아들여지지 않았다. 결국 오자서는 백비의 모함으로 부차로부터 자살을 강요받는 지경에 이르게 된다. 복수의 화신이었던 오자서는 목숨을 끊으며 이렇게 외쳤다.

"내 눈알을 뽑아 동문 위에 걸어 놓으라. 월나라 군사가 쳐들어와 오나라를 없애는 것을 내 눈으로 보리라!"

오자서의 저주는 결국 현실이 되었고 오나라는 월나라에 망하게 된다. 이때 구천은 과거 자신을 살려 준 부차를 생각하고 그의 강화 요청을 받아들이려 했으나 범려가 단호하게 반대하고 나섰다.

"회계산에서의 일은 하늘이 오나라에 우리 월나라를 주신 것인데 오나라가 받지 않은 것입니다. 이제 하늘이 우리에게 오나라를 주시려 하는데 그 뜻을 거스르겠다는 말씀입니까. 설마 회계산에서의 치욕을 잊으신 것은 아니겠지요."

강화는 거절되고 부차는 목을 매 스스로 목숨을 끊었다. 훌륭한 신하의 조언을 들은 현명한 임금과 그렇지 못한 임금의 운명이 대비되는 상황이다. 오늘날 기업의 소유자나 CEO들이 마음 깊이 새겨야 할 대목이다.

때를 아는 이들의 끝은 아름답다

범려의 위대함은 여기서 그치지 않았다. 범려는 왕 구천과 어려움을 함께할 수는 있으나 편안함은 함께하기 어렵다는 것을 알았다. 그래서 스스로 물러나기를 원했다. 하지만 그런 뜻을 비쳤다가는 자칫 반역으로 몰려 목을 내놓아야 할지 모르는 상황이었다. 『사기』 '월왕 구천세가(越王勾踐世家)'에 나오는 범려의 사직서를 보자.

> 신은 이렇게 들었습니다. 군주에게 근심이 있으면 신하는 수고롭고 군주가 욕을 보면 신하는 죽는다고 합니다. 지난날 군왕께서 회계에서 치욕을 당하셨는데도 죽지 못한 것은 군왕을 도와 대업을 이루기 위함이었습니다. 이제 지난날의 치욕은 이미 씻었으니 회계의 치욕에 따라 신의 목을 베어 주십시오.

대단하지 않은가. 범려는 성공적으로 자리에서 물러날 수 있었다. 그야말로 나갈 때와 물러날 때를 아는 현명함의 결과였다. 간혹 기업의 오너와 CEO 간에 얼굴을 붉히고 갈라서는 경우를 보게 된다. 떠날 때를 볼 줄 아는 눈이 없는 탓이다. 결과는 서로에게 모두 불행하다. 범려의 예는 언제 나아갔다가 언제 물러나야 하는지 고민하는 오늘날의 리더들에게 많은 것을 시사하고 있다.

태평성대에 지도자 비전을 더욱 명확히 하라
사학과 경학을 함께 중시한 세종

평화로운 시절에 더욱 요구되는 강한 카리스마

리더십의 중요성은 아무리 강조해도 지나치지 않다. 국가든 기업이든 어느 조직이나 마찬가지다. 비슷한 시기에 비슷한 조건에서 출발한 조직이라 할지라도 그 지도자가 비전을 가지고 있는가 그렇지 못한가에 따라 조직의 앞날은 천양지차로 달라질 수밖에 없다.

우리나라와 미얀마를 비교해 보아도 금방 알 수 있다. 두 나라는 비슷한 시기에 독립했고 비슷한 조건에서 출발했다. 그런데 동족상잔의 비극을 치르는 등 보다 악조건이었던 우리가 세계 10위권의 경제 대국으로 성장한 반면 미얀마는 1인당 GDP가 200달러에 못 미치는 최빈국 수준에 머물러 있다. 물론 우리의 경우 지도자의 리더십보다 총명하고 근면한 국민성과 높은 국민 수준이 더 큰 몫을 했다는 반론이 있을 수 있겠다. 하지만 그것을 인정한다 해도 결코 지도자의 중요성이 축소되지는 않는다.

『걸리버 여행기(The Three Worlds of Gulliver)』를 쓴 영국의 풍자 작가이자 정치 평론가인 조너선 스위프트(Jonathan Swift)는 '지도자의 역할은 비전을 생생하게 밝혀 그를 따르는 사람들이 그것을 받아들여 자신의 비전으로 만들게 하는 것'이라고 말했다. 그래야만 조직의 모든 에너지가 같은 목표에 집중되고 그때서야 지도자의 비전도 실현될 수 있는 것이다.

그의 이 말은 평화기의 리더십에 특히 들어맞는 말이다. 위기가 닥쳤을 때는 지도자의 리더십이 다소 흐릿하더라도 위기 극복이라는 대전제가 있기 때문에 강력한 카리스마를 발휘하기 쉽다. 하지만 평화 시절에는 지도자의 비전이 보다 명확해야만 조직의 역량을 모을 수 있다. 캄캄한 밤에는 촛불 하나만 켜도 길을 안내할 수 있지만 환한 대낮에는 강력한 서치라이트가 없다면 군중이 자칫 이리저리 흩어지기 쉬운 것과 같은 이치다.

이런 평화기 리더십의 대표적인 예가 바로 세종 대왕의 리더십이다. 조선 왕조 500년의 기틀을 세웠을 뿐 아니라 나아가 오늘날 대한민국이 경제 대국으로 성장할 수 있는 초석을 만든 것이 바로 세종의 리더십이라 해도 과언은 아니다.

세종이 왕위에 올랐을 때 그의 나이는 22세였고, 태종의 승하로 섭정이 끝나고 홀로서기를 할 때의 나이 역시 26세에 불과했다. 그러니 선왕과 함께 창업에 참여했던 노회한 신하들의 간섭이 오죽 심했겠는가.

이와 관련해『세종실록(世宗實錄)』은 우스꽝스러운 사실 하나를 전한다. 세종 5년, 그러니까 홀로서기 1년 만에 사헌부에서 '남녀가 따로 길을 걷게 하고 저잣거리를 함께 다니지 못하도록 하자'는 건의를 올린다. 조선이 국가 이념으로 삼은 유교 문화가 남녀유별(男女有別)을 규정하고 있다손 쳐도 조선 초기의 유교가 이 정도로 교조적이지는 않았다. 그런데도 이런 건의를 한 것은 신하들이 청년 임금의 카리스마를 시험한 것으로 보아도 될 것 같다. 그러나 세종은 일언지하에 이를 거부해 버린다. 만일 세종이 신하들의 위세에 밀려 이를 허락했다면 어떻게 됐을까. 오늘날 남자는 좌측 통행, 여자는 우측 통행을 하고 있을지도 모를 일이다.

이론 중심의 유학, 실재 중심의 역사를 모두 아우른 세종

세종은 조선조 왕 중에서 가장 학문적 성취가 높았던 왕이다. 세자 때부터 책에서 눈을 떼지 않아 건강을 염려한 태종이 세자 방에 있는 책을 모두 치웠을 정도다. 하지만 세종은 결코 학문의 늪에만 빠져 있지 않았다. 그에게 학문이란 치국(治國)을 위한 수단이요, 백성을 교화하는 도구였다. 세종과 신하들 간의 경사(經史) 논쟁은 그러한 세종의 학문관을 여실히 보여 준다.

세종은 철학과 역사를 함께 섭렵하며 양자를 변증법적으로 통합하는 학문 방법을 취했다. 유학이 이론이라면 역사는 실재였던 것이다. 하지만 유학에 빠진 신하들은 그렇지 못했다. 그들은 역사는 등한시한 채 사서오경에만 매달렸다. 따라서 사고는 자연히 현실보다 관념적으로 흘렀다. 세종은 이런 신하들의 학문 태도를 엄히 꾸짖는다.

"경서(經書)와 사기는 체(體)와 용(用)이 서로 필요로 하는 것과 같으니 어느 한쪽만을 편벽(偏僻)되게 해서는 안 된다. 그러나 지금 학자들은 오로지 경서를 연구하는 데 끌려서 사학을 읽지 아니하고 경서를 배우는 자도 주로 제가(諸家)의 주석에만 힘쓰고 본문과 주자가 집주한 것을 연구하지 아니한다."

하지만 이는 세종의 권위가 이미 확고하게 선 이후인 세종 20년 때의 일이다. 세종 초기에는 신하들도 그리 호락호락하지 않았다. 세종 즉위년 11월 13일자 『세종실록』을 보자.

> 임금이 말하기를 "『자치통감(資治通鑑)』을 (경연에서) 강(講)하고자 하는데 어떠한가." 하니 유관이 아뢰기를 "책의 수효가 너무 많으니 두루 다 보지 못할 듯합니다." 하였다. 김익정이 『근사록(近思錄)』을 강하기를 청하니 임금이 말하기를 "그렇게 하라."라고 하였다.

『자치통감』은 역사책이며 『근사록』은 철학서다. 임금이 역사를 공부하고 싶다고 하는데 신하들이 책 권수가 많다는 이유로 철학책을 권하고 있는 것이다. 이때는 세종이 신하들에게 양보했지만 마냥 신하들에게 끌려 다닐 세종이 아니었다. 4년 뒤 그는 경연에서 사용할 교재에 대해 선언한다.

"나는 제자백가의 글은 보고 싶지 않고 다만 사서오경과 『통감강목』을 돌려 가며 강독하고자 한다."

『통감강목(通鑑綱目)』은 294권의 『자치통감』을 59권으로 요약한 책이다. 끝내 역사를 공부하겠다는 의지를 관철하고 만 것이다. 이후에도 경학을 중시하는 신하들의 반발이 계속되지만 세종은 굽히지 않는다.

하루는 그가 "나는 집현전 선비들에게 모든 사기를 나눠 줘 읽게 하고자 한다."라고 말하자 집현전 부제학 윤회(尹淮)가 "경학이 우선이고 사학은 다음이니 오로지 사학만을 닦아서는 안 된다."라며 반대한다. 이에 세종이 일갈한다.

"내가 경연에서 『좌전(左傳)』『사기』『한서(漢書)』『강목(綱目)』『송감(宋鑑)』에 기록된 옛일을 물으니 다 모른다고 말했다. 지금의 선비들은 말로는 경학을 한다고 하나 이치를 궁극히 밝히고 마음을 바르게 한 인사가 있다는 것을 아직 듣지 못했다."

경학도 제대로 하지 못하면서 현실적인 역사 공부를 등한시하고 있다는 질책이었다.

훈민정음은 세종 리더십의 결정체

세종의 리더십이 가장 돋보였던 사건은 훈민정음 창제에 반대하는 신하들을 논박한 것이다. 훈민정음은 신하들의 반대를 우려한 세종이 일부 집현전 학사와 왕자들만 참여케 한 비밀 프로젝트였다.

그런데 훈민정음을 만든 사실이 알려진 이듬해인 세종 26년, 최만리 등이 한글 창제에 반대하는 상소를 올리자 세종은 진노했다. 하지만 무조건 화를 내기보다는 학자 임금답게 조목조목 따져 꾸짖는다.

"너희들이 이르기를 '음을 사용하고 글자를 합한 것이 모두 옛 글에 위반된다.' 하였는데 설총의 이두(吏讀)도 역시 음이 다르지 않으냐. 또 이두를 제작한 본뜻이 백성을 편리하게 하려 함이 아니겠느냐. 이제의 언문도 백성을 편리하게 하려 한 것이다. 너희들이 설총은 옳다 하면서 임금이 하는 일은 그르다 하는 것은 무엇이냐. 또 너희가 운서(韻書, 한자의 운을 분류하여 일정한 순서로 배열한 서적들의 통칭)를 아느냐. 사성칠음(四聲七音)에 자모가 몇이나 있느냐. 만일 내가 그 운서를 바로잡지 아니하면 누가 이를 바로잡을 것이냐. (중략) 너희들이 시종하는 신하로서 내 뜻을 밝게 알면서도 이러한 말을 하는 것은 옳지 않다."

세종이 말과 글이 달라 고생하는 백성들을 '어여삐' 여겨 한글을 만든 것은 분명한 사실이다. 세종은 삼강 행실을 언문으로 반포함으로써 백성들이 교화되길 바랐다. 그런데 이런 뜻을 몰라주는 신하들에게 심히 실망한 것이다. 특히 삼강 행실 반포를 폄하한 정창손에 대해서는 끝까지 화를 풀지 않았다. 실록을 좀 더 들여다보자.

정창손이 말하기를 '삼강 행실을 반포한 후에 충신, 효자, 열녀의 무리가 나옴을 볼 수 없는 것은 사람이 행하고 행하지 않는 것이 사람의 자질 여하에 있기 때문입니다. 어찌 꼭 언문으로 번역한 후에야 사람이 모두 본받을 것입니까.' 하니 (임금은) '이따위 말이 어찌 선비의 이치를 아는 말이겠느냐. 아무짝에도 쓸데없는 용렬한 선비다.' 하였다.

구구절절 옳은 소리 아닌가. 세종이 신하들의 반대에 뜻을 굽혔다면 오늘날 우리는 여전히 한자의 음과 훈을 빌린 이두를 사용하고 있을지도 모를 일이다. 세종의 그러한 리더십이 후대의 왕들에게까지 이어지지 못한 것이 그야말로 안타까울 뿐이다.

악역은 다른 이에게 맡겨라

당 측천무후와 『삼국지』의 조조

'고양이의 발'로 자신의 뜻을 이루다

원숭이와 고양이가 한집에 살았다. 때때로 다투긴 했어도 둘은 절친했다. 어느 겨울날 온기를 찾아 부엌에 들어간 둘은 화로 속에서 밤이 익는 구수한 냄새를 맡았다. 하지만 밤은 불씨가 벌겋게 살아 있는 재 속에 묻혀 있어 꺼낼 수가 없었다. 원숭이가 푸념하듯 말했다.

"이것 봐. 내 손을 보라고. 재 속에 들어 있는 맛있는 밤을 꺼내는 데 아무짝에도 쓸모없게 생겼잖아. 하지만 네 손은 길고 날카로운 손톱이 있어 쉽게 밤을 꺼낼 수 있을 거야."

그 말에 고양이는 우쭐해 하며 날카로운 발톱을 세워 보였다. 고양이는 앞발을 화로에 넣어 밤을 꺼내는 데는 성공했지만 털에 불이 붙고 말았다. "끼야옹!"하며 고양이가 놀라 달아난 사이 원숭이는 땅에 떨어진 군밤을 주워 맛있게 먹었다.

이솝 우화 중 하나인 이 이야기 때문에 영어로 '고양이 발(cat's paw)'은 '들러리'나 '앞잡이'를 뜻하는 단어가 되었다.

이 이야기를 읽고 원숭이가 교활하다고 비난하고 있다면 당신은 유능한 리더가 되기 어렵다. 어느 조직이든 리더가 직접 나서지 않고 다른 사람을 내세워 처리해야 할 일은 있게 마련이기 때문이다. 특히 만족하는 사람보다는 불만을 가진 사람이 더 많은 일에 대해 결정을 내릴 때, 대외적으로 좋지 않은 이미지를 얻게 될 일을 불가피하게 처리해야 할 경우, 리더는 자신의 손에 흙을 묻히지 않고 앞잡이나 악역을 내세울 줄 알아야 한다. 이솝 우화의 원숭이처럼 교활한 처신이라 비난받을지언정 전체 조직의 이익을 위해 희생양이 필요한 상황이 있는 것이다.

리더는 때로 희생양을 필요로 한다

삼국지의 간웅 조조는 그와 같은 처세술을 알고 있는 대표적인 인물이었다. 조조가 왕을 참칭(僭稱)하고 나선 원술을 토벌할 때 일이다. 원술이 성문을 닫아걸고 오랫동안 싸움에 나서지 않자 하루하루 식량이 줄어 조조의 군대는 곤경에 처하게 되었다. 이에 군량 총책임자인 왕구가 물었다.

"양식이 거의 바닥났는데 승상께서는 대책이 있으신지요."

이에 조조는 '작은 바가지로 양식을 나눠 줘 배급량을 줄이면 얼마간 더 버틸 수 있을 것'이라고 말했다. 왕구는 근심 어린 표정으로 말했다.

"그런 식으로 병사들을 속이면 필경 눈치를 채는 사람이 있을 텐데 불만이 쌓여 폭동이라도 일어날까 두렵습니다."

조조는 웃으며 말했다.

"만약 일이 커질 경우 내가 생각하고 있는 것이 있으니 자네는 걱정 말게."

왕구는 할 수 없이 명령에 따랐다. 하지만 왕구의 예상대로 병사들은 속임수를 금방 알아차렸고 불만의 목소리가 하늘에 닿을 듯했다. 상황이 심각해지자 조조가 왕구를 불렀다.

"일이 커졌는데 무슨 방법이라도 있을까?"

"승상께서 계책이 있다고 하셨지 않았습니까."

이에 조조는 머리를 끄덕이며 말했다.

"내게 생각이 하나 있긴 한데…… 괜찮을지 모르겠네."

"무엇입니까?"

"내가 자네에게 빌릴 것이 하나 있는데 부디 거절하지 말게."

"그것이 무엇입니까?"

"자네의 머리일세."

대경실색한 왕구가 덜덜 떨며 물었다.

"저는 승상의 뜻을 따랐을 뿐입니다. 그런데 어찌 저더러 목숨을 내 놓으라 하십니까?"

조조는 그제야 진심을 털어놓았다.

"자네에게 죄가 없는 걸 내가 왜 모르겠나. 하지만 자네 머리라도 빌려 군사들의 분노를 가라앉혀야지 그렇지 않으면 폭동이 일어나고

말 일이야. 너무 슬퍼하지 말게. 자네가 죽더라도 가족은 내가 보살펴
줌세.”

왕구는 자신의 운명에 체념했고 조조는 그의 머리를 베어 효시하고
‘왕구가 작은 바가지를 사용함으로써 군사들에게 돌아갈 식량을 빼돌
려 사사로이 사용한 것으로 밝혀져 처형했다’ 는 방(榜)을 붙였다. 그
러자 이내 군사들의 동요가 가라앉았음은 물론, 그들은 오히려 조조
가 훌륭한 승상이라 생각하고 충성을 맹세했다.

상황상 조조가 당분간 군사들의 식량 배급량을 줄이는 것은 불가피
한 일이었다. 하지만 그는 그 일을 스스로 하지 않았다. 자기 손에는
더러운 흙을 묻히지 않고 악역을 만들어 낸 것이다. 만약 조조가 직접
그 일을 했더라면 그에 대한 신뢰는 땅에 떨어졌을 것이고, 무능한 리
더라는 이미지를 씻는 데 오랜 시간이 걸렸을 것이다.

꼭 필요할 때 조심스럽게 다른 이를 내세워라

중국 역사상 유일한 여제(女帝)인 측천무후(則天武后) 역시 ‘고양이
발’ 로써 뜻을 이루어 낼 줄 아는 인물이었다. 당나라 제3대 임금 고종
의 황후였던 무측천은 건강이 좋지 않던 고종을 대신해 권력을 휘둘러
오다 고종이 승하하자 스스로 황제의 자리에 오르고자 하는 욕심을 품
고 대신들을 떠보았다.

“황제의 자리란 인품과 지혜뿐만 아니라 위로 하늘의 뜻에 부합하
고 아래로 민심에 어긋나서는 안 되는 것이오. 경들은 누가 황제의 자

리에 오르는 것이 마땅하다고 생각하시오."

신하들은 그녀의 속셈을 알았지만 여자 황제란 감히 상상도 못해 보았던 터라 말을 얼버무릴 수밖에 없었다.

"왕조가 계승되려면 어찌 이씨 성을 가진 자손 이외의 사람이 황제가 될 수 있겠습니까."

아무도 자신의 뜻에 따라 주지 않자 무측천은 실망했다. 그의 측근들은 대신들의 동의가 없더라도 직접 황제의 자리에 오르라고 부추겼다. 하지만 무측천은 그럴 수 없다는 것을 알았다.

"이미 여러 해 전부터 조정의 모든 대사가 내 손끝에 따라 움직였소. 황제가 되는 것도 손바닥 뒤집기만큼이나 쉬운 일이오. 하지만 그래서야 어찌 신하들이 나를 따르겠소. 백성들 또한 내가 나라를 빼앗았다고 생각할 것이 아니겠소. 명분이 쌓이지 않으면 황제의 자리로 가는 길이 편할 리 없는 것이오."

무측천은 다른 방법을 택했다. 조카 무승사(武承嗣)를 비밀리에 불러 지령을 내렸다. 무승사는 무측전의 명에 따라 '황제의 모친이 세상을 다스리니 황제의 업적은 영원히 번창하도다' 라는 글을 새긴 비석을 만들고 붉은 물감을 칠한 뒤 낙수(落水)에 던져 넣었다.

이후 무측천은 당동태(唐同泰)에게 위치를 알려 준 뒤 물속에서 비석을 찾아 건져 올리도록 했다. 당동태가 "하늘의 뜻이 적힌 붉은 비석을 발견했다!"라고 소리치자 소문은 하루아침에 중원에 퍼져 나갔다. 무측천은 신하들을 거느리고 하늘에 제사를 지내고 감사를 드렸다.

그녀는 하늘의 뜻을 받든답시고 낙수의 이름을 '영원히 번창한다'는 뜻의 '영창수(永昌水)'로 고치고 호화로운 제천 행사를 거행했다.

당동태는 하늘의 뜻을 전한 사신이라 칭하며 장군으로 승진시켰다.

점차 무측천이 황제가 되는 것이 하늘의 뜻이라 생각하는 사람이 늘어나기 시작했다. 하지만 무측천은 완벽을 기하기 위해 고승 법랑과 설회의 등을 시켜 『대운경(大雲經)』을 짓게 했다. 이 책은 '무측천이 미륵불의 화신이며 그녀가 천하를 다스리는 것이 하늘의 뜻'이라고 주장한 가짜 경전이었다.

무측천은 각 지방에 '대운사'라는 이름의 절을 짓게 한 뒤 이 경전을 모시고 향을 피워 절을 올릴 것을 명했다. 각 지방의 관리들에게도 백성들로 하여금 이 경전을 읽게 하도록 명령했다.

무측천은 또 시어사(侍御史)로 있던 부유예(傅游藝)에게 관내 백성 1,000명과 함께 무측천이 하늘의 뜻을 받들어 황제가 되어 줄 것을 청하는 상소를 올리도록 지시했다. 그녀는 은근히 사양하는 척하면서도 부유예를 승진시켰다. 그러자 신하들이 경쟁적으로 무측천에게 황제가 되어 달라고 청했다. 분위기가 무르익은 것을 본 무측천은 690년 국호를 주(周)로 고치고 황제 자리에 올라 마침내 자신의 소원을 이루었다.

앞의 두 사례에서 조조와 측천무후는 고양이 발, 즉 희생양과 앞잡이를 교묘하게 이용해 뜻한 바를 이루었다. 그처럼 손을 더럽히는 일을 리더가 직접 하게 되면 사람들이 그의 존재를 더욱 강하게 인정하고 두려워하게 될 것이라 생각할 수도 있지만 오히려 그렇지 않다. 불만이 커져 반대편에 서는 사람의 수만 늘릴 뿐이다. 그래서 17세기 스페인 작가인 발타사르 그라시안은 다음과 같이 말했다.

"즐거운 일은 모두 직접 하고 불쾌한 일은 모두 다른 사람을 통해서

하라. 앞의 행동으로는 환심을 살 수 있고 뒤의 행동으로는 상대의 나쁜 의도를 비켜 갈 수 있다."

하지만 이 방법은 아주 조심스럽게, 그리고 아주 불가피한 상황에서만 사용해야 한다. 희생양과 앞잡이는 실제 조종자 앞에 쳐 있는 장막일 뿐이다. 장막을 자주 사용하다 보면 그것이 벗겨져 실체가 훤히 드러나는 경우가 발생하기 마련이다. 그 경우 상황은 자칫 통제 불능의 나락으로 빠져들 수도 있다.

질서는 엄정하게 수립하라

가혹할 정도로 강한 개혁을 단행한 청 옹정제

아버지의 마음을 움직여 황제의 자리에 오르다

청나라 옹정제(雍正帝)는 흔히 가혹하고 악독한 독재 군주의 이미지로 그려진다. 적통을 탈취하고 동생들을 죽였을 뿐 아니라 신하들을 무자비하게 다루었다는 이유다. 하지만 그렇게만 보자니 억울한 측면도 많다. 최근 옹정에 대한 재평가 작업이 활발한 것도 그 때문이다. 옹정이 강희제(康熙帝)의 넷째 아들로 황제 자리를 차지하는 과정을 살펴보면 그가 가혹한 군주가 될 수밖에 없었던 현실이 눈앞에 그려진다.

열네 살에 첫아들을 낳았던 강희제는 스물다섯 살에 한족 출신 토호들이 일으킨 '삼번의 난'을 평정한 뒤 흉흉해진 민심을 수습하기 위해 두 살짜리 둘째 아들 윤내를 태자로 삼았다. 하지만 강희제가 누군가. 황제 재임 기간 61년으로 중국 역사상 가장 오랫동안 황제 자리에 앉아 있던 인물이 아닌가. 장장 45년 동안 태자로만 머물러 있었으니 윤내의 조바심이 이해가 간다. 지금 38년째 같은 처지에 있는 영국의 찰스 왕세자의 심정이 그와 같지 않을까.

윤내는 가는 곳마다 "40년 태자가 말이 되는가." 하며 불만을 토로하고 다녔다. 황제 자리를 넘보지 않아야 한다는 금기를 깨뜨린 것이다. 그러자 그의 주변에 권력의 흐름을 좇아 아첨하는 무리들이 모여들어 '태자당(太子黨)'을 이루었다. 이는 황제에 대한 도전이었다.

강희제는 태자당의 우두머리 색액도를 처단했지만 황제를 향한 윤내의 야심을 꺾지는 못했으며, 태자당 무리들은 도리어 더욱 날뛰었다. 1708년 강희제는 태자와 왕자들을 데리고 열하로 사냥을 떠났다. 그리고 대신을 소집한 뒤 태자의 죄상을 공표했다.

"태자가 색액도의 일로 눈이 어두워져 아비를 원수로 생각할 줄은 미처 몰랐다. 짐은 요즘 오늘 독살될지, 내일 자객을 만날지 잠시도 마음을 놓을 수 없다. 태자는 조상의 기업(基業)을 계승할 자격이 없으므로 직위를 박탈하고 감금한다."

강희제가 태자를 폐출한 것은 그를 둘러싸고 벌이는 신하들의 첨예한 권력 다툼을 없애기 위해서였다. 그런데 오히려 왕자들 간의 살기 등등한 자리 쟁탈전에 불을 붙인 꼴이 되고 말았다.

강희제는 불효한 자식들에 대한 분노와 함께 왕자 교육을 잘못시켰다는 자괴감에 빠졌다. 연로한 몸에 마음의 병까지 얻은 강희제는 삶의 의욕을 상실해 어의의 진료까지 거부할 정도였다. 왕자들은 황제 자리에만 눈이 어두워 아버지의 건강을 걱정하는 이가 없었다. 하지만 옹정은 달랐다. 그는 황제 앞에서 무릎 꿇고 눈물을 흘리며 말했다.

"이렇듯 용태가 수척하신데 진료와 약제도 마다하시면 국가와 백성은 누구에게 의지하겠습니까. 제가 비록 의술에 무지하오나 죽음을 무릅쓰고 의원을 엄선해 옥체를 살피겠나이다."

이는 대단히 위험한 말로 엄청난 용기를 필요로 하는 것이었다. 옹정이 추천한 의원이 황제의 병을 고치지 못하면 의원은 물론 옹정까지 목숨이 위험할 수 있었다. 하지만 그의 효심은 강희제를 감동시켰다. 황제는 옹정의 청을 받아들여 진료를 받고는 얼마 후 건강을 회복했다. 강희제는 친필로 옹정을 칭찬하는 글을 내렸다.

"윤내를 구금할 때 아무도 상소를 올리지 않았으나 넷째는 도량이 크고 정도를 알기에 몇 차례나 윤내를 감싸는 상주(上奏)를 올렸다. 그러한 마음과 행동이 그야말로 가상하다."

황태자, 그리고 곧 황제 자리가 약속되는 순간이었다. 권신들의 지지를 얻어 내는 것보다 황제의 마음을 움직이는 것이 황제 자리에 다가서는 지름길이라는 사실을 옹정은 잘 알고 있었던 것이다. 그 지름길을 서두르지 않고 천천히 걸어 옹정은 마침내 황제 자리에 올랐다. 그의 나이 마흔다섯 때 일이다.

청대 왕조를 지속케 한 옹정의 엄정함

황제가 되기까지 치열한 권력 다툼, 붕당 정치의 추악한 모습을 지겹도록 보아 온 옹정은 주위 사람들을 신뢰할 수가 없었다. 형제는 물론 측근들조차 마찬가지였다. 권력 투쟁에서 진 형제들은 옹정의 권위를 인정하려 들지 않았고, 이에 옹정은 그들을 철저히 응징했다. 그 방법은 실로 가학적이기까지 하다.

여덟째와 아홉째 동생이 권위에 도전하자 옹정은 그들을 평민 신분으로 격하시켜 신하들에게 그들을 각각 ‘아키나(개)’, ‘사스헤(돼지)’라 부르게 했다. 그 둘이 심판을 받을 때 아키나의 죄상은 40개, 사스헤는 28개였다. 두 사람이 변방으로 유배되는 도중 “멀면 멀수록 좋다.”라고 말한 것을 전해 듣고 옹정은 그들을 다시 불러 수도권의 독방에 감금했다.

형제들에게 한 일이 이 정도니 신하들은 말할 것도 없었다. 옹정은 자신이 황위에 오른 뒤 정국을 안정시키는 데 기여했던 연갱요(年羹堯)와 융과다(隆科多) 등 측근들도 통치권 강화를 위해 주저 없이 제거했다. 그 방법 또한 참으로 모질었다. 연갱요를 제거한 뒤 다시 융과다를 없애기 위해 양주 총병 송가진(宋可進)에게 한 명령은 듣기만 해도 섬뜩하다.

“융과다 역시 연갱요와 마찬가지로 재물을 탐하고 권력을 휘두르려 당파를 만들었다. 그가 이제 그곳으로 갈 것이니 그대가 비록 과거에는 융과다의 부하였지만 이 소인배를 보더라도 예를 갖출 필요가 없다.”

옹정제는 특히 황실의 권위에 도전하는 사람을 처단하는 데는 한 치의 양보가 없었다. 당대의 문장가였던 전명세가 시범 케이스로 당했다. 그가 티베트 지방을 평정한 연갱요를 찬미한 시에서 “연갱요의 공이 크니 강희제의 공덕비 뒤에 그의 비석을 하나 더 세워야 한다.”라고 해 역린(逆鱗, 임금의 노여움을 뜻함)을 건드린 것이다.

진노한 옹정제는 전명세에게 죽음보다 무서운 벌을 내렸다. 그를 파직한 뒤 자신이 직접 '명교죄인(名敎罪人, 도덕적으로 용서받지 못할 대역 죄인)'이란 현판을 써 그의 집 대문에 걸어놓게 한 것이다. 그것으로도 모자라 문장이 뛰어난 관리들을 차출해 전명세의 추한 행실을 성토하는 시문을 짓도록 해 책으로 엮게 했다. 이 책을 다시 전명세로 하여금 자비로 출판케 해 전국의 학교에 한 부씩 배포, 연구토록 하는 등 온갖 모욕을 주었다. 이로 인해 전씨 가문의 사람들이 모두 옹정제를 미워하고, 친구들조차 욕을 퍼부을 정도였다. 이는 확실한 본보기를 통해 신하들이 함부로 권위에 도전하지 못하도록 하는 옹정 특유의 전략이었다.

이것이 어찌 보면 지나치게 잔혹하다 할 수도 있겠지만 옹정의 위치에서는 불가피한 상황이었다. 옹정이 그렇게 행동하지 않았더라면 청 왕조는 급속히 몰락할 수도 있었다. 황제의 지위에 올라 청 왕조와 만주 민족이라는 두 가지 운명을 양 어깨에 동시에 짊어진 옹정제로서는 한층 강해지지 않으면 안 되었던 것이다. 청 말의 사학자 량치차오〔梁啓超〕는 '강희는 관대했고 건륭은 치밀하지 못했는데 옹정이 질서를 바로잡지 않았다면 청대는 오래전에 쇠망했을 것'이라 평하기도 했다.

그렇다고 옹정이 늘 잔혹하기만 한 것은 아니었다. 강한 자에 대해서는 지나치다 싶을 정도로 엄격했지만 힘없는 일반 백성은 더할 나위 없이 아끼고 보호했다. 옹정제가 역점적으로 추진했던 부정 축재자들에 대한 사정, 부패한 지방 세력에 대한 응징은 기득권층에는 막대한 타격을 주었지만 일반 백성들에게는 선정 그 자체였다.

옹정의 전기를 썼던 소장파 역사학자 둥예쥔〔東野君〕 같은 사람은 "만약 옹정이 늑대의 근성으로 개혁을 단행하지 않고 양과 같이 선대의 전통을 따랐다면 어떻게 짧은 재위 기간 동안 너절한 정치판을 뒤엎고 새로운 정치를 펼칠 수 있었겠는가." 하고 반문한다. 강희·옹정·건륭(乾隆) 세 황제 중에서 옹정제가 가장 매력적인 인물로 다가오는 이유도 이 때문이다.

옹정의 교훈은 일반 조직에도 적용될 수 있다. 신생 조직이나 새로운 리더의 영입으로 조직의 관리 체계가 확고하게 자리 잡지 못한 경우, 조직의 리더는 다소 지나치다 싶을 정도로 엄격한 규율을 적용할 필요가 있다. 흔들리지 않는 확고한 원칙이 서 있어야 함은 물론이다. 그래야만 엄격한 규율 속에서도 피로도가 높지 않은 효율적인 조직이 된다. 그런 의미에서 청나라 때 학자 장학성(章學誠)의 다음과 같은 말은 경청할 필요가 있다.

"옹정 시대 인물의 전기를 읽으면 청렴결백을 강조하는 내용이 자주 나오는데 그것은 당연하다. 왜냐하면 옹정제는 관리의 기풍을 단속하고 수뢰의 폐단을 근절했으며 정계를 숙청하고 탐관오리를 벌주었다. 그 시대에는 상관은 법을 지키고 하급 관리는 청렴에 힘쓰는 것이 풍습이 되었다. 전에 탐욕스럽던 자도 그러한 풍습에 동화되어 마음을 완전히 바꾸었다."

부하 평가 기준이 객관적인지 항상 자문하라
위나라의 미자하와 한나라의 등통

장단점의 판단 기준은 절대적이지 않다

'며느리가 미우면 발뒤축이 달걀 같다고 나무란다.'는 속담이 있다. 발뒤꿈치가 달걀을 닮았다면 둥글둥글 예쁘기만 할 터인데 실상 미운 것은 발뒤꿈치가 아니라 며느리인 까닭이다. 만약 며느리가 예쁘다면 "발뒤꿈치도 달걀처럼 예쁘다."라며 동네방네 떠들고 다닐 텐데 말이다.

이처럼 인간관계는 선입견에 따라 좌우되고 변덕에 따라 달라지기 쉽다. 누군가에게 호감을 가지면 그의 결점도 장점으로 보이고, 반대로 그가 싫어지면 과거에 자신이 그토록 좋아했던 장점이 오히려 결점으로 바뀔 수도 있다. '먹다 남은 복숭아'란 뜻을 가진 '식여도(食餘桃)'의 고사도 이를 가리킨다.

중국 위나라 때 미자하(彌子瑕)라는 미소년이 있었다. 위나라 임금은 미자하를 궁궐에 두고 특히 귀여워했다. 어느 날 미자하에게 어머니가 위독하다는 전갈이 왔다. 이것저것 따질 겨를이 없던 미자하는 임금의 명이라 속이고 왕의 마차를 타고 어머니에게 달려갔다.

위나라 법에는 왕의 마차를 몰래 탄 사람은 발목을 자르는 형벌에 처하도록 되어 있었다. 하지만 임금은 미자하의 효심을 기특하게 여겼다.

"자하는 진정한 효자로다. 어머니를 위해 발목을 잘리는 형벌까지 달게 감수했구나."

또 어느 날 미자하는 임금과 함께 과수원을 산책하다 복숭아를 하나 따서 맛을 보았는데 너무 달았다. 그래서 그는 한 입 베어 문 복숭아를 왕에게 건넸다. 왕은 이에 탄복하며 말했다.

"참으로 갸륵한지고. 맛이 좋은 것을 저 혼자만 먹으려 하지 않고 다른 사람에게도 나누어 주다니. 어리지만 참으로 고운 마음씨를 가졌구나."

그렇게 몇 해가 지나자 귀엽던 미자하의 얼굴빛도 시들어 갔고 그에 따라 임금의 총애도 예전과 같지 않아졌다. 그러던 어느 날 미자하가 사소한 실수를 범하자 임금은 "너는 본래 그런 놈이다. 일찍이 내 명령이라 속이고 내 마차를 탄 적이 있는가 하면 먹다 남은 복숭아를 감히 내게 내민 적도 있었다."라고 크게 화를 내며 미자하에게 엄한 벌을 내렸다.

이 고사를 『한비자』는 '세난(世難)' 편에 소개하고 있는데 인간의 변덕스러움에 대해 다음과 같이 꼬집고 있다.

"미자하의 행동은 처음이나 나중이나 달라진 것이 없었다. 그런데 처음에는 칭찬을 듣고 나중에는 죄를 얻었으니 무슨 까닭인가. 그것은 사랑이 미움으로 변했기 때문이다. 따라서 임금에게 귀여움을 받고 있을 때는 하는 언행 모두가 임금 마음에 들고 더 가까워지지만 일단 임금에게 미움을 사면 아무리 지혜를 짜내서 말을 해도 임금 귀에는 옳은 말로 들리지 않을 뿐더러 더욱 멀어진다. 그러므로 말을 올리거나 논의를 펼칠 때는 군주의 애증을 미리 살핀 다음 행해야 할 것이다."

한비자의 관심은 군신 관계 중 신하의 태도에 맞춰져 있다. 군주야늘 변덕스럽게 마련이니 그 심기를 잘 가려 처신해야 한다는 것이다. 하지만 이 고사를 군주의 입장에서 살펴보면, 자신의 어긋난 선입견으로 얼마나 많은 허섭스레기 같은 인물들이 요직에 중용되었는지를 반성해 볼 수 있겠다. 반대로 군주의 사사로운 변덕으로 능력 있고 충성을 다하는 신하들을 얼마나 많이 내쳤나 반성할 수도 있을 것이다. 이 문제는 군주제 국가에서뿐만 아니라 오늘날 민주 사회 속의 온갖 조직 관계에서도 시사하는 점이 많다. 리더의 호감으로 얻은 자리는 모래성에 불과하다.

다른 예를 보자. 한나라 문제(文帝) 때 상대부(上大夫)를 지낸 등통(鄧通)과 관련한 이야기다. 어느 날 문제가 꿈을 꾸었는데 자신이 아무리 하늘로 오르려고 애를 써도 오를 수가 없었다. 그런데 어떤 사내가 등을 밀어 주니 금세 하늘을 오르게 되었다. 문제가 돌아보니 그 사내는 허름한 옷차림을 한 사공이었다.

다음 날 문제가 궁중 연못 주위를 산책하다 황제의 배를 몰던 뱃사공인 등통을 보게 되었다. 문득 간밤의 꿈이 떠오른 문제는 주위를 시켜 사공을 불렀다.

"네 이름이 무엇이냐?"

"등통이라 하옵니다."

문제는 놀라 말했다.

"등통이라, 등천(登天)과 통하는 좋은 이름이구나."

이후로 문제는 등통을 가까이 두고 아꼈다. 등통 역시 천자를 친부모 이상으로 섬겼다. 문제의 몸에 부스럼이 생겨 고름이 흐르고 악취가 코를 찌를 때도 등통은 싫은 기색 하나 없이 입으로 피고름을 빨아낼 정도였다. 감동한 문제가 등통에게 물었다.

"이 세상에서 나를 제일 사랑하는 사람은 누구인가?"

등통은 대답했다.

"당연히 태자이십니다."

그때 마침 태자가 문안을 왔다. 황제는 태자에게 고름을 입으로 빨라고 명령했다. 태자는 황제의 명령을 감히 거역하지 못했지만 얼굴에 불쾌한 표정이 가득했다. 이에 등통을 향한 황제의 사랑은 더욱 커졌고, 그에게 큰 재산과 함께 상대부 벼슬까지 내렸다. 하지만 등통의 행운은 거기서 끝이었다.

얼마 뒤 문제가 세상을 떠나고 태자가 천자 자리에 올랐다. 그가 바로 경제(敬帝)였다. 경제는 태자 시절 고름을 빨았던 나쁜 기억을 잊지 않고 있었다. 게다가 그것이 등통 때문이라고 믿고 원한을 품고 있었다. 등통은 상황이 심상치 않음을 직감하고 벼슬을 내놓고 고향으로 내려갔다. 하지만 그것으로 경제의 원한을 풀 수는 없었다. 황제는 갖가지 구실을 달아 등통의 재산을 몰수했다. 결국 등통은 말년을 어렵고 힘들게 보내다 쓸쓸하게 생을 마쳤다.

경제에 이어 천자의 자리에 오른 무제 때도 비슷한 일이 있었다. 무제에게는 언이라는 소꿉친구가 있었는데 둘은 침대를 함께 쓸 정도로 가까웠다. 16세의 나이로 무제가 즉위하자 언은 당연히 황제로부터 가장 총애받는 신하가 되었다.

어느 날 무제의 동생 강도왕(江都王)이 황제와 함께 사냥을 나가기 위해 궁에 들어왔다. 사냥 중 언은 몇 차례나 황제와 그 동생 곁을 지나가면서도 고개조차 숙이지 않고 그저 힐끗 쳐다만 볼 뿐이었다.

무제의 눈에는 친구의 행동이 아무렇지도 않았지만 강도왕은 언이 안하무인이라 여기고 분노했다. 강도왕은 수렴청정을 하고 있던 황태후 앞에 나가 울면서 언의 무례함을 고했다. 이에 황태후는 언에 대해 좋지 않은 감정을 품게 되었고, 때마침 언을 비판하는 상소가 올라오자 황태후는 지체 없이 언을 처형하라 명령했다. 무제가 나서 간곡하게 살려 달라고 부탁했지만 한 번 돌아서 버린 태후의 마음을 돌릴 수는 없었다.

사적인 감정을 뛰어넘는 리더가 되어야

이처럼 지도자의 호감 하나만으로 얻은 자리는 호감이 사라지고 나면 무너지고 말 모래성과 같다. 그와 같은 군신 관계는 허상일 뿐인 것이다.

오늘날의 리더도 마찬가지다. 막연하게 호감이 가는 부하 직원이 있을 테고 또 공연히 밉상인 부하도 있을 것이다. 하지만 그런 사감(私感)을 뛰어넘을 줄 알아야 진정 조직을 위하는 리더가 된다.

그런 리더가 되기 위해서는 늘 스스로에게 되물어야 한다. 과연 내가 진정 부하 직원의 능력을 객관적인 눈으로 평가하고 있는지 말이다. 만약 그렇지 못하다면 조직 안의 누군가 과대평가되고 있거나 볼멘소리를 하고 있을 것이라는 얘기다. 생산성에 누수가 생기는 것은 말할 것도 없고 조직원들의 사기를 떨어뜨려 조직을 망치는 결과를 초래하게 되는 것이다.

칭기즈 칸의 말을 주문처럼 외워 보면 그 같은 가치 판단에 도움이 될 법하다. 그가 부하 장수를 평가했던 기준이 선입견이나 변덕이 아님을 알 수 있기 때문이다. 세계 최대의 제국은 거저 만들어진 것이 아니다. 칭기즈 칸은 공동 창업자로 형제나 다름없던 보로초 장군에게 말했다.

"그림자 말고는 친구가 없을 때 너는 친구가 되어 내 마음을 편하게 했다. 꼬리 말고는 다른 채찍도 없을 때 너는 꼬리가 되어 내 심장을 편하게 했다."

보로초 장군도 화답한다.

"쳐들어오는 적을 막아 주인이신 그대의 생명을 죽음을 무릅쓰고 지키며 어디에 가든 한 발도 떠나지 않고 따라가겠습니다."

칭기즈 칸은 또한 자신의 참모이자 훗날 4만 기병을 이끌고 유럽을 정복한 총사령관이 된 수베테 장군의 공을 치하하며 다음과 같이 말했다.

"너는 내가 이르라고 말했던 지역에는 푸른 돌을 깨부수듯 싸워 이르렀고, 돌격하라 말할 때는 검은 돌을 부수듯 싸웠다. 나의 앞에서 깊은 물을 건너 싸웠고 빛나는 돌을 깨뜨리며 싸웠다."

때와 장소를 판단하여 침묵을 선택하라

프랑스의 루이 14세와 소련의 흐루쇼프

자만과 허풍으로 자멸한 코리올리누스

침묵의 힘을 강조할 때 자주 등장하는 우화가 있다. 타우라스 산을 넘는 두루미 이야기다. 타우라스 산 정상은 독수리의 훌륭한 서식지다. 독수리의 좋은 먹잇감인 두루미의 이동로이기 때문이다. 두루미는 몹시 시끄러운 새로 알려져 있다. 특히 날아갈 때 요란한 소리를 내는데, 그 소리는 독수리들에게 먹이가 도착하고 있다는 좋은 신호가 된다. 하지만 노회한 두루미들은 수없이 타우라스 산을 넘지만 거의 희생되는 법이 없다. 여행을 떠나기 전 입에 돌을 물고 가기 때문이다. 돌을 문 입으로는 소리를 낼 수 없으므로 무사히 여행을 마칠 수 있었다는 것이다.

타우라스 산이 실제 존재하는 산인지, 그리고 입에 돌을 물 정도로 두루미들이 지혜로운지는 알 수 없지만 말을 삼가는 것이 중요하다는 것은 더 이상 검증이 필요 없는 진리다. 물고기가 낚시에 걸리는 것도 결국 입을 벌리기 때문이 아닌가.

역사에도 말로써 망한 자들과 침묵으로써 흥한 자들이 수없이 많이 등장한다. 고대 로마의 코리올리누스라는 인물도 입방정으로 인생을 망친 사람 중 한 명이다. 코리올리누스는 플루타르코스(Plutarchos)가 그의 저서『로마의 건설자들(Makers of Rome)』에서 첫 장을 빌려 소개하고 있을 만큼 로마의 위대한 장군이었다.

그는 기원전 5세기 전반 수많은 전투에서 승리를 거두어 조국 로마를 위험에서 지켜 냈다. 그는 변방의 전쟁터에서 젊음을 바쳤기 때문에 명성이 자자했지만 실제로 그를 본 사람은 많지 않았다. 따라서 그는 로마에서 살아 있는 전설이 되었다.

코리올리누스는 자신의 명성을 발판으로 집정관에 입후보했다. 그는 후보 연설을 위해 시민들 앞에 나섰다. 하지만 그는 다른 후보들처럼 장광설을 늘어놓지 않았다. 다만 옷을 벗고 20년 가까이 로마의 영광을 위해 싸우다 생긴 수십 곳의 흉터를 보여 줄 뿐이었다. 이어 다른 후보가 연단에 올라섰지만 그의 연설에 귀를 기울이는 청중은 없었다. 코리올리누스의 당선은 그야말로 따 놓은 당상이었다.

하지만 투표 당일이 되자 상황은 달라졌다. 선거에서 승리를 확신한 그는 자만에 빠져 함부로 입을 놀리고 말았다. 자신이 겪은 무용담을 자랑했고 자신이 로마 시민들에게 엄청난 부를 가져다줄 것이라 큰소리쳤다. 로마 시민들은 자신들의 귀를 의심했다. 신의 아들에까지 비유되던 로마의 전설적인 영웅이 한낱 허풍쟁이에 불과하다는 사실을 깨닫게 된 것이다.

결국 코리올리누스는 집정관 선거에서 떨어지고 말았다. 그는 그 후에도 자신을 알아주지 않은 로마 시민들을 비난하는 말을 계속함으로써 사형 선고까지 받았다가 결국 로마에서 영구히 추방되고 말았다.

이처럼 말이 많으면 결국 실수를 하게 되어 있다. 말이 많다 보면 속내를 드러내게 되고 그로 인해 낭패를 보기도 쉽기 때문이다. 얄팍한 지식과 실력, 가벼운 인격과 성품이 입을 통해 드러나고 마는 것이다.

말로써 허점을 드러내지 말라

반대로 프랑스의 루이 14세는 입이 무겁기로 유명한 국왕이었다. "짐이 곧 법이다."란 한마디가 그의 모든 의지를 웅변했다. 베르사유 궁전에 살았던 이탈리아 출신의 점성가 프리미 비스콘티가 지은 『루이 14세』에는 그 같은 태양왕의 면모가 여실히 드러난다.

"루이 14세는 국사에 대해 철통 같은 비밀을 유지했다. 장관들이 각의에 참석해도 왕은 오랫동안 숙고한 끝에 내린 결론만 전달해 줄 뿐이었다. 왕의 얼굴을 한번 보라. 그의 표정은 도대체 읽을 수가 없다. 각의를 열 때가 아니면 국사를 입 밖에 내지도 않는다. 신하들에게 이야기를 할 때는 각각의 권리와 의무만 이야기해 줄 뿐이다. 그 결과 루이 14세가 아무리 사소한 이야기를 하더라도 듣는 사람은 마치 신탁에서 나오는 말처럼 귀를 기울인다."

얼마나 무서운 이야기인가. 루이 14세는 자신의 의중을 드러내지 않음으로써 신하들을 혼란스럽게 했다. 그것은 신하들이 거짓말을 못하게 하는 장치가 되기도 했다. 신하들은 좀처럼 입을 열지 않는 왕의 생각이 어떤지, 그가 듣고 싶어 하는 말이 무엇인지도 알 수 없었다. 신하들은 침묵하는 국왕 대신 계속 있는 대로 떠들 수밖에 없었다. 그럼으로써 왕에게 자신도 모르게 자신에 대한 정보를 제공했다.

신하들의 말을 듣고 난 뒤 루이 14세는 "좀 더 두고 봅시다."라는 말만 남기고 자리를 떴다. 그 말은 루이 14세가 '대화가 끝났다'는 뜻으로 애용하는 말이었다. 그러나 왕은 자신이 들은 이야기를 잊지 않았다. 그는 그 정보를 나중에 유용하게 써먹었다. 대부분 말한 사람을 곤경에 빠뜨리는 것이었지만 말이다.

이처럼 리더는 가능한 한 말을 아껴야 한다. 말은 아끼되 행동은 확실하게 해야 한다. 말로써 허점을 드러내지 말고 침묵 가운데 숙고한 뒤 과감하고 결단성 있는 행동으로 보여 주는 것이 바람직한 리더십이다.

이와 관련한 좋은 예로, 1666년 런던 대화재 이후 도시를 재설계해 오늘날의 모습을 갖추게 한 르네상스 건축의 대가 크리스토퍼 렌(Christopher Wren) 경(卿)의 이야기를 들 수 있다.

그는 한 도시의 시청사 건물을 설계해 달라는 의뢰를 받았다. 그가 설계한 시청사는 그의 다른 작품만큼이나 화려하고 웅장한 건물이었다. 하지만 정작 그 건물의 주인이 될 시장은 그 설계를 마음에 들어 하지 않았다. 그는 기둥이 약해 2층이 무너질 것 같아 불안하다고 트집을 잡으면서 기둥을 더 만들어 달라고 주문했다.

그 시대의 위대한 천재들이 모두 그렇듯 뛰어난 건축가이면서 물리학자, 공학자였던 렌은 시장의 걱정이 기우에 불과하다는 사실을 잘 알고 있었다. 게다가 기둥을 추가할 경우 오히려 건물의 균형을 해쳐 붕괴 위험만 가중시킬 수 있었다. 하지만 그는 군소리 없이 시장의 요구를 받아들여 기둥을 2개 더 세우도록 했다. 새 설계도를 본 시장도 만족했다.

그 후 100여 년이 지나 보수 공사를 위해 사다리를 타고 건물의 천장 부분을 살펴보던 인부는 놀라운 사실을 발견했다. 새로 추가된 두 기둥이 건물 지붕을 받치고 있는 것이 아니라 천장과 떨어져 있었던 것이다. 그저 기둥 모양만 하고 있는 가짜였던 것이다.

있으나마나 한 존재였지만 그로 인해 렌과 시장, 두 사람 모두 원하는 것을 얻을 수 있었던 것이다. 만약 렌이 논리적으로 시장을 설득하고자 했다면 건물을 짓지 못했을지도 모른다. 인간의 불안이나 심미안은 논리적으로 설명될 수 없는 것이기 때문이다. 흔히 그렇지만 행동은 말보다 훨씬 설득력이 강하다. 백 마디 말보다 단 한 번의 몸짓이 훨씬 효과적일 수 있는 것이다.

침묵은 말의 준비 기간이다

옛 소련의 흐루쇼프 공산당 서기장이 어느 날 전임자인 스탈린(Iosif V. Stalin)의 범죄상을 강력하게 비판했다. 그러자 연설 도중 한 사람이 소리쳤다.

"당신도 스탈린의 동료였지 않소. 그때는 아무 소리 못하다가 왜 이제 와서 그를 비난하는 거요. 부끄럽지도 않소?"

흐루쇼프는 화난 얼굴로 소리가 난 쪽을 바라보며 고함쳤다.

"누구야, 그런 말을 하는 사람이!"

장내는 얼어붙었고 아무도 손을 드는 사람이 없었다. 그제야 흐루쇼프가 웃으면서 말했다.

"이제 내가 왜 그때 스탈린을 막지 못했는지 여러분도 아셨을 겁니다."

스탈린 집권 당시 그에게 대항하는 것은 곧 목숨을 내놓는 일임을 모르는 사람은 없었다. 하지만 흐루쇼프가 사정이 그러했기 때문에 아무 말도 못했다고 말로써 설명했다면 장내의 비웃음만 살 것이 분명했다. 따라서 흐루쇼프는 말로 설명하는 대신 그러한 두려움이 얼마나 큰 것인지 실제로 느끼게 해 준 것이다. 그 후에는 더 이상 그와 같은 비난은 나오지 않았다.

그렇다고 절대 말을 하지 말라는 것은 아니다. 그럴 수도 없거니와, 이러한 이야기의 요지는 단지 말을 가려서 하라는 것이기 때문이다. 할 말 안 할 말을 가려야 하고 때와 장소도 구분해야 한다. 조직의 리더일수록 더욱 그렇다. 말은 아낄수록 값이 나간다. "말은 은이요, 침묵은 금이다."란 격언이 생겨난 것도 이 때문이다. 피천득 선생도 그의 수필집 『인연』에서 이에 대해 제대로 설명하고 있다.

침묵은 말의 준비 기간이요, 쉬는 기간이요, 바보들이 체면을 유지하는 기간이다. 좋은 말을 하기에는 침묵을 필요로 한다. 때로는 긴 침묵을 필요로 한다. 말을 잘한다는 것은 말을 많이 한다는 것이 아니요, 농도 진한 말을 아껴서 한다는 말이다. 말은 은같이 명료할 수도 있고 납같

이 무겁고 구리같이 답답하기도 하다. 그러나 금강석 같은 침묵은 있어
도 그렇게 찬란한 말은 있을 수 없다. 클레오파트라의 사랑은 말로 이
루어지고 말로 깨졌다.

대의와 충돌하면 강직함도 버려야 한다

국가의 명운을 위해 자신을 굽힌 이순신

올곧고 강직했던 청년 순신

아침에 원수의 계본(啓本, 임금에게 제출하는 보고서)과 기, 이씨 두 사람을 공초(供招, 죄인에 대한 신문)한 초안을 보니 원수가 근거 없이 망령되게 고한 일이 매우 많았다. 반드시 실수에 대한 문책이 있을 것이다. 이와 같은데도 원수의 지위에 둘 수 있는 것인가. 괴이하다.

최근 새롭게 발견된 충무공 이순신 장군의 일기 내용이다. 충무공이 전라좌도 수군절도사에 임명된 1591년부터 노량에서 전사했던 1598년까지의 사적을 수록한 『이충무공유사(李忠武公遺事)』에 있던 내용인데 이제야 발견되었다는 것이 오히려 신기할 따름이다. 원래 『난중일기(亂中日記)』에도 들어 있었을 이 32일간의 기록은 민감한 내용이 많아 후세에 새로 펴낼 때 삭제된 것으로 추측된다.

여기서 원수는 권율(權慄)을 말한다. 그는 임진왜란의 3대 대첩 중 하나인 행주 대첩의 영웅으로서, 행주 대첩의 승리로 도원수(都元帥)로 승진한다. 앞의 일기는 권율이 도원수로 승진한 지 2년 뒤의 기록이다. 여기서 말하고자 하는 논점은 권율과 이순신의 갈등이 아니라 자신의 상관인 총사령관의 잘못을 꼬집는 충무공의 성품이다.

충무공은 어떤 어려움이 있어도 소신을 굽히지 않는 사람이었다. 한때 모든 관직을 빼앗기고 백의종군하는 시련을 겪은 것도 그 때문이었다. 이 같은 성품은 어린 시절부터 다져진 것이었다. 서애(西厓) 유성룡(柳成龍)이 『징비록(懲毖錄)』에서 전하는 바를 들어 보자.

소년 이순신은 아이들과 나무를 깎아 활과 화살을 만들어 전쟁놀이를 즐겼다. 마음에 들지 않는 사람이 있으면 거리낌 없이 그의 눈을 쏘려고 해 마을 어른들도 두려워할 정도였다. 심지어 그의 집 앞을 지나길 꺼리는 어른들도 있었다.

그의 가문은 대대로 유학자 집안이었는데 순신이 처음으로 무과에 급제해 종팔품직인 권지훈련원 봉사로 임명되었다. 그때 병조판서 김귀영(金貴榮)이 서녀(庶女)가 있어 순신에게 첩으로 주려고 하자 순신은 이를 거절했다. 다른 사람이 그 이유를 묻자 순신의 대답은 이랬다.

"내가 처음으로 벼슬길에 나갔는데 어찌 권세 있는 집안의 도움으로 승진하기를 바라겠는가."

한번은 병조정랑 서익이 훈련원에 있던 지인을 차례를 뛰어넘어 천거하려고 하자 순신이 이에 반대했다. 서익은 이 일로 순신을 불러 뜰 아래 세우고 그를 힐문했다. 그러나 순신은 말과 기색이 조금도 변하지 않고 자신의 주장을 굽히지 않았다. 서익은 더욱 노하여 펄펄 뛰었지만 순신은 차분하게 조목조목 대답하며 끝내 기를 꺾지 않았다.

서억은 원래 행동이 난삽하고 남과 싸우는 것을 부끄러워하지 않는 인물이라 동료들도 가능하면 그와 말다툼하기를 꺼렸다. 그런 서억에게 맞서는 순신을 바라보며 사람들은 "이분이 감히 병소성랑에게 대항하니 앞길이 어찌될지 생각하지 않는 것인가." 하며 혀를 내둘렀다. 날이 저물자 오히려 서억의 기세가 꺾여 순신을 돌려보냈는데 사람들은 이 일로 순신의 인품을 알게 되었다.

순신이 옥에 갇혔을 때도 마찬가지였다. 옥리가 순신의 조카 이분(李芬)에게 뇌물을 쓰면 나갈 수 있다고 은밀히 말해 주었지만 순신은 도리어 화를 내며 "죽으면 죽었지 어찌 도리를 어기면서 살기를 도모하겠는가."라고 말했다고 한다.

그의 올곧은 성품은 냉철한 상황 인식과도 관련이 있다. 눈앞의 현실을 직시해야만 미래를 내다볼 수 있고, 또 그래야만 언제 닥칠지 모르는 위험에 대처할 수 있다는 신념을 가지고 있었기에 어떤 편법과 꼼수와도 타협할 수 없었던 것이다.

단적인 사례가 있다. 통제사(統制使)가 된 후 충무공은 군중(軍中)에서 밤낮으로 갑옷을 벗는 일이 없었다. 견내량(見乃梁)에서 적군과 대치하고 있던 어느 날 밤, 달이 밝은 터라 적군의 기습이 어렵다는 판단에 따라 배들은 닻을 내리고 있었다. 충무공은 갑옷을 입은 채 전고를 베고 누웠다가 갑자기 일어나 앉은 뒤 사람을 불러 소주를 가져오게 하고는 여러 장수를 불렀다. 자신이 한 잔 따라 마시고 장수들에게도 한 잔씩 돌린 뒤 충무공이 말했다.

"오늘 밤에 달이 밝지만 간사한 적병이 기습을 해 올 수 있으니 경비를 엄중히 해야 할 것이다."

이어 나팔을 불어 배의 닻을 모두 올리며 전투 태세를 갖추게 하고 척후선을 보내 적군의 동태를 살피게 했다. 한참 만에 척후가 달려와서 전하는 보고를 들어 보니 과연 적선이 다가오고 있었다. 이때 달은 서쪽 산에 걸려 있고 산 그림자에 바다의 반쪽은 어슴푸레 그늘져 있었다. 수많은 적선이 이 어두침침한 그늘 가운데 접근하고 있었던 것이다.

적선이 사정거리에 이르자 매복하고 있던 중군(中軍) 배들이 대포를 쏘면서 함성을 질렀고 좌우의 여러 배들이 이에 합세했다. 왜병들은 놀라 조총으로 응사했지만 미리 준비하고 있던 조선 군사들을 당해 내지 못하고 달아나 버렸다. 이를 보고 여러 장수들은 충무공을 신으로 받들었다.

냉정한 현실 판단 후 굽힐 줄 알아야

충무공의 강직한 성품과 앞을 내다보는 지혜를 살펴보았지만 정작 여기서 하고 싶은 이야기는 때로 대의(大義)와 충돌할 경우에는 강직함도 포기할 수 있어야 한다는 것이다. 아무리 대쪽 같은 사람이라도 구부릴 때는 구부릴 줄 알아야 한다. 그것은 강직함과 지혜를 함께 갖춘 사람만이 할 수 있는 일이다.

정유재란 때의 일이다. 명나라 수군 제독 진린(陳璘)이 수군 5,000명을 이끌고 충무공의 군대를 지원했다. 진린은 성품이 사납고 거만해 사람들이 몹시 두려워하던 인물로, 그가 올 때 선조가 들에까지 마중을 나갈 정도였다.

진린의 군사들 역시 기고만장해 조선의 지방 수령을 때리고 함부로 대했다. 관리의 목에 새끼줄을 매고 끌고 다녀 얼굴이 피투성이가 되는 상황까지 벌어졌다. 이 모습을 본 유성룡은 이렇게 탄식했다고 한다.

"안타깝게도 이순신의 군사가 장차 패하겠구나! 진린과 같이 있으면 의견 충돌로 분명 장수의 권한을 빼앗기고 조선 군사들은 함부로 학대당할 텐데, 그것을 제지하면 화를 더 낼 것이고 그대로 두면 끝이 없을 테니 이순신의 군사가 어찌 패전하지 않을 수 있겠소."

하지만 이순신의 행동은 달랐다. 충무공은 진린이 온다는 소식을 듣자 군사들에게 사냥과 고기잡이를 시켜 사슴과 돼지, 해산물 등을 잡아 오도록 했다. 그러고는 성대한 잔치 준비를 갖추고 그를 기다렸다. 진린의 배가 모습을 드러내자 충무공은 예를 갖추어 배를 타고 멀리까지 나가 영접했다. 그리고 그의 군사들을 후하게 대접하니 장수는 물론 말단 군사들까지 흠뻑 취하지 않는 이가 없었다. 명의 군사들은 충무공을 가리켜 '과연 훌륭한 장수'라고 입이 마르도록 칭찬을 했고 진린도 마음이 흡족했다.

그로부터 며칠 뒤 왜군의 배가 근방의 섬을 침범했다. 그러자 충무공은 군사를 보내 적선을 물리친 뒤 적군의 머리 40급을 베어 모두 진린에게 보내 그의 공으로 삼게 했다. 크게 기뻐한 진린은 이후부터는 모든 대소사를 충무공과 상의해 처리했으며, 이동할 때도 이순신과 교자를 나란히 타고 다니며 감히 앞서 나가지 않았다. 또 진린은 명나라 군사와 조선 군사들 사이에 아무런 차별도 두지 않겠다는 약속까지

했다. 또 백성의 조그마한 물건 하나라도 빼앗는 사람이 있으면 모두 잡아다 매를 쳤기 때문에 감히 군령을 어기는 사람이 없어 백성들이 편안할 수 있었다.

진린은 선조에게 글을 올려 "통제사(이순신)는 경천위지(經天緯地, 천하를 조직적으로 잘 계획해 다스림) 재주와 보천욕일(補天浴日, 나라에 큰 공을 세움)의 공이 있습니다."라고까지 극찬했다. 명 조정에도 이순신의 공을 보고해 명나라 신종이 충무공에게 여덟 개의 선물을 보내도록 하기도 했다. 이순신에게 진정 마음으로 감복했기 때문이다. 그는 나중에 충무공이 전사했다는 말을 전해 듣고는 의자에서 땅 위로 몸을 던지면서 "나는 노야(老爺)께서 오셔서 나를 구원한 줄 알았는데 어찌 돌아가셨습니까." 하며 가슴을 치며 통곡하기도 했다.

충무공도 진린의 무례함을 알고 있었다. 하지만 그와 갈등을 빚어서는 얻을 것이 없었다. 무엇보다도 우선인 것은 바람 앞에 등불인 조국의 명운이었다. 나라를 살리고 백성을 구해야 한다는 명제 앞에서 충무공은 못할 일이 없었다. 그래서 진린에게 양보하는 태도를 보이고, 진심 어린 감동을 얻어 냄으로써 궁극적인 승리자가 될 수 있었다. 또한 그처럼 굽힐 줄 아는 지도자가 있었기에 나라와 백성이 백척간두의 위기를 벗어날 수 있었던 것이다.

새로 발견된 충무공의 일기도 이 사실을 말하고 있다. 현실과 타협하기를 거부했던 충무공이지만 그가 가장 중요하게 생각하고 우선시한 것은 자신의 강직함을 빛내는 것이 아니라 백성을 도탄에서 구해내는 일이었던 것이다. 1595년 11월 4일의 기록이다.

"우리 군사들이 쇠잔하고 피폐한데 이를 어쩌랴."

낡은 규칙은 과감히 깨 버려라

이집트 대통령 사다트와 이스라엘 총리 베긴

시대착오적인 규칙은 조직의 발목을 잡는다

국가건 기업이건 조직에는 규칙이 있게 마련이다. 하다못해 사회의 규칙에 어긋나는 탈법과 범죄를 일상으로 하는 조직폭력배의 세계에도 나름의 규칙이 있다(흔히 그들의 규칙은 그것이 합리적이건 그렇지 않건 간에 일반 조직에 비해 훨씬 엄격하게 지켜지는 경향이 있다). 사고와 기호가 제각기 다른 사람들로 구성된 조직에 규칙이 없다면 그 조직은 구심점 없이 모래알처럼 흩어질 수밖에 없을 것이다.

시간이 갈수록 규칙은 늘어나게 마련이다. 조직이 복잡해지다 보면 크고 작은 시행착오를 겪을 수밖에 없고, 문제점이 발견되면 조직은 바로 새로운 규칙을 만들어 낸다. 그러한 규칙은 유기적인 조직 시스템에서 이정표와 신호등 같은 역할을 한다. 규칙에 맞춰 행동함으로써 각각의 구성원들이 충돌 사고 없이 목적지에 도달할 수 있는 것이다.

하지만 규칙이 오히려 조직의 발전을 저해하는 경우도 생긴다. 특정한 규칙이 정착되고 나면 조직 구성원들이 그 규칙에 안주하려는 경향이 생기기 때문이다. 외부 환경이 바뀌면 그에 따라 조직 내부의 규칙도 달라져야 하는데 이미 그것에 익숙해진 구성원들은 규칙이 바뀌는 것을 거부하는 것이다.

이를테면 이런 식이다. 사거리에서 특정 방향의 통행 차량이 늘어나면 그 방향의 주행 신호 시간을 늘려야 흐름을 원활하게 할 수 있다. 하지만 다른 방향의 차량들은 상대적으로 신호 시간이 짧아진다. 이들의 불만 때문에 신호 체계를 개선하지 못하면 결국 사거리는 한 방향에서 꼬리를 무는 차량들로 엉켜 버릴 것이고 이에 따라 모든 방향의 차량이 피해를 보게 되는 것이다.

낡은 규칙은 과감히 없애거나 바꿔야 한다. 그렇지 않으면 그 조직은 필연적으로 동맥 경화증에 시달리게 된다. 월마트의 창업자 샘 월튼(Sam Walton)은 회고록에서 이렇게 말했다.

"규칙을 깨라. 강을 거슬러 헤엄쳐라. 전통적인 지혜를 무시하라. 모든 사람이 한 방향으로만 가고 있다면 반대로 가면서 틈새시장을 공략할 기회를 찾아라. 모든 사람이 지키는 규칙을 깨뜨린 나 자신이 정말 자랑스럽다."

더 이상 유효하지 않은 시대착오적 규칙을 걷어차 버리라는 얘기다. 성공하는 리더에게는 늘 이와 같은 과단성이 있다.

중국 당나라 문종의 경우도 그렇다. 어느 날 문종이 천지신명께 제사를 지내기 위해 행차를 했는데 신하들이 씨름꾼들을 불러왔다.

"내가 목욕재계하고 제사를 지내려 하는데 씨름 구경을 할 시간이 어디 있단 말이냐?"

황제의 말에 좌우의 신하들이 입을 모아 말했다.

"역대 제왕의 관례가 그러하니 따르셔야 합니다. 지금 씨름꾼들이 모두 궁문 밖에서 기다리고 있습니다."

문종은 웃으며 잘라 말했다.

"그럼 이렇게 하라. 씨름꾼들은 상금을 바라고 왔을 테니 씨름은 다른 사람들에게 보여 주고 상금은 우리가 주면 되지 않느냐. 어서 서둘러 보내라."

이와 같은 명쾌한 규칙 깨뜨리기의 사례는 조선에도 있었다. 중종(中宗) 때의 신광한(申光漢)은 문장에는 능했지만 실무의 재주는 없었다. 그런 그가 형조판서가 되었는데 소송이 많이 쌓였는데도 판결을 내리지 못해 죄수가 가득 차 옥이 모자랄 지경이었다. 이에 신광한이 옥사를 늘리기를 청하니 중종이 말했다.

"판서를 바꾸는 것이 낫지 옥을 더 짓는단 말이냐."

이어 형조판서를 허자(許磁)로 바꿔 임명했더니 즉석에서 판결을 척척 내려 죄수가 한 사람도 없이 옥이 비었다. 기존의 규칙대로 감옥을 더 지었더라도 근본적인 문제가 해결되지 않고는 금방 다시 감옥이 꽉 차고 말 일이었다. 중종의 과감한 규칙 깨기가 이러한 문제를 단숨에 해결한 것이다.

그러나 결과가 즉각적이고 유쾌하다고 해서 이 같은 결정이 늘 쉽지는 않을 것이다. 오랜 세월 내려온 규칙을 깨기란 웬만한 자신감이 없이는 어렵다. 그러기에 이런 일은 과단성 있는 리더만이 할 수 있다.

불가능을 가능케 한 리더들의 과단성

그러나 앞선 두 사례도 지금 소개할 두 사람의 규칙 허물기에 비하면 그야말로 새 발의 피다. 그리 오래전 일도 아니다. 1978년 '캠프 데이비드 협정(Camp David Accords)'의 경우를 살펴보자.

이 협정의 두 주인공은 다 아는 바와 같이 안와르 엘 사다트(Mohamed Anwar Al Sadat) 이집트 대통령과 메나헴 베긴(Menachem W. Begin) 이스라엘 총리다. 두 사람은 모두 영국의 지배에 저항했고 소련의 영향력을 두려워한다는 공통점이 있었다. 또 모두 조국의 앞날을 걱정했기에 미국과 가까워질 필요성을 느끼고 있었다.

두 사람은 골수 민족주의자이기도 했는데 이 같은 공통점은 아무리 비슷한 점이 많다 하더라도 두 사람이 한자리에 모이는 것을 불가능하게 했다. 그들에게 있어 타협이란 곧 배신을 뜻했기 때문이다.

사다트는 제2차 세계 대전이 끝난 뒤 나세르(Jamal ʿAbd an-Nāser)가 이끄는 자유장교단에 가입한다. 이 자유장교단은 1952년 군사 쿠데타를 일으켜 이집트 왕정을 종식시키고 나세르를 대통령으로 만든다. 사다트는 나세르 밑에서 내각 요직을 두루 거쳤고 부통령도 두 차례나 역임했다. 하지만 나세르와 사다트는 노선이 달랐다. 경제와 국방 지원을 위해 소련의 내정 간섭을 수용할 의사가 있던 나세르와 달리 사다트의 목표는 이집트의 진정한 독립이었기 때문이다.

1970년 나세르가 세상을 떠나고 대통령을 계승한 사다트는 취임 직후 수천 명의 소련 기술자와 군사 고문들을 추방했다. 그리고 1973년 시리아의 지원 아래 시나이 반도를 기습 공격했다. 이스라엘의 반격으로 시나이(Sinai) 반도를 되찾는 뜻을 이루지는 못했지만 사다트는 일약 이집트 국민뿐 아니라 아랍 세계의 영웅이 되었다.

하지만 사다트는 더 이상 이스라엘을 공격하지 않았다. 이집트의 경제 발전을 위해 이스라엘과의 다툼은 결코 도움이 되지 않는다는 판단에서였다. 그보다는 미국과의 경제적, 외교적 우호 관계가 절실했다.

베긴 역시 골수 우파였다. 특히 베긴은 홀로코스트 세대로서 그는 가까운 친척들이 모두 나치에 의해 살해되는 것을 지켜보아야 했다. 그런 기억은 베긴으로 하여금 유대 국가를 세우는 신념을 갖게 만들었다.

팔레스타인 해방 기구 극단주의자들의 공격에 베긴은 나치의 망령이 되살아났다고 분노하며 강력히 대처했다. 하지만 보다 궁극적인 그의 관심은 조국의 영원한 존속과 번영이었다. 그러기 위해서는 절대적으로 미국과의 강력한 우호 관계가 필요했다. 두 정상 모두 이집트와 이스라엘의 미래가 미국과의 관계에 달렸다는 현실을 냉정하게 받아들였다. 두 사람은 이스라엘과 아랍 세계가 한자리에 앉을 수 없다는 오랜 규칙을 과감하게 깨뜨렸다.

사다트는 1977년 이집트 의회에서 연설하던 중 원고를 옆으로 밀쳤다. 그러고는 돌연 "이스라엘과 화해할 수 있다면 지구 끝까지라도 가겠다."라고 선언했다. 이집트 의원들은 자신들의 귀를 의심하지 않을 수 없었다. 온 나라가 들끓었다. 이스라엘 국민 역시 아무도 그의 말을 믿지 않았다.

온갖 반대와 우여곡절 끝에 베긴의 공식 초청장이 미국을 통해 사다트에게 전달되었고 1977년 11월 19일 저녁, 사다트를 태운 전용기가 텔아비브(Tel Aviv) 벤구리온(Ben-Gurion) 공항에 착륙했다. 이튿날 사다트는 이스라엘 국회인 크네세트(Kneset) 단상에 서서 중동 평화라는 원대한 희망을 피력하는 역사적인 연설을 했다.

이어 지미 카터(James E. Carter Jr.) 미국 대통령이 미국과 이스라엘, 이집트의 3자 회담 개최를 제안했고 사다트와 베긴은 이를 수락했다. 이렇게 해서 메릴랜드 주 캠프 데이비드에서 역사의 한 획을 긋는 두 가지 합의가 이루어졌다. 첫째 합의는 이스라엘이 점령하고 있던 요르단 강 서안과 가자 지구의 팔레스타인 주민들에게 자치권을 부여하고, 이 지역에 주둔하고 있는 이스라엘 병력을 철수하기로 한 것이다. 둘째는 이스라엘이 시나이 반도에서 단계적으로 병력을 철수하고 평화 협정에 서명한 날로부터 3년 안에 그 지역을 이집트에 넘겨주기로 한 것이다. 이스라엘로서는 엄청난 양보를 한 셈이었다.

물론 이스라엘이 얻은 것도 있었다. 이스라엘 선박들은 이집트가 관할하는 수에즈 운하의 통행권을 보장받았다. 또 한 가지는, 그 이전까지는 도저히 가능할 것 같지 않던 것으로, 바로 이스라엘을 국가로 인정한다는 것이었다.

캠프 데이비드 협정으로 두 정상은 노벨 평화상을 수상했다. 물론 그들이 항구적인 중동 평화를 가져온 것은 아니었다. 캠프 데이비드 협정이 발표된 뒤 중동 지역은 잠시도 편할 날이 없었다. 사다트는 결국 이슬람 원리주의자가 당긴 방아쇠의 희생자가 되었다. 하지만 그들은 전 세계인들에게 한 가지 희망을 남겨 주었다. 그것은 중동 평화가 영원히 불가능한 것만은 아니라는 사실이었다. 그것은 사다트와

베긴, 두 정상이 기존의 규칙만 따랐다면 도저히 얻어 낼 수 없었을 희
망이었다.

현장에 해결책이 있다
명나라의 유대하와 북송의 부필

현실을 외면하면 어떤 큰 그림도 그릴 수 없다

공자의 『논어(論語)』 '위정(爲政)' 편에는 "배우되 생각하지 않으면 어둡고, 생각하되 배우지 않으면 위태롭다[學而不思則罔 思而不學則殆]."라는 말이 있다. 신영복 선생은 여기서 '생각하다[思]'를 '생각'이나 '사색' 보다는 '실천' 또는 '경험적 사고'로 풀이해야 한다고 주장한다. 이는 자신이 겪은 감옥에서의 독서 경험을 바탕으로 한 해석으로, 감옥에서 책을 읽으면 도대체 머리에 남는 것이 없더라는 얘기다. 어떤 때는 책을 30~40쪽쯤 읽고 나서야 이미 읽은 책이란 사실을 깨닫기도 했다는데, 그것은 감옥에서의 독서가 실천과 완벽하게 단절된 독서였기 때문이었다고 그는 말한다. 책에서 배운 대로 행동에 옮기려 해도 세상과 단절된 공간에서는 아무것도 할 수 없기 때문이다. 따라서 그는 '배우되 실천하지 않으면 어둡고 실천하되 배우지 않으면 위태롭다.' 라는 해석이 옳다고 주장한다.

공자의 말을 어떻게 해석하든 그 결론은 책상에서 얻은 지식과 현장에서 얻은 지식이 조화를 이루어야 밝고 안전한 길을 걸을 수 있다는 것이다. 조직의 리더는 늘 연구하는 자세를 견지하면서도 현장을 살피는 일을 게을리해서는 안 된다. 현장의 목소리를 듣지 않으면 자칫 현실성 없는 탁상공론으로 빠질 위험이 높다. 일반성보다는 특수성이 두드러지는 현장의 특성상 현장의 목소리에 지나치게 휘둘려서도 곤란하지만 현장을 무시하고는 전체를 아우르는 큰 그림이 그려질 수 없는 것이다.

역사 속에서도 현장의 중요성은 여러 곳에서 쉽게 발견된다. 명나라 효종 때 유대하(劉大夏)라는 명신이 있었다. 효종은 유대하에게 변경의 양곡과 군비 관장 임무를 맡겼다. 그런데 당시 변방으로 가는 양곡과 건초의 유통은 중앙의 권세 있는 관리들의 자제가 독점하고 있었다. 유대하가 부임을 준비하고 있는데 어떤 사람이 와서 걱정하며 말했다.

"북방 지역의 양초(糧草, 군사가 먹을 양식과 말을 먹이는 꼴)는 대신들의 자제들이 경영하고 있는데 대감은 이런 권세가들과 사이가 좋지 못하니 걱정입니다. 대감의 강직한 성미 탓에 화를 자초하기 쉬우니 부디 조심하시기 바랍니다."

이에 유대하가 말했다.

"무슨 일이든 억지로 되는 일은 없는 법이오. 가서 보면 어떻게 해야 할지 방법이 나오겠지요."

유대하는 부임하자마자 변방에서 오래 산 백성들을 불러 모았다.

그리고 그들에게 음식을 대접하며 애로 사항을 듣고 군량과 군비 문제를 해결할 묘수를 찾았다. 그러던 어느 날 유대하는 교통의 요지 곳곳에 다음과 같은 방문을 써 붙였다.

"창고의 양곡이 모자라 관가에서 양곡을 매입하기로 결정했다. 양곡은 열 섬 이상, 말 먹일 짚은 백 단 이상 가져오는 사람은 본고장이건 타고장이건, 관리건 백성이건 상인이건 지위 고하를 막론하고 모두 매입할 것이다. 물론 고관 자제들의 참여도 금하지 않는다."

말은 고관 자제들의 참여를 허용한다고 했지만 유대하의 방문은 이를 원천적으로 봉쇄한 것이었다. 과거의 관례는 양곡은 백 섬, 짚은 천 단 이상을 가져와야 관가에서 사들였다. 하지만 일반 백성들은 그 많은 양을 모아 운반할 돈이 없었다. 따라서 백성들은 재력 있는 고관 자제들에게 양곡과 짚을 싼값에 넘길 수밖에 없었고 이를 수집한 고관 자제들이 변경에 양초를 나르는 사업을 독점해 돈을 긁어모았던 것이다. 독점이다 보니 부르는 것이 값이어서 이윤이 본전의 다섯 배나 되었다.

하지만 유대하가 만든 새로운 법으로 일반 민가에서도 양초를 가져다 관가에 팔 수 있었다. 고관 자제들이 민가의 양초를 사서 이윤을 남기고 관가에 되파는 관행도 사라졌다. 이로써 관가는 적은 예산으로 창고의 양초를 가득 채우고 백성들도 더 많은 소득을 얻는 일석이조의 효과를 얻을 수 있었다.

유대하의 아이디어는 간단한 것이었지만 정곡을 찔러 문제를 해결하는 데 유용했다. 그것은 현장을 살피지 않았다면 결코 나올 수 없는 것이었다. 그런데 실제 현실에서는 이런 예가 많지 않다.

현장은 우연이 지배하는 곳이다

당나라 때 사람들은 어사대를 치상(痴床)이라 불렀다고 한다. 이른바 '바보 침상'이라는 뜻인데 총명하던 사람도 어사 자리에 오르면 교만해져 바보가 된다고 조롱한 것이다. 높은 자리에 올라가면 현장을 살펴보는 수고를 하려 들지 않고 편안함만 추구하다 보니 현실을 제대로 볼 수 없었던 것이다.

오대십국(五代十國) 시대에 장전의란 인물도 현장성에 충실한 경영으로 백성들을 구제하는 데 성공한 경우다. 당나라가 멸망하고 송나라가 서기 전까지 혼란스럽던 70여 년간을 일컫는 오대십국 시대에 동도 낙양에는 도적 떼들이 들끓어 남아 있는 주민들이 100호가 되지 않았다.

장전의 역시 도적 출신이었지만 죄를 씻고 하남윤(河南尹, 하남 지방의 장관)의 자리에 올랐다. 하남에 부임한 장전의는 능력이 뛰어난 부하 열여덟 명을 골라 둔장으로 삼고 깃발과 방문을 하나씩 주었다. 그러고는 열여덟 개 현에 보내 깃발을 세우고 방문을 붙이게 했다. 돌아와 농사를 짓는 백성들에게 조세를 경감해 주고 법을 위반해도, 살인범을 제외하고는 모두 장형(杖刑)으로 다스리겠다는 내용이었다. 그러자 차츰 떠났던 백성들이 돌아오기 시작했고 마을은 몇 년이 안 되어 원래의 모습을 회복했다.

장전의는 뽕이나 밀을 비옥하게 가꾼 땅을 보면 말에서 내려 주인을 부른 뒤 고기와 술을 주며 치하했다. 때로는 그 주인의 집을 직접 찾아가 노인과 아이들에게 차나 옷감을 상으로 주기도 했다.

이에 백성들은 "장전의는 색이나 풍악에는 웃지 않으나 풍작을 이룬 밀밭이나 누에고치를 보면 웃는다."라고 말하며 존경의 마음을 표했다. 백성들이 다투어 농사를 짓고 누에를 치면서 하남은 부유한 고장이 되었다.

장전의는 도적이었지만 백성들이 도적이 되고 유민이 되는 이유를 너무나 잘 알고 있었다. 그의 이 같은 현장성은 관가에 앉아 호의호식하며 백성들의 고혈을 짜는 진짜 도적들과는 다른 모습으로 그를 거듭나게 만들었던 것이다.

이처럼 현장 경영은 어려움을 극복하는 힘이 될 뿐만 아니라 오히려 위기를 기회로 바꾸는 열쇠가 되기도 한다. 북송 시대의 명재상 부필(富弼)이 그와 같은 모범을 보인 인물이다.

부필이 청주 지주사로 있을 때 하삭 지방에서는 수재가 발생해 많은 이재민이 타향에서 유랑 생활을 해야 했다. 당시 이재민들을 구제하는 방법은 이재민들을 넓은 뜰에 모아 놓고 죽이나 퍼 주는 것이 전부였다. 많은 사람이 모여 있는데도 위생과 방역에는 전혀 신경을 쓰지 않아 전염병이 도는 경우가 많았다. 굶어 죽는 것을 면하려고 모여든 많은 이재민은 멀건 죽도 며칠 먹지 못하고 열병이나 식중독 등으로 죽어 나갔다. 말이 구제였지 오히려 대량 학살이라고 해도 틀린 말이 아니었다.

그러나 부필은 그런 방법을 따르지 않았다. 그는 현장을 돌아보고 관에서 관리하던 주택과 주민들의 집 열 몇 채를 구해 이재민들이 거주할 수 있게 했다. 그리고 여유가 있는 사람들이 헌납한 양곡과 관가의 양곡을 합해 이재민들에게 음식을 제공했다. 부필은 재해 지역으로 내려가 이재민들에게 양곡을 나누어 주는 사람들의 공로를 적어 놓고 나중에 조정에 보고하겠다고 약속했다. 그러자 관직을 얻고자 하는 사람들이 앞다투어 양곡을 싸 들고 재해 지역을 찾았다.

부필은 닷새에 한 번씩 고기와 쌀밥을 보내 유랑민들을 위로했다. 또한 재해 지역 주변의 숲 속에는 천연 자원이 많았는데, 부필은 이재민들로 하여금 그 자원을 마음껏 이용하게 했다. 여유가 생긴 이재민들은 농사에 힘을 보탰다.

이듬해에는 밀 농사가 대풍이었고, 이재민들은 양곡을 타서 고향으로 돌아갈 수 있었다. 부필은 그 이재민들 가운데 건장한 청년들을 중심으로 1만 명이 넘는 병사를 모집했다.

나라는 큰 재해를 당했을 때 가장 취약해진다. 그런 최악의 상황에서 부필은 빈곤을 해결했을 뿐만 아니라 나라를 더욱 부강하게 했으며 군사력도 크게 강화시켰다. 황제는 그의 공을 가상히 여겨 특별히 사자를 보내 부필에게 포상했다.

책상 앞에 앉아 기발한 아이디어나 문제의 해답을 발견하길 기대하는 것은 사과나무 밑에 누워 입만 벌리고 있는 것과 같다. 책과 인터넷에서 사과가 열리는 시기와 사과나무가 많은 곳에 대한 정보를 알았다면 이제 현장으로 달려 나가야 한다.

'백문이 불여일견〔百聞不如一見〕'이라 했다. 물론 현장이 만능은 아니다. 앞서 말했지만 현장은 특수하고 우연적인 상황이 지배하는 곳이다. 그런 상황을 일반화하기 어려울 때도 많다. 하지만 어떤 문제에 직면해 답이 나오지 않을 경우에는 현장으로 돌아가 다시 시작해야 한다. 그것이 최선의 해결책을 얻는 지름길이다.

가혹한 처벌은 도전을 막는다

패장에게 명예 회복의 기회를 주었던 로마

패전은 한 사람의 책임이 아니다

'칸나에 전투(Battle of Cannae)'는 제2차 포에니 전쟁 당시 남부 이탈리아 칸나에 평원에서 로마 군과 카르타고 군 사이에 벌어진 전투다. 이 전투는 성공적인 포위·섬멸전의 교과서적 전형으로 오늘날까지 세계 각국의 모든 사관 학교에서 가르치는 역사적 격전으로 유명하다. 한니발이 지휘하는 카르타고 군은 5만 병력으로 8만 명에 달하는 로마 군을 완벽하게 포위해 궤멸시켰다.

기원전 216년 칸나에 전투 당시 로마 군 사령관은 집정관이었던 테렌티우스 바로(Marcus Terentius Varro)였다. 그는 병력의 우세를 믿고 로마 군의 주력인 중보병(重步兵)을 사각 밀집 대형으로 평원의 중앙에 배치하는 정공법을 택했다. 이에 반해 한니발은 경보병(輕步兵)으로 구성된 주력 부대로 정면에서 치고 빠지는 유인전을 펼쳐 적을 진영 내부로 끌어들였다. 그리고는 수적으로 우세한 기병을 이용해 로마 군 양 측면의 기병을 기습 공격했다. 이 당시의 전투 대형은 주력 보병의 양 측면을 기병이 보호하는 식으로 로마 군이나 카르타고 군이나 형식은 같았다.

카르타고는 로마 군 병력의 두 배에 달하는 좌익 기병으로 로마 군 우익 기병을 공격해 이내 분쇄했다. 이어 뒤로 크게 돌아 대등한 병력으로 접전을 벌이고 있던 우익 기병과 합세해 로마 군 좌익 기병을 부수었다. 양 측면이 무너지면서 로마 군 중장보병은 더 이상 무적이 아니었다.

좌우익 기병과 정면 보병으로 로마 군을 포위한 카르타고 군은 수적 열세에도 불구하고 오합지졸로 변해 버린 로마의 대군을 마음껏 유린했다. 이 전투에서 로마 군은 7만 명이 전사했고 숙영지 보호를 위해 남겨 두었던 예비 병력 1만 명이 포로로 잡혔다. 사령관인 바로는 호위병 몇 명과 함께 가까스로 달아날 수 있었다. 반면 카르타고 군은 6,000명의 병력만 잃었을 뿐이었다.

로마로서는 그야말로 씻을 수 없는 치욕이었다. 고대 국가에서 그 정도 참패를 당한 장수가 병사들과 함께 죽지 못하고 등을 보이고 달아났다면 대개는 참수를 면치 못했을 것이다. 하지만 로마는 달랐다. 행여 떨어질까 자기 목을 움켜쥐고 도망 온 총사령관을 원로원 의원들이 달려 나가 영접했다. 눈여겨볼 대목이 아닐 수 없다. 로마에서는 전쟁에 패한 장수를 처벌하지 않았던 것이다.

동맥경화적 조직은 오래 못 버텨

칸나에 전투처럼 지휘자의 책임이 큰 작전 실패의 경우도 마찬가지였다. 한니발의 명성이 워낙 컸던 탓도 있지만 명예를 중시하는 로마인들에게 있어 패전의 멍에는 평생 패장을 따라다닐 불명예로서 충분한 벌이 된다고 생각했던 것이다. 로마에서는 전쟁에 나가는 것 자체가 타의에 의한 것이 아니라 고귀한 신분의 자발적인 노블레스 오블리주의 실천이었으므로 더욱 그러했다.

게다가 지휘관을 선출하는 곳은 원로원이었기 때문에 굳이 패전의 책임을 묻는다면 공동체 전체에 책임이 있다고 볼 수 있으며 지휘관 한 사람에게만 잘못을 추궁할 수는 없었다. 그래서 로마에서는 패전한 장수를 처벌하기보다는 전열을 재정비한 뒤 다시 전쟁터에 보내 명예를 회복할 수 있는 기회를 주는 쪽을 택했던 것이다.

이것은 국가나 기업, 크고 작은 모든 조직에 시사하는 바가 크다. 어떤 임무에 실패했다고 해서 가혹한 책임을 묻는 조직은 앞날이 밝다고 할 수 없다. 아무리 유능하고 최선을 다했더라도 하는 일마다 성공할 수는 없는 노릇이다. 그리고 실패하지 않는다고 해서 반드시 최상의 결과를 얻을 수 있는 것도 아니다.

도전이 없으면 실패도 없다. 미국의 영화감독 우디 앨런(Woody Allen)이 말한 것처럼 '가끔 실패하지 않는다면 그것은 안이하게 산다는 증거'인 것이다. 실패를 가혹하게 처벌하는 조직에서는 조직원들이 모험을 하지 않는다. 그저 현상 유지를 바랄 뿐 새로운 도전에 뛰어들지 않는다. 창의적 발상의 힘이 발휘될 여지가 없는 것이다.

그런 동맥경화적인 조직은 별다른 실패 없이 어느 정도 굴러갈 수는 있겠으나 오래 버티지 못하고 결국 스스로 무너지고 만다. 합리적인 조직이라면 구성원들이 실패를 두려워하지 않고 새로운 도전에 뛰어들 수 있도록 장려할 것이다. 그러다 실패하더라도 질책하는 대신 격려한다. 실패란 그만큼 대가를 치른 교훈이다.

나폴레옹도 "영웅에겐 성공보다 실패가 많다."라고 했다. 실패를 통해 얻은 교훈을 조직이 공유함으로써 같은 시행착오를 되풀이하지 않을 수 있다면 그 실패는 값진 것이다. 그래서 일부러 실패 경력이 있는 사람을 우선적으로 채용하는 기업도 있다. 빌 게이츠 전(前) 마이크로소프트 회장도 『미래로 가는 길(The Road Ahead)』에서 이렇게 말했다.

"실패한 기업에 몸담은 경력이 있는 간부들을 의도적으로 채용하고 있다. 실패할 때는 창조성이 자극되게 마련이다. 밤낮없이 생각에 생각을 거듭할 수밖에 없다. 나는 그런 경험이 있는 사람을 주위에 두고 싶다."

빌 게이츠의 이런 생각이 로마에서는 상식이었다. 제1차 포에니 전쟁 때인 기원전 255년 카르타고 앞바다에서 펼쳐진 해전에서 승리한 로마 군이 귀로에 올랐다. 그런데 항해 도중 태풍이 몰아쳤다. 바다에서 태풍을 만나면 반드시 피해야 할 것이 육지로의 접근이다. 자칫 암초에 부딪힐 수 있기 때문이다. 그러나 항해 경험이 풍부하지 못했던 로마의 지휘관들은 겁에 질려 해안선 쪽으로 키를 돌렸는데, 이로 인해 고대 지중해 사상 최대의 비극이 일어났다. 배들이 암초에 부딪혀 230척 중 80척만이 폭풍 속에서 살아남았고 6만 명의 병사가 수장되었다. 전쟁에서 이기고도 어처구니없는 실수로 대부분의 병력을 잃은 것이다.

하지만 당시의 지휘관들은 아무런 책임을 지지 않았으며 이듬해 카르타고와의 전쟁이 재개되자 또다시 지휘관으로 출전했다. 그리고 그들은 실패의 경험을 딛고 싸워 혁혁한 전공을 세울 수 있었다. 그들 중에는 후에 제3차 포에니 전쟁에서 25세의 나이로 백전노장 한니발을 꺾고 117년에 걸친 전쟁의 대미를 승리로 장식한 스키피오 아프리카누스(푸블리우스 스키피오)의 할아버지 그나이우스 스키피오(Gnaeus Cornelius Scipio Calvus)도 있었다.

훌륭한 선장은 거친 바다에서 나온다

그나이우스 스키피오는 로마 최초의 해군을 지휘해 출정했다가 판단 미숙으로 제대로 싸워 보지도 못하고 병사들과 함께 카르타고에 포로로 잡혔던 인물이다. 로마는 스키피오에게 불명예를 씻을 수 있는 기회를 주었고 그는 보기 좋게 명예를 회복한 것이다.

만약 할아버지가 한 번의 실패로 책임을 지고 처벌받는 모습을 보았다면 손자 스키피오는 위험을 무릅쓰고 한니발과 맞붙을 용기를 내지 못했을지도 모른다. 손자 스키피오는 로마와 카르타고의 운명을 건 일전을 위해 카르타고 남서부의 자마로 진격했다. 이른바 '자마 회전(Battle of Zama)'이 벌어질 참이었다.

스키피오가 파악한 칸나에 전투의 실패 원인 중 가장 큰 것은 기병의 약세였다. 칸나에 전투 당시에는 로마 군 병력이 절대적으로 많았지만 이번에는 로마 군 3만 7,000명, 카르타고 군 4만 2,000명으로 로마 군이 열세였다. 이렇게 병력이 열세일 때는 기병의 중요성이 더욱 커지게 마련이다.

스키피오는 역사적으로 카르타고와 가까운 국가였던 누미디아(Numidia)를 로마 편으로 끌어들였다. 누미디아의 경기병들은 시오노 나나미〔鹽野七生〕가 '지중해 최강의 기병'으로 묘사한 강력한 존재였다. 이런 기병이 로마와 손을 잡은 것은 카르타고로서는 엄청난 타격이었다. 누미디아 병력이 로마 편에 섬으로써 전체 병력에서 로마가 열세였지만 기병에서는 6,600명 대 4,000명으로 절대 우위를 보였다.

스키피오의 로마 군에 있어 또 하나의 강력한 무기는 훗날 로마 군의 상징이 된 양날 단검 글라디우스(Gladius)였다. 로마 보병의 중심 전술은 적과 맞붙는 근접전이었는데 그 이전에는 장검을 사용했기 때문에 밀집 대형에서 칼을 휘두르기 불편했다. 그러나 짧은 글라디우스를 사용함으로써 밀집 대형을 흐트러뜨리지 않고도 충분히 효율적인 전투를 벌일 수 있었다. 이는 로마 군의 장방형 방패 스쿠텀(Scutum)과 육박전에 돌입하기 전에 적에게 투척하는 창이었던 필룸(Pilum)과 짝을 이루어 강력한 전투력을 발휘하게 해 주었다. 그것은 알렉산더 대왕이 개발해 한니발이 완성시킨 기동·포위 전술을 카르타고 군보다 효과적으로 사용할 수 있다는 의미였다.

결국 스키피오의 로마 군은 한니발의 카르타고 군을 꺾고 지중해를 장악할 수 있었다. 카르타고 군의 피해는 정예병 1만 5,000명을 포함해 2만 명이 넘었고, 이들은 모두 포로로 잡혔다. 반면 로마 군의 피해는 4,000명을 넘지 않았다.

　칸나에 전투의 실패가 없었다면 자마 회전의 성공도 존재하지 않았을지 모른다. 실패를 두려워하지 않고 도전하며, 실패에서 교훈을 얻는 조직은 그만큼 성공할 확률이 높다. 잔잔한 바다에서는 훌륭한 선장이 나올 수 없는 것이다.

스스로를 경계하는 수단을 가져라

진나라의 동안우와 위나라의 서문표

팽팽한 활시위와 부드러운 가죽으로 자신을 경계하다

춘추 시대 진(晉)나라 대부인 조간자(趙簡子)가 진양에서 한단으로 도성을 옮기기 위해 행렬을 이끌고 가던 중 문득 수레를 멈추게 했다. 수하들이 이유를 묻자 그는 "동안우(董安于)가 아직 따라오지 못했다."라고 말했다.

한 신하가 "삼군을 거느리고 행군하시는데 한 사람이 늦는다고 대군을 멈출 순 없다."라며 이의를 제기하자 조간자는 별수 없이 행군을 계속했다. 얼마 후 동안우가 일행을 따라잡았는데 조간자는 그의 얼굴을 보더니 무릎을 치며 말했다.

"진(秦)나라와의 경계를 지켜야 하는데 깜박 잊고 지시하지 못했소."

그러자 동안우가 말했다.

"그 일을 처리하느라 제가 늦은 것입니다."

조금 가다가 조간자가 다시 말했다.

"너무 서두르다 보니 보물과 구슬을 다른 수레에 잘못 실었소."

동안우가 다시 대답했다.

"그 일을 처리하느라 제가 늦은 것입니다."

얼마를 더 가다가 조간자가 한숨을 쉬며 다시 말했다.

"촉과는 훌륭한 분으로 그의 말은 모두 나라의 법으로 삼을 만하오. 내가 경황이 없어 그분께 작별 인사도 못하고 귀빈으로 초빙하지도 못한 채 떠나왔구려."

동안우가 웃으며 대답했다.

"그 일을 처리하느라 제가 늦은 것입니다."

동안우의 일 처리는 이처럼 빈틈이 없었다. 그렇다고 그와 같은 성격이 천성인 것은 아니었다. 오히려 덜렁대는 편에 가까웠던 그는 느슨한 마음을 고치기 위해 늘 활을 차고 다녔다. 팽팽한 활시위처럼 긴장하며 마음을 다잡기 위해서였다.

전국 시대 위(魏)나라의 명신 서문표(西門豹)가 업(행정 단위)의 현령으로 부임했을 때 일이다. 당시 그 마을에는 물난리를 막기 위해 하신(河神)에게 처녀를 바쳐 제사 지내는 풍습이 있었는데 무녀가 해마다 예쁜 처녀를 골라 강물에 던지는 것이었다. 마침내 제사를 지내는 날이 왔다. 무녀가 굿을 마치자 서문표가 말했다.

"하신에게 시집갈 처녀를 데려오시오. 자격이 있는지 내가 한번 봐야겠소."

예쁘게 치장한 처녀가 서문표 앞으로 불려 왔고, 처녀의 얼굴을 유심히 보던 그가 말했다.

"이 처녀는 곱지가 않다. 이런 처녀가 어찌 하신의 신부 자격이 있겠나. 무녀는 지금 당장 하신에게 가서 자격이 있는 처녀를 다시 고를 테니 잠시만 기다려 달라고 전하라."

무녀가 놀라 입을 다물지 못하자 서문표는 부하들에게 호령했다.

"뭣들 하느냐! 빨리 무녀를 하신에게 보내지 않고!"

군사들은 무녀를 강물에 던졌고, 잠시 후 서문표가 다시 말했다.

"어찌 이리 늦는단 말이냐. 제자들이 가서 알아보고 오너라."

서문표는 무녀의 제자들을 차례로 강물에 던져 넣었다. 잠시 후 다시 말했다.

"필경 무슨 일이 있는 게로다. 촌장들이 가서 이유를 살피고 오라."

사색이 된 촌장들은 무릎을 꿇고 서문표에게 살려 달라고 빌었다. 서문표는 그들을 추상같이 꾸짖은 뒤 용서했다. 이후 악습이 사라졌음은 물론이다.

이처럼 서문표는 성격은 불같고 일 처리는 서릿발 같았다. 그러나 원리와 원칙대로 처리하다 보니 무리가 따르는 일도 많았다. 그래서 서문표는 늘 부드러운 가죽을 허리에 차고 다니며 지나침을 경계했다.

넘쳐서도, 모자라서도 안 되는 리더의 자질

앞서 이야기한 두 사례는 조직을 이끄는 리더라면 늘 지나침을 경계해야 한다는 사실을 웅변한다. 리더의 행동은 넘쳐도 안 되고 모자라도 곤란한 것이다. 우유부단한 성격을 활시위로 극복한 동안우와 급한 성격을 부드러운 가죽으로 다스린 서문표처럼 리더라면 자신의 넘치고 모자라는 부분을 늘 생각하며 어느 한쪽으로 치우치지 않도록 행동해야 한다.

미국의 트루먼(Harry S. Truman) 대통령은 "대통령이 현명한 결정을 내린다면 국가를 위해 다행스러운 일이지만 어리석은 결정을 내리면 국가를 위해 매우 불행한 일이 될 것이다. 그러나 전혀 결정을 내리지 않는 것보다는 훨씬 낫다."라고 말했다.

리더가 넘치고 모자라는 것을 염려하는 것은 이처럼 어리석은 결정을 내리거나 아무런 결정을 내리지도 못하고 우왕좌왕하는 것을 피하기 위함이다. 그런 의미에서 당나라 때의 명신 위징이 정관 11년 태종에게 올린 군주가 마음에 새겨 두어야 할 '열 가지 생각과 아홉 가지 덕목'은 리더들이 귀담아들을 만하다.

나라와 백성을 다스리는 군주는 모름지기 자신이 좋아하는 것과 마주쳤을 때 족함을 알아 스스로 경계할 생각을 해야 하고, 대규모 역사를 벌여 백성을 동원해야 할 때는 적절한 시기에 공사를 끝내 백성들의 안위를 보살필 생각을 해야 합니다. 자신이 높고 중요한 지위에 있다는 것을 알면 모든 일에 겸허하고 화목을 추구해 자신의 수양에 힘쓸 생각을 해야 하고, 자신이 손해를 입게 될까봐 두려울 때는 강과 바다가 수많은 지류를 포용하듯 넓은 아량을 갖도록 힘쓸 생각을 해야 합니다. 놀이와 사냥에 나설 때는 고대의 제왕·제후들이 1년에 3회 이상 사냥이나 놀이를 즐기지 않았던 사실을 생각해야 하고, 자신의 생활이 해이하고 나태해질까 걱정될 때는 모든 일을 신중하게 시작해 경건하게 끝낼 생각을 해야 합니다. 위아래가 서로 막히는 것이 걱정될 때는 마음을 비우고 아랫사람들의 의견을 받아들여 끊임없이 새로운 정보를 수렴할 생각을 해야 하고, 아첨과 중상모략의 폐해가 두려울 때는 먼저 자신의 몸과 마음을 단정히 하고 간사함을 단호하게 물리칠 생각을 해야 합니다. 포상과 표창을 시행할 때는 즉흥적인 기분에 따라 상을 남발하는 것이 아닌가 신중하게 생각해야 하고, 징벌을 내릴 때도 일시적인 분노로 형벌을 남용하는 것이 아닌가 진지하게 생각해 보아야 합니다.

이 열 가지 생각을 마음에 담고 아홉 가지 덕목을 함양해, 지혜롭고 능력 있는 인물들을 중용함으로써 다양한 재주와 장점을 지닌 사람들로 하여금 전심전력으로 업무에 충실하게 하면 나라가 발전하는 것은 물론이요, 상하계층 간에도 위화감 없이 항상 화목 무상할 것입니다.

어떤가. 시점과 장소만 바꾸면 오늘날의 리더들에게도 딱 들어맞는 처신훈(處身訓)이 되지 않겠는가. 역시 진리는 시공을 초월하는 것이다.

이 열 가지 생각의 핵심 역시 넘치거나 모자람에 대한 경계다. 이어 언급한 아홉 가지 덕목도 마찬가지다. 아홉 가지 덕목은 원래 중국 상고시대의 현자였던 고요(皐陶)가 우왕에게 제시한 것을 위징이 인용한 것이다. 『서경(書經)』에 나오는 고요의 말을 마저 들어 보자.

사람이 행하는 데 아홉 가지 덕이 있으니 너그러우면서도 위엄이 있고

[寬而栗], 부드러우면서도 꿋꿋하고[柔而立], 열정이 있으면서도 공손함을 잃지 않고[愿而恭], 다스릴 줄 알면서도 신중하고 공경하며[亂而敬], 겉은 연약해 보여도 속은 강인하며[擾而毅], 강직하면서도 온화하고[直而溫], 간소하고 소박하면서도 내실을 기하고[簡而廉], 의표가 굳으면서도 내면이 충실하고[剛而塞], 용감하면서도 정의로운[彊而義] 것을 잊지 말고 간직해야 합니다.

위징의 '열 가지 생각과 아홉 가지 덕목'을 들은 당 태종은 역시 명군다운 대답을 한다. 이 글 첫머리에 설명한 동안우와 서문표의 예를 들어 각오를 다진 태종의 대답은 너무도 진실되고 절절하기까지 해 가슴을 울린다. 그는 말로써 넘치거나 모자람이 없도록 각별히 노력하겠다고 표현했을 뿐 아니라 실제로도 그렇게 되기 위해 애썼다. 중국 최고의 성세(盛世)로 일컬어지는 '정관의 치'가 우연히 이루어진 것이 아니었음을 알 수 있다. 당 태종이 위징에게 내린 친필 회신으로 글을 마치는 것도 의미가 있을 듯하다.

그대의 모든 건의가 짐으로 하여금 부족함을 깨닫게 했소. 서문표가 부드러운 가죽을 몸에 걸치고 다니며 자신의 급한 성질을 경계하고 동안우가 강한 활을 차고 다니며 자신의 우유부단한 성격을 일깨웠던 것처럼 짐도 그대의 상주문(上奏文)을 머리맡에 두고 수시로 나를 경계하는 수단으로 삼아 좋은 효과를 기대하고 싶소. 짐은 올해 안에 우순(虞舜, 고대 중국 전설상의 성군) 시대의 모든 찬가가 이 땅의 민가에 두루 울려 퍼지게 할 생각이오.

남용되는 권력과 새는 돈을 막아라
부패 척결에 앞장섰던 명나라의 하성서

동서고금을 막론한 조직의 누수 현상

어떤 조직이든 누수(漏水)가 있게 마련이다. 조직이 크고 오래될수록 물이 샐 가능성이 높고 새는 곳도 많을 수밖에 없다. 제도와 규정의 허점을 악용한 조직원 개개인의 사적 이익 추구, 조금이라도 책임을 져야 할 행동은 아예 안 하고 결정을 남에게 떠넘기는 보신(保身)주의, 조직 전체보다는 부서의 이익을 먼저 챙기는 부서 이기주의 등 각종 '모럴 해저드(moral hazard)'가 습하고 그늘진 곳에 이끼 끼듯 스멀스멀 피어나는 것이다.

이런 누수를 감독해야 할 간부들조차 쉬쉬하고 환부를 덮어 버리는 경우가 많다. 문제가 있다는 사실이 알려지면 관리 감독 소홀 책임을 져야 할 뿐만 아니라 경력에 흠이 생길 수 있기 때문이다. 새는 물을 빨아먹는 달콤함에 빠진 조직원들이 문제를 해결하려는 중간 간부를 회유해 한통속으로 끌어들이면서 고질적 상납 구조가 형성될 수도 있다. 그것이 마음대로 되지 않을 경우 기득권 상실에 반발해 간부를 조직적으로 음해해 몰아내는 사례도 없지 않다. 이런 행태들은 동서고금을 가리지 않는다. 명나라 때의 학자인 풍몽룡(馮夢龍)은 『동관기사(冬官記事)』라는 책을 읽고 당시 만연했던 이런 행태들에 대해 통탄하기도 했다.

『동관기사』는 명나라 신종(神宗) 때 공부(工部) 낭중(郎中)이었던 하성서가 남긴 기록을 그 아들이 모아 놓은 책이다. ‘동관’은 주나라 이후 토목과 각종 건축을 담당한 정부 부서를 말하며, 하성서는 같은 성격의 기관인 공부에서 근무할 때 보고 들은 바를 꼼꼼히 기록해 두었던 것이다. 명나라 때에 비하면 오늘날 대한민국이 훨씬 더 투명한 사회인 것은 분명하지만 그런 누수가 여전히 사회 전반에 광범위하게 존재하는 것 또한 사실이다. 그런 의미에서 하성서가 남긴 기록을 살펴보는 것도 나름 의미가 있을 것이다.

철저한 관리 감독으로 새는 돈을 막다

명나라 때 황실의 능묘나 사당을 지을 때는 판와(板瓦)라는 기와를 쓰는 것이 관례였다. 그런데 정부가 운영하는 관요에서 구워 내는 판와는 품질이 떨어질 뿐더러 가격도 한 장에 1전 4리로 비쌌다. 하지만 민간이 운영하는 민요에서 나오는 판와는 품질도 우수하며 가격도 관요의 4분의 1에 못 미치는 3리에 불과했다.

당시 능묘와 사당을 짓는 일은 환관들이 감독했는데 그들은 값싸고 질 좋은 민요의 판와를 쓰지 않고 관요에서 나오는 판와를 고집했다. 관요 값과 민요 값의 차액이 고스란히 환관들의 주머니 속으로 들어갔던 것이다. 이렇게 국고가 새고 있음을 안 하성서는 능묘 수리를 앞두고 가장 고참인 환관을 찾아가 물었다.

"토목 공정을 감독하신 지 얼마나 되었습니까?"

그러자 풋내기 따위가 뭘 알겠느냐는 태도로 고참 환관이 대답했다.

"30년은 될 거요."

"30년이나 되셨다면 신묘(神廟)의 지붕에 비가 그렇게 많이 새는 것이 낮은 질의 기와 떨어지기 때문임을 아실 것 아닙니까?"

"그건 그렇소."

자리로 돌아온 하성서는 부하를 시켜 관요에서 나온 판와 1,000장과 민요에서 나온 판와 1,000장을 가져오도록 해 민요 기와 뒷면에 표시를 한 뒤 이를 섞어 놓았다. 그러고는 능묘 책임자와 환관들을 불렀다.

"이 중에서 이번 건축에 가장 적합한 기와를 골라 보시오."

능묘 책임자가 기와들을 골라냈는데 모든 참석자가 그의 선택에 동의했다. 그런데 기와를 뒤집어 보니 하나같이 민요 제품이었다. 하성서가 말했다.

"민요에서 나온 판와가 질이 좋고 값도 싼데 왜 관요의 기와를 쓴단 말이오."

그러자 나이 많은 환관이 앞으로 나서 외쳤다.

"법이 그렇소. 관요의 기와를 쓰는 것이 태조 때부터 내려온 법이란 말이오. 감히 그 법을 어기겠다는 거요?”

“그때는 민요의 기와 품질이 좋지 않았기 때문에 관요를 만들어 판
와를 직접 만든 것이오. 그런데 지금은 관요의 기와가 민요의 기와보
다 질이 훨씬 떨어지고 가격만 비싸니 어찌 된 일이오? 중간에서 부정
을 저질러 가로채는 사람이 없다면 있을 수 없는 일일 것이오. 나는 이
일을 꼭 조정에 상소할 것이니 여러분들이 증인이 되어 주시오.”

환관들은 꿀 먹은 벙어리가 될 수밖에 없었다. 하성서는 능묘 수리
공사에서 민요의 기와 20만 장을 사용함으로써 은화 2,000냥 이상의
국고를 절약할 수 있었다.

이런 일도 있었다. 인종의 헌릉으로 가는 길목인 골짜기 양쪽에 벽
돌담이 있었다. 그런데 비가 좀 온다 치면 벽이 무너져 내리는 바람에
해마다 보수를 하느라 적잖은 비용이 들었다. 그래서 하성서는 벽돌
대신 튼튼한 돌담을 쌓을 계획을 세웠다. 하지만 벽돌 사용을 고집하
는 환관들의 반대에 부딪쳤다. 벽돌담을 보수하는 과정에서 환관들이
해마다 거금을 챙겼던 것이다.

하성서는 환관들과 함께 현장을 답사했다.

“보시오. 물이 차면 벽돌이 무너질 수밖에 없는 상황 아니오. 새로
쌓은들 내년이면 다시 무너지고 말 것이오. 하루빨리 돌담으로 바꿔
야 하오.”

“황릉이 있는 산의 돌을 어찌 함부로 캐낸단 말이오.”

“골짜기에 돌들이 널려 있는데 왜 황릉의 돌을 캔단 말이오. 저 돌을
치우지 않으니 장마에 물이 막혀 내려가지 못하고 차서 벽돌담이 무너
지는 것 아니오. 돌을 치워 담을 쌓으면 물도 잘 내려가고 담도 튼튼하

니 일석이조가 아니겠소."

환관들은 더 이상 고집할 수가 없었다. 하성서는 매일 새벽같이 일어나 인부들을 직접 감독했다. 얼마 되지 않아 돌이 산더미처럼 쌓였다. 벽돌을 사용했으면 20만 전이 들었을 보수 비용을 5만 전으로 절약했음은 물론이다.

하성서는 정부 고관들과 납품 업자들의 비리 사슬도 과감히 끊었다. 당시 목재상들이 권신들을 등에 업고 자신들의 목재 16만 그루를 관에서 매입하도록 요구했다. 그러나 그중에는 썩어서 쓸 수 없는 저질 목재가 3분의 1에 달했고 숫자도 2~3만 그루나 모자랐다. 하성서는 그들의 속임수를 간파했지만 상부에서 이미 매입 증명서를 발부하라는 지시가 내려온 상태였다. 하성서는 목재상들을 불러 말했다.

"지시가 내려왔으니 당신들이 요구하는 증명서는 내주겠지만 증명서에 이미 적힌 내용 외에 어떤 규정도 첨가하거나 수정할 수 없다는 사실을 똑똑히 기억해 두시오."

증명서에는 다음과 같은 규정들이 적혀 있었다.

1. 관세를 면하거나 축소해서는 안 된다.
2. 목재 운반을 위해 관선을 이용해서는 안 된다. 민간에서 빌린 배가 파손되었을 경우 그 손해를 배상해야 한다.
3. 배 끄는 인부를 관가에서 파견하지 않는다.
4. 검사를 마치지 않고 함부로 통관해서는 안 된다.
5. 관리부에서 하나하나 대소(大小)를 재어 본 다음 합격한 목재에 대해서만 대금을 지급한다.

한마디로 부정이 생겨날 여지를 원천 봉쇄한 계약이었다. 목재상들은 증명서를 보고 기가 막혔다.

"이런 증명서라면 우리에게 무슨 득이 된단 말인가."

그들은 목재를 파는 것을 포기하고 공부를 찾아가 고위 관리들에게 자신들이 뇌물로 주었던 돈을 도로 내놓으라고 소리를 질렀다.

양화를 구축한 악화로 멸망한 명나라

하성서는 뿌리 깊은 부조리를 척결하는 것 말고도 기술 혁신으로 경비를 절감하는 모범도 보였다. 궁전 두 채의 섬돌을 갈 일이 있을 때였다. 앞서 세종 때는 궁전 세 채의 섬돌을 가는 데 은자 11만 냥이 넘게 들었고, 돌을 경성까지 운반하는 데만 20여 일이 걸렸다.

당시에는 큰 돌을 옮기는 수단으로 대형 운반 도구인 한선(旱船)이 제작, 이용되었다. 이를 위해 2만 명이 넘는 인부가 동원되었고 한선의 마찰열을 식히고 인부들에게 물을 제공하기 위해 1리마다 우물을 파게 했다. 자연히 비용이 많이 들 수밖에 없었다. 하지만 하성서는 돌을 운반하는 도구로 열여섯 개의 바퀴가 달린 큰 수레를 만들어 1,800마리의 노새가 끌도록 했다. 경성까지 도착하는 데 22일이 소요되어 이틀이 더 걸렸지만 경비는 은자 7,000냥밖에 들지 않았다.

하성서는 공문이 오면 당일로 처리했으며 돈이 들어와도 바로 장부에 기입했다. 모든 경비를 직접 감독해 불필요한 경비를 줄였다. 따라서 다른 관리들이 부정을 저지르려 해도 저지를 수가 없었다. 그는 그

야말로 조직에 없어서는 안 될 보석 같은 존재였다. 하지만 그는 말이
어눌하다는 어이없는 이유로 면직되고 말았다. 하성서로 인해 사복
(私腹)을 채울 길이 막힌 무리들이 음해를 편 것이다.

이는 악화(惡貨)가 양화(良貨)를 구축(驅逐)하는 전형적인 형태다.
하성서의 존재는 조직의 많은 사람을 불편하게 했을 것이다. 하지만
그것은 따끔한 예방 주사처럼 조직을 건강하게 하는 불편이었다. 하
성서가 사라짐으로 인해 행복해진 사람들은 많았겠지만, 그들의 행복
감 속에서 나라의 기둥은 조금씩 썩어 들어갔고, 결국 30년도 못 되어
명나라는 망하고 말았다.

명분을 갖춘 실리로 무장하라
조선의 최명길과 유성룡

현명한 지도자는 명분보다 실리를 택한다

명분과 실리가 맞부딪치면 으레 명분의 목소리가 더 크게 마련이다. 그게 더 '폼 나기' 때문이다. 이것저것 현실적인 문제들을 계산하고 따지는 것은 옹졸하고 쩨쩨해 보인다. 현실 문제를 외면하니 말하기도 쉽다. 가능성을 생각하지 않고 그저 옳은 말만 하면 되니 못할 말이 무엇이 있겠는가.

궁극적으로 현실을 고려한 실리론이 채택된다 한들 명분론자들은 손해 볼 것이 없다. 실리가 이겼으니 문제는 합리적으로 해결될 것이 분명한 데다, 잃은 것 하나 없이 자신은 선이 굵고 강직한 사람이라는 것을 과시했기 때문이다. 반면 실리론자들은 안 좋은 소리는 소리대로 듣고, 문제 해결 과정에서 생겨나는 부스러기 골칫거리들을 처리하는 데 머리를 싸매야 한다.

여론도 흔히 더 '폼 나는' 명분 쪽을 지지하기 쉽다. 그래서 명분론자와 여론은 거의 항상 함께 다니곤 한다.

그런 의미에서 조선 시대 최명길(崔鳴吉)과 유성룡(柳成龍)의 행동은 오늘날 기업이나 국가의 의사 결정 과정에 시사하는 바가 크다. 상황은 정반대라도 명분에 휘둘리지 않고 실리를 붙잡는 것이야말로 현명한 지도자의 선택이라는 사실을 역사로 증명하고 있는 것이다. 만약 이들 두 사람이 없었다면 조선 왕조 500년사는 불가능했을 것이다.

1636년 병자호란으로 국가의 운명이 백척간두에 섰을 때 조선의 사대부들은 "여진 오랑캐와 어찌 형제의 연을 맺을 수 있느냐."라며 미사여구로 포장된 명분과 지조를 무기 삼아 척화(斥和)의 목소리를 높였다.

당시의 명나라는 빈사 상태에 빠진 늙은 호랑이와 같았음에도 불구하고 그들은 명에 대한 의리를 저버릴 수 없다며 몸을 떨었다. '척화는 나라와 백성을 절벽에서 밀어 떨어뜨리는 일'이라며 화친을 주장하는 소수의 주화론자들을 겁쟁이로 매도했고, 변변한 방어선도 구축하지 못해 파죽지세로 밀고 내려온 청나라 군사에 놀라 겨우 남한산성으로 달아나 버린 주제에 "죽기를 각오하고 싸워야 한다."라는 말만 되풀이할 뿐이었다.

성이 10만 군사에게 포위당한 채 성 밖의 백성은 도륙과 능욕을 당하고, 성 안의 백성은 얼어 죽고 굶어 죽는 상황에서도 임금과 신하들은 대책 없이 실현 불가능한 명분만 부여잡고 있었던 것이다. 이때 최명길은 '오랑캐 앞잡이'라는 여론의 집중 포화를 맞으면서도 조선의 피해를 최소화하는 수준에서 청나라와 화친을 맺기 위해 필마단기로 청군 진영을 드나들며 홀로 애썼다.

이듬해 1월 18일 최명길은 군사를 직접 지휘하던 청 태종 홍타이지〔皇太極, 청 태종〕 앞으로 보내는 화친 국서를 작성해 인조에게 보였다. 그때 척화파의 대표 주자 김상헌(金尙憲)이 달려들어 국서를 빼앗아 읽고는 통곡하며 소리쳤다.

"죽기를 각오하고 싸우면 그뿐이지 조선의 선비들이 어찌 오랑캐에게 무릎을 꿇는단 말인가."

김상헌은 임금이 보는 앞에서 국서를 찢어 버렸다. 임금을 비롯해 모든 신하가 당황해 어찌할 바를 몰랐지만 최명길은 허리 숙여 찢어진 국서를 주우며 태연히 말했다.

"어쩔 수 없는 일 아니겠소. 찢는 사람이 있으면 붙이는 사람도 있게 마련이오. 내가 다시 붙이겠소."

찢어진 국서를 조각조각 이어 붙인 것은 아니었겠지만 최명길은 화친을 청하는 국서를 청 태종에게 전달했다. 김상헌이 항복에 반대하며 6일 동안이나 단식 투쟁을 벌였지만 현실을 직시한 최명길의 주화론을 꺾을 수는 없었다.

사실 조금만 국제 정세를 보는 눈이 있다면 당시 청의 조선 침략은 불 보듯 뻔한 일이었다. 중원의 주인이 되겠다는 야심을 숨기지 않던 후금(청나라의 전신)으로서는 명과 친선 관계를 맺고 있던 조선을 먼저 쳐 배후의 적을 다스릴 필요가 있었던 것이다. 조선도 그 사실을 알고 있었다.

명·청 교체기에 광해군은 명나라와 후금 사이에서 교묘한 줄타기 외교를 벌이며 조선의 안전을 꾀했다. 하지만 인조반정으로 광해군이 쫓겨난 뒤 인조는 명나라에 대한 의리를 중시하는 사대부들의 명분론을 좇아 후금을 인정하지 않는 태도를 보였다. 그래서 후금이 광해군의 원수를 갚겠다는 명분으로 조선을 침략한 것이 1627년 정묘호란이었다.

대륙의 새로운 패자로 떠오른 후금을 평가하지 못했던 어리석음은 그렇다 쳐도 후금과 전쟁을 불사한다는 태도라면 스스로 군사력을 길러 대비했어야 했다. 하지만 조선의 사대부들은 그러한 노력은 하지 않고 후금을 오랑캐라 업신여기기만 했다.

그처럼 헛된 명분만 좇다 정묘호란으로 한 차례 짓밟힌 것으로도 모자라 9년 뒤 병자호란을 일으켜 임금이 청 태종 앞에서 세 번 절하고 아홉 번 머리를 땅에 찧는 삼배구고두(三拜九叩頭)의 예로써 항복하는 수모를 겪은 것이다.

최명길은 이처럼 명분보다 실리를 추구한 이였다. 그의 사후 손자가 엮은 『지천집(遲川集)』에 실린 최명길의 글에서는 그의 투철한 소신과 명확한 현실 인식이 돋보인다.

주화라는 두 글자가 신에게 일평생 누가 될 줄 알고 있습니다. 하지만 신의 마음은 아직도 화친을 주청한 것이 잘못이라 생각하지 않습니다. 일부 신하는 화친을 맺어 국가를 보존하는 것보다 차라리 의를 지켜 망하는 것이 옳다고 합니다만 이것은 신하가 절개를 지킬 때나 쓰는 말입니다. 종묘사직의 존망이 어찌 일개 개인의 일과 같을 수 있겠습니까.

힘이 있어야 명분도 살린다

최명길보다 40여 년 앞선 사람인 유성룡 역시 다른 방향에서 현실을 직시해 나라를 위기에서 건진 인물이다. 그는 임진왜란과 정유재란이란 7년의 전란 속에서 조선을 지켜 냈다. 그것은 현실을 정확히 판단하고 장래를 내다볼 수 있는 안목을 지녔기에 가능한 것이었다.

1592년 임진왜란이 일어나자 선조는 말할 것도 없고 대부분의 신하가 나라를 지킬 생각보다 제 몸 하나 살릴 궁리만 하는 데 여념이 없었다. 선조는 임금으로서 최소한의 체통도 지키지 못했다. 국가와 백성을 버려두고 명나라로 피신하려는 태도를 보인 것이다. 『선조수정실록(宣祖修正實錄)』 25년 5월 1일자를 보면 이런 이야기가 나온다.

상(선조)이 이항복(李恒福)을 돌아보며 이르기를 '승지의 뜻은 어떤가?' 하니 대답하기를 '어가(御駕)가 의주에 머물 만합니다. 만약 형세와 힘이 궁해 팔도가 모두 함락된다면 바로 명나라에 가서 호소할 수 있습니다.' 하였다. (중략) 상이 이르기를 '승지의 생각은 어떠한가?' 하니 성룡이 아뢰기를 '안 됩니다. 어가가 우리 국토 밖으로 한 걸음만 떠나면 조선은 우리 땅이 되지 않습니다.' 라 하였다.

선조는 중국 땅으로 피신하는 것이 자신의 뜻이라고 고집했다. 하지만 유성룡은 끝까지 반대하며 승지 이항복을 돌아보며 꾸짖었다.

"지금 관동과 관북 지방이 그대로 있고 호남에서 충의로운 인사들이 곧 벌 떼처럼 일어날 텐데 어떻게 갑자기 이런 말을 할 수 있는가."

임금 앞에서 물러나서도 유성룡의 나무람은 계속되었다.

"어떻게 경솔히 나라를 버리자는 의견을 내놓는가. 자네가 비록 길 가에서 임금을 따라 죽더라도 궁녀나 내시의 충성밖에 되지 못할 것이네. 이 말이 한번 퍼지면 인심이 와해될 것이니 누가 수습할 수 있겠는가."

유성룡의 지적에 이항복은 아무 말도 못하고 사과를 했다. 조정에서 압록강을 넘자는 의견이 다시 나오지 못했음은 물론이다.

유성룡의 주장은 단순히 임금이 나라를 지켜야 한다는 명분이 아닌, 미래를 보는 혜안에서 나온 것이었다. 그저 말 안 듣는 조선을 손보는 것이 목표였던 정묘 및 병자호란과 달리 임진왜란의 경우에는 임금이 중국 품으로 피신하면 이후 한반도는 중국과 일본의 각축장이 될 것이고 결국 나라는 승자의 손아귀에 떨어지고 말 것이 분명했기 때문이다.

이처럼 어떠한 명분이라도 그 명문을 내세우려면 먼저 정확한 현실 인식과 미래에 대한 분석이 뒷받침된 실리로 무장해야 한다. 국가나 기업, 조직도 마찬가지다. 명분을 주장하려면 그에 걸맞은 대비가 있어야 한다. 특히 힘의 논리가 지배하는 국제 사회나 시장 경제에서 위험을 무릅쓸 능력도 없이 명분만 내세우는 것처럼 공허한 행동도 없다. 명분이 좋다고 다른 사람이 대신 짐을 져 주지는 않는다. 명분은 오직 스스로가 가진 힘으로만 지킬 수 있는 것이기 때문이다.

가장 무서운 적은 내부에 있다

어제의 동료에서 오늘의 적이 된 손빈과 방연

같은 곳에서 출발했으나 정반대의 길을 간 소진과 장의

귀곡자라는 범상치 않은 이름의 인물에 대해서는 이미 앞서 말한 바 있다. 중국 전국 시대 때 초나라의 사상가였던 그는 하늘의 움직임을 손바닥 속에서 알 수 있을 만큼 천문과 수학에 능했고 귀신보다 정확하게 판단해 계략을 취하는 데 능수능란했다고 한다. 또한 길흉화복을 점치는 사주(四柱)의 창시자로도 알려져 있을 만큼 다방면에서 뛰어난 재주를 보였다.

하지만 정작 그보다는 제자들의 명성이 더 높다. 전국 시대의 혼란 속에서 합종책을 설파해 여섯 나라의 재상 자리에 올랐던 소진과, 이후 연횡책(連衡策)을 주장해 새로운 정치 질서를 창출했던 장의(張儀)가 바로 그의 제자였다. 또 『손자병법』으로 유명한 손무의 제자로, 『손빈병법(孫臏兵法)』이라는 병법서를 저술한 손빈(孫臏)과 위나라의 명장 방연(龐涓) 역시 그의 문하생이었다.

소진과 장의는 귀곡자 밑에서 함께 수학했지만 주장하는 바는 정반대였다. 춘추 시대 170여 개의 나라가 위, 한, 조, 제, 연, 초, 진의 '전국칠웅(戰國七雄)'으로 정리된 것이 전국 시대의 시작이다. 그중 진은 다른 여섯 나라보다 훨씬 강했다.

가장 서쪽에 자리 잡은 진에 대항해 나머지 여섯 나라가 종적으로 연합해 힘을 합쳐야 한다는 것이 소진의 합종책이었다. 그는 원래 진나라에서 뜻을 펼치려 했으나 여의치 않자 연나라로 옮긴 뒤 나머지 다섯 나라를 설득해 합종의 맹약을 맺게 하는 데 성공했다. 그 때문에 최강국이던 진나라는 15년 이상 동쪽으로 진출하지 못했다.

하지만 그의 합종책은 그야말로 외줄타기 곡예였다. 여섯 나라는 연합을 하긴 했지만 오랫동안 반목하고 싸워 왔기 때문에 서로를 신뢰할 수 없었다. 소진이 죽자 합종은 이내 깨지고 말았고, 진에 대항한 6국의 합종이 깨지는 것을 재촉한 사람이 바로 소진의 동문 장의였다.

장의는 소진이 살아 있을 때는 크게 빛을 보지 못했지만, 그가 죽은 뒤 진나라 재상이 되어 빛을 발하기 시작했다. 그가 주창한 연횡책은 여섯 나라가 각각 진나라와 조약을 맺어 나머지 나라들의 침입을 견제하는 것이었다. 이웃한 그만그만한 나라들이 각각 강대국 진나라를 등에 업고 세력 균형을 이루는 것이 연횡이었다. 그러나 그러한 힘의 균형이 오래갈 리 없었다. 여섯 나라는 곧 진시황에 의해 멸망하고 진 통일 왕조가 성립하게 된다. 같은 스승에게 배웠지만 상황에 따라 정반대의 전략을 구사한 제자들이 역사를 바꿔 놓은 것이다.

손빈과 방연의 드라마틱한 악연

소진과 장의의 관계는 손빈과 방연의 드라마틱한 악연에 비하면 아무것도 아니다. 두 사람은 귀곡자에게서 함께 병법을 배웠다. 그런데 방연이 먼저 출사해 당시 강대국으로 급부상하고 있던 위나라의 대장군이 되었다.

남부러울 것이 없었던 방연에게도 늘 머릿속을 떠나지 않는 한 가지 걱정이 있었으니, 그것은 손빈의 존재였다. 같은 자리에서 함께 공부한 동문이지만 손빈이 자신으로서는 도저히 따를 수 없는 재사(才士)임을 잘 알고 있었기 때문이다. 뛰어난 재능을 가진 인물이라면 언제든 재상 자리에 오를 수 있었던 전국 시대의 분위기를 감안하면 자신의 지위는 언제든 손빈에게 빼앗길 수 있었다.

방연은 우환을 없애기 위해 옛 친구를 위하는 척하며 손빈을 위나라로 불러들였다. 손빈은 한 치의 의심도 없이 기쁜 마음으로 위나라로 갔지만 방연은 사전 계획에 따라 손빈이 오자마자 그를 첩자로 몰았다. 그러고는 두 무릎의 연골을 제거하는 형벌을 가해 손빈을 앉은뱅이로 만들어 버렸다.

동문에게 속았다는 사실을 깨달은 손빈은 치를 떨며 방연에게 복수를 맹세했다. 미치광이 행세로 감시의 눈길을 벗어난 뒤 제나라로 달아난 그는 제나라 장수 전기(田忌)의 빈객이 되었다. 전기는 초라한 앉은뱅이 손빈을 그다지 신뢰하지 않았다. 손빈은 전기가 경마를 즐기는 것을 알고 그에게 말했다.

"장군께서는 다음번에 큰돈을 걸고 내기를 하십시오. 제가 반드시 장군이 승리하도록 해 드리겠습니다."

전기는 반신반의하며 여러 공경대부와 천금을 걸고 경마를 했다. 경기가 시작되기 직전 손빈이 전기에게 말했다.

"장군의 말 중에서 가장 느린 말을 상대방의 가장 빠른 말과 대결하게 하십시오. 그리고 장군의 가장 빠른 말과 상대의 중간 말이, 그리고 장군의 중간 말과 상대의 제일 느린 말이 겨루도록 대진표를 짜십시오."

전기는 첫 경기에서 졌지만 나머지 두 번의 경기에서 승리해 천금을 손에 넣을 수 있었다. 손빈의 책략에 감탄한 전기는 그를 왕에게 추천했고, 제나라 왕은 손빈과 몇 마디 나누고는 바로 그의 재주를 알아보고 군사(軍使)로 삼았다.

얼마 후 위나라의 공격을 받은 조나라는 이웃 제나라에 구원을 요청했다. 제나라 왕이 전기와 손빈에게 조나라를 돕도록 명하자 전기는 출병을 서둘렀다. 그런데 손빈이 그를 말렸다.

"지금 위는 조를 공격하기 위해 대군을 이끌고 왔으므로 위나라에는 노약한 병사들만 남아 있을 것입니다. 허를 찔러 위의 수도인 대량(大梁)을 공격해야 합니다. 그러면 위는 반드시 조 공격을 멈추게 될 것입니다. 조는 절로 구원되는 것이지요."

전기는 손빈의 말에 따라 위나라로 쳐들어갔다. 위나라 군대는 조나라에 대한 포위 공격을 풀고 귀국길에 올랐다. 제 군대는 대량 인근의 계릉에서 위 군대를 기다리고 있다 전투를 벌여 대승을 거두었다.

방연을 향한 손빈의 본격적인 복수는 그로부터 13년 후에 이루어진다. 이번에는 위와 조가 연합해 한나라를 공격했고 한나라는 제나라에 구원병을 청했다. 위·조 연합군의 사령관은 방연이었으며 제나라 군대는 역시 전기가 대장군, 손빈이 참모였다.

방연은 제의 대군이 한을 도우러 온다는 정보를 입수하고 즉시 군사를 돌려 제로 향했다. 그러나 제나라 군사들은 싸우려 하지 않고 위의 군사와 마주치자마자 말머리를 돌려 후퇴했고, 위나라 군사들은 기세등등하게 그들의 뒤를 쫓았다.

먼저 피하되 싸우면 반드시 이겨라

추격하던 위나라 군사들이 전날 밤 제나라 군대가 머물렀던 숙영지에 당도해 보니 10만 명분의 밥을 지었던 가마솥 터가 남아 있었다. 그것이 추격 이틀째에는 5만 명분으로 줄어 있었고 다음 날에는 고작 3만 명분에 불과했다.

'원래 제 군사들이 겁쟁이인 줄은 알았으나 우리 땅에 들어온 지 사흘 만에 도망간 군인 수가 절반을 넘었구나.'라 생각한 방연은 손뼉을 치며 기뻐했다. 방심한 그는 속히 제 군대를 괴멸시키고자 주력 보병을 두고 기병 위주의 정예군만 이끌고 제나라 군을 쫓았다.

하지만 이 모든 것은 손빈의 계책이었다. 손빈은 방연의 행군 속도를 계산해 날이 저물 때 방연의 군대가 마릉(馬陵)에 도착하리라 예상했다. 마릉은 길이 좁고 길 양 옆이 절벽으로 막혀 있어 복병을 숨기기 좋은 곳이었다. 손빈은 나무를 하얗게 깎고 활을 잘 쏘는 병사 5만 명을 매복시킨 뒤 "이 나무 밑에 불꽃이 보이면 그것을 겨냥해 일제히 사격하라.”라고 명령했다.

밤이 되자 과연 방연의 군대가 마릉에 도착했다. 방연은 어둠 속에 하얗게 깎인 나무에 무언가 쓰여 있는 것을 보았다. 불을 비춰 보니 나무에 쓰인 글귀는 ‘방연은 이 나무 아래서 죽을 것이다.’였다.

놀란 방연이 고개를 들기도 전에 화살이 빗발처럼 쏟아졌다. 위나라 군대는 혼란에 빠져 달아나려 했지만 좁은 길에서 우왕좌왕하다 화살에 맞아 전멸하고 말았다. 이것이 그 유명한 마릉 전투다. 방연은 패배를 깨닫고 스스로 목을 찔러 죽으며 한탄했다.

“결국 그 더벅머리 아이 녀석이 이름을 날리게 되는구나.”

소진과 장의, 손빈과 방연의 이야기 속에는 가슴 아픈 교훈이 있다. 가장 무서운 적은 외부가 아닌 내부에, 그리고 바로 옆에 있다는 것이다. 동문수학했지만 한 사람의 성취를 다른 사람이 허물 수 있으며, 때로는 원수지간이 되어 죽기 살기로 싸울 수도 있는 것이다. 물론 혼란기라는 특수성이 있지만 무한 경쟁 시대인 오늘날에도 시사하는 바가 없지 않겠다.

그렇다고 주위 사람들을 모두 적으로 바라볼 필요는 없고 그럴 수도 없다. 하지만 절대적인 도움을 주었던 동료가 상황에 따라서는 가장 치명적인 경쟁자로 돌변할 수도 있다는 사실을 잊지 말아야 한다. 귀곡자의 가르침 역시 핵심은 남(어제의 동료)에게 제어당하지 않는 법이라 할 수 있다. 그래서 그가 남긴 말이 명언이다.

“피할 수 있으면 싸우지 말고, 싸우면 반드시 이겨라.”

모든 이가 이해할 수 있는 메시지를 생산하라
단순 명쾌한 말로 리더십을 보인 예수

위대한 리더는 단순화의 명수다

예수가 십자가에 못 박혀 죽은 뒤 베드로와 제자들은 갈릴리 호수에서 고기를 잡으며 생계를 유지하고 있었다. 어느 날 베드로와 제자들은 밤새도록 그물을 던졌지만 물고기가 한 마리도 걸리지 않았다. 그물을 걷고 집으로 돌아가려 할 때 불현듯 어슴푸레한 호숫가에 한 사람이 나타나서 말했다.

"물고기 많이 잡았소?"

베드로는 고개도 들지 않고 대답했다.

"오늘은 영 잡히지가 않네요."

"그럼, 배 오른쪽에 그물을 던져 보시오."

베드로는 기가 막혔다. 자신이야말로 고기잡이에 관해서라면 타의 추종을 불허하는 전문가가 아닌가. 어부로서 평생 물고기만 잡으며 살아온 베드로였다. 그런 자신에게 훈수를 두고 있는 사람은 과연 누구란 말인가.

어두워서 잘 보이지는 않았지만 그 사내는 차림새로 보아 어부도 아니었다. 그러나 베드로는 밑져야 본전이라는 생각에 사내의 말대로 그물을 던져 보았다. 그런데 이게 웬일인가. 몇 사람이 달라붙어도 끌어올리기 힘들 만큼 그물 가득 물고기가 걸리는 것이 아닌가. 성경에 따르면 이는 153마리에 달하는 많은 양이었다.

그때 날이 밝아 환해지자 사내의 얼굴을 알아본 제자 한 사람이 외쳤다.

"저분은 우리 주님이십니다!"

예수는 그전에도 고기잡이 훈수를 둔 적이 있다. 하루는 많은 사람들이 갈릴리 호숫가에서 예수를 에워싸고 하나님의 말씀을 듣고 있었다. 예수는 베드로의 배를 땅에서 조금 떨어지게 한 다음 배에 앉아 군중들을 가르쳤다. 설교를 마친 뒤 예수가 베드로에게 말했다.

"깊은 데로 가서 그물을 던져 고기를 잡아라."

베드로는 시큰둥해서 대답했다.

"선생님, 저희가 밤새도록 애썼지만 한 마리도 잡지 못했습니다. 하지만 선생님께서 말씀하시니 따르겠습니다."

베드로는 깊은 곳으로 배를 저어가 그물을 던졌다. 그랬더니 과연 엄청나게 많은 고기가 걸려 그물이 찢어질 지경이 되었다. 베드로는 겁을 잔뜩 집어먹은 채 예수의 발밑에 엎드려 말했다.

"주님, 저는 죄인입니다. 제발 저에게서 떠나 주십시오."

예수는 웃으며 말했다.

"두려워 말라. 너는 이제부터 사람을 낚는 어부가 될 것이다."

베드로와 제자들은 배를 호숫가에 대어 놓은 뒤 모든 것을 버리고 예수를 따랐다.

흔히 이 사례들은 예수가 행한 기적으로 일컬어진다. 하지만 기적이라기보다는 매사에 신념을 가지고 차근차근 해 나가면 불가능한 일이 없다는 가르침을 몸소 보여 준 것으로 보는 것이 옳은 해석일 것이다. 하루 종일 노력했는데 빈 그물만 건져 올릴 뿐이라 해서 그물 던지기를 포기하면 끝내 한 마리의 고기도 가질 수 없다.

'배의 오른쪽'이나 '더욱 깊은 물'은 목 좋은 낚시 포인트가 아니다. 그것은 '한 번 더'를 의미한다. 왼쪽에서 안 잡히면 오른쪽으로, 얕은 물에서 안 잡히면 좀 더 깊은 물에서 한 번 더 그물을 던지라는 얘기다. 그와 같이 이끄는 것이 리더십이다. 좋은 리더는 모든 사항이 상세히 명시된 지도가 아닌, 올바른 방향만 표시된 지도를 가질 뿐이다. 그것을 통해 조직의 구성원들에게 올바른 비전을 제시하고 확신을 부여하며 그들로 하여금 끊임없이 새로운 시도를 할 수 있게 만들어 주는 것이다.

그러기 위해서 리더는 타인에게 동기를 부여하는 개념을 정확히 알아 분명하게 요약해 말할 수 있는 능력을 가져야 한다. 리더의 가장 중요한 덕목은 막연한 개념을 누구나 이해할 수 있는 아이디어로 단순화하는 것이다. 위대한 리더들은 한마디로 단순화의 명수다. 마오쩌둥도 이렇게 말했다.

"유일한 해결책은 모든 인민이 이해할 수 있는 간단한 개념을 제시하는 것이다."

성경에서도 이와 같은 사례를 찾을 수 있다. 바리새 인들이 예수에게 몰려와 물었다.

"선생님, 율법에서 어느 계명이 가장 큰 계명입니까?"

그들의 질문은 예수를 곤경에 빠뜨리기 위해 계산된 것이었다. 예수가 당시까지 축적되어 온 성경의 수천 가지 율법 가운데 적어도 하나쯤은 잘못 인용할 것이라고 생각했던 것이다. 예수는 한순간의 망설임도 없이 그들을 쳐다보며 말했다.

"'네 마음을 다하고 목숨을 다하고 뜻을 다하여 주님이신 너희 하나님을 사랑하라.' 이것이 가장 크고 첫째가는 계명이고, 그 다음은 '네 이웃을 네 몸같이 사랑하라.'는 것이다. 이 둘째 계명도 이에 못지않게 중요하다. 이 두 계명이 모든 율법과 예언서의 핵심이다."

수많은 설교와 저술, 이론들을 요약해 "하나님을 사랑하고 네 이웃을 사랑하라."는 단 한 문장으로 뽑아 낸 것이다.

이에 앞서 부활을 믿지 않는 사두개 인들의 입도 한마디로 막아 버린 것이 예수의 단순화 기법이다. 사두개 인들이 예수에게 와서 물었다.

"선생님, 모세가 말하기를 '사람이 만일 자식이 없이 죽으면 그 동생이 형수에게 장가들어 형을 위해 후사를 세우라.'고 하였습니다."

"그렇다."

"그런데 우리 중에 7형제인 사람이 있었는데 맏형이 장가들었다가 후사 없이 죽었습니다. 그래서 둘째 동생이 형수에게 다시 장가들었는데 그것이 일곱째까지 죽 이어졌고 마지막에는 여자까지 죽었습니다. 일곱 형제가 모두 그 여자를 취했으니 부활을 하면 일곱 중에 누구의 아내가 되는 겁니까?"

물론 예수를 시험하고 곤경에 빠뜨리려는 질문이었다. 하지만 예수는 주저함 없이 말한다.

"너희는 성경에서 '나는 아브라함의 하나님이요, 이삭의 하나님이요, 야곱의 하나님이로다.' 라고 말씀하신 것을 읽어 보지 못하였느냐. 하나님은 죽은 자의 하나님이 아니라 산 자의 하나님이시니라."

사두개 인들이 더 이상 입을 벌릴 수 없었음은 물론이다.

예수는 반대자들을 물리칠 때뿐 아니라 제자들에게 비전을 제시할 때도 한 번 들으면 결코 잊어버릴 수 없는 명쾌하고 단순한 개념을 사용했다. 예수는 "내가 세상에 평화를 주러 왔다고 생각하지 마라. 평화가 아니라 칼을 주러 왔다."라고 말했는가 하면, "나는 아들이 아버지와, 딸이 어머니와, 며느리가 시어머니와 갈라서게 하려고 왔다. 집안 식구가 바로 원수가 된다."라고도 했다. 섬뜩하지 않은가. 이런 이야기를 듣고 어찌 잊을 수 있겠는가.

그러나 이 말은 곧 예수를 선택한 사람은 자기와 가장 친밀한 관계를 맺고 있는 사람들, 즉 자신의 가족들에게까지 적대적인 입장에 놓일 각오를 해야 한다는 경고를 비유한 말이다.

예수의 설명을 들어 보자.

"세상이 너희를 미워하거든 너희보다 먼저 나를 미워했다는 것을 알아라. 너희가 세상에 속했다면 세상은 너희를 자기 것이라고 사랑할 것이다. 그러나 너희는 세상에 속하지 않았고 오히려 세상에서 구별되어 나왔기 때문에 세상이 너희를 미워하는 것이다. 너희는 종이 주인보다 높지 못하다고 한 내 말을 기억하라. 사람들이 나를 핍박하였으니 너희도 핍박할 것이다. 만일 그들이 내 말을 지켰다면 너희 말도 지킬 것이다. 그러나 그들은 너희가 나에게 속해 있다는 이유로 너희를 괴롭힐 것이다. 이것은 그들이 나를 보내신 분을 모르기 때문이다."

예수는 이 이야기를 "나는 평화가 아니라 칼을 주러 왔다", "집안 식구가 바로 원수가 된다."라는 말로 요약한 것이다. 분명 제자들의 각오를 다지는 데 몇 배는 더 뛰어난 효력이 있었을 것이다.

위기 상황에서 더욱 빛을 발하는 단순 명쾌한 리더십

이처럼 리더는 단순 명쾌한 논리로 조직원들을 이끌어야 한다. 리더가 말이 한 터럭만 오락가락해도 조직의 움직임은 몇 킬로미터씩이나 갈지(之)자 행보를 보일 수도 있는 것이다. 위기 상황에서는 더욱 그렇다. 리더의 단순 명쾌한 개념은 위기를 기회로 바꿔 놓는다. 다 허물어져 가는 창고와 버려진 농가들을 사들여 스포츠와 쇼핑, 문화 공간이 어우러져 사람들의 발걸음이 끊이지 않는 복합 콤플렉스로 바꿔 놓는 창업자들처럼 말이다. 그런 복합 공간일수록 단순하고 통일된 개념이 없으면 중구난방만 될 뿐이다.

미국의 작가이자 평론가인 마이클 코다(Michael Korda)는 "위대한 리더들은 항상 논쟁, 토론, 의심의 핵심을 짚어 모든 사람이 이해하고 기억할 수 있는 해결책을 내놓는다. 그것은 직접적이지만 강력한 메시지가 된다."라고 말한 바 있다. 또한 미국의 사회학자인 찰스 쿨리(Charles H. Cooley)는 "모든 리더십은 다른 사람들의 마음에 아이디어를 전달함으로써 발생한다.”라고 말했다. 이들이 말하는 것은 곧 ‘타인에게 아이디어를 전달하려면 무엇보다 단순 명쾌해야 한다’는 것이다. 그리고 우리가 지금까지 예수의 말에서 찾아본 교훈도 바로 이것이다.

제 3 장

역사 속에서 발견한 리더들의 인재 관리 전략

인사 원칙은 투명하고 확고히 하라
조선 성종의 용인술

예측 가능한 원칙으로 단행한 성종의 인사

'인사(人事)가 만사'라는 말은 상식이다. 이 말은 조직이 잘되기 위해 사람을 잘 쓰는 것만큼 중요한 것이 없다는 뜻이다. 또한 사람을 다루는 인사가 그만큼 어렵다는 뜻도 함의되어 있다. 조직원 모두를 만족시키는 인사란 있을 수 없다. 승진해서 표정 관리를 어떻게 해야 할지 모르는 사람도 있지만 물을 먹고 분루(憤淚)를 삼키고 있는 사람도 있는 것이 인사인 것이다. 자칫 인사에 불만을 품는 사람이 늘다 보면 조직의 사기가 떨어지는 것은 물론 민심 이반(離叛)으로 조직원들이 회사를 떠날 궁리만 하는 최악의 상황에 처할 수도 있다.

그러한 위험을 막기 위해 인사에서 무엇보다 중요한 것은 모름지기 '소신'과 '원칙'이다. 인사권자가 변함없는 소신을 가지고 예측 가능한 원칙에 따라 인사를 한다면 내부 불만을 최소화할 수 있다. 그런 의미에서 조선조 제9대 임금 성종의 용인술은 후세의 리더들에게 시사하는 바가 크다.

어느 날 성종은 한 지방 수령이 훌륭한 정사를 펼쳤다는 말을 듣고는 그가 크게 쓰임받을 수 있는 인물임을 알아보고 서울로 뽑아 올려 집의(執義)로 삼았다. 집의란 사헌부의 종3품 직제로 정사를 비판하고 관리들을 규찰하며 풍속을 바로잡는, 소위 '끗발' 있는 벼슬이었다.

이에 사헌부를 비롯해 사간원, 홍문관의 삼사가 모두 나서 번갈아 임금에게 글을 올려 불가한 인사임을 고했다. 그러자 성종은 며칠 뒤 그 사람을 다시 승진시켜 이조 참의(參議)를 시켰다. 정3품 당상관직인 참의는 오늘날 차관보에 해당하지만 참판과 함께 판서를 보좌하면서도 판서와 대등한 발언권을 가지고 있었다.

삼사에서 또다시 극력 반대하자 며칠 만에 다시 종2품인 이조참판으로 승진시켰다. 지방 군수가 갑자기 행정자치부 차관으로 승진한 것이다. 삼사는 입을 다물 수밖에 없었다. 만약 반대 상소를 그치지 않으면 정승 자리에까지 올라갈 것이 분명했기 때문이다.

이 예로만 보자면 성종이 여론을 무시하고 독단적이고 자의적인 인사권을 행사한 것으로 비칠 수도 있다. 하지만 성종 인사의 기본 원칙은 능력 있는 사람을 중용한다는 것이었다. 성종은 고집을 꺾지 않음으로써 그러한 인사 원칙을 과시하고 신하들의 틀에 박힌 사고를 꼬집은 것이다.

결과는 해피엔딩이었다. 선조 때 문신 차천로(車天輅)는 그의 저서 『오산설림(五山說林)』에서 "그 사람은 후에 정승이 되었으며 과연 그 재능이 직무에 알맞았으니 이로써 나라 사람들은 임금이 사람을 잘 알아보는 데 감복했다.”라고 적고 있다.

성종은 또 예문관 교리 최한정(崔漢禎)을 성품이 착하고 근면하다 하여 후히 대접했다. 이에 종친 보성군의 사위인 승지 임사홍이 그를 시기해 “최한정은 나이가 많아 적합하지 못합니다.” 하고 아뢰었다. 그러나 임금은 한마디 대답도 없이 어필로 최한정의 이름을 쓰고 등급을 뛰어넘어 대사헌으로 임명했다. 임사홍은 황공해 어찌 할 바를 몰라 했고, 배경만 믿고 권세를 부리던 임사홍을 미워한 신하들은 모두 이를 통쾌히 여겼다고 전한다.

성종은 능력 있는 신하를 발굴하기 위해 늘 신경을 썼다. 그는 경연을 마친 뒤 반드시 편전에 나와 여섯 승지들로 하여금 해당 관원들을 거느리고 와 각기 관할 관청의 업무 보고서를 제출하게 했다. 이어 승지 및 관원과 더불어 보고서를 면밀히 검토한 뒤 그것이 옳지 않으면 물러가 보고서를 다시 작성하게 하고 옳으면 꼭 “이것이 당상관의 의사인가, 해당 관원의 의사인가.”라고 물었다. 훌륭한 아이디어를 낸 사람의 이름을 기록해 놓아 다음 인사에 반영하기 위함이었다.

수령들이 부임할 때도 반드시 따로 불러 독대하며 먼저 출신 내력과 친족, 교우 관계를 묻고 그 후에는 업무 처리 방법과 군졸 다루는 법, 백성을 다스리고 외적을 방어하는 방법 등을 꼬치꼬치 캐물었다. 이에 생각을 잘 정리해 조리 있게 답하는 사람은 칭찬과 함께 단계를 뛰어넘어 승진시켜 주고, 업무 파악이 안 되어 있는 사람은 임명 취소는 물론이고 그를 천거한 사람까지 죄를 주었다. 이것은 측근에 있는 신하들이나 외국에 사신으로 가는 사람들이라 해도 예외가 될 수 없었다. 이에 따라 지방관으로 부임할 사람이 스스로 그 임무를 감당하기 어렵다고 여기면 병이 있다고 핑계를 대고 감히 부임하지 못했다.

그렇다고 성종이 신하들의 의견을 무시하고 인사의 전횡을 휘두른 것은 아니었다. 사리에 맞고 이치에 닿는 지적은 기꺼이 받아들였다.

이런 일도 있었다. 하루는 누이인 명숙 공주가 성종에게 남편 홍상의 숙부가 장흥 부사가 되었으나 아내가 병이 나 부임하기 어려우니 본직을 갈아 달라고 부탁했다. 성종은 청을 받아들여 그를 경직(京職)에 임명했다. 이에 대사간 손비장 등이 "사사로운 정 때문에 국법을 무너뜨릴 수는 없으니 기한을 정해 쓰지 마소서." 하는 차자(箚子, 간략한 상소문)를 올렸다. 그러자 성종은 친히 편지를 써서 답하기를, "대사간의 말이 대단히 바르다고 생각한다. 나의 이번 일은 사정(私情)이요 공정한 것이 아니니 어찌 부끄럽지 않으리오. 과실을 듣고 곧 고치는 것은 또한 어렵지 않은 일이다. 그대들이 능히 그 직무를 다하니 나는 이를 매우 칭찬하노라." 했다.

뛰어난 문물 발전을 가능케 한 눈부신 용인술

이처럼 성종은 아첨하는 신하보다는 본분을 잊지 않고 바른 소리를 하는 신하를 아끼고 우대했다. 그러한 철학을 짐작할 수 있는 좋은 예가 있다.

성종의 생부였던 의경 세자는 세자 책봉 2년 후인 20세에 요절했는데 성종이 왕위에 오르며 덕종으로 추대되었다. 여기까지는 있을 수 있는 일이었지만 성종은 후에 덕종의 신주를 종묘에 모시는 부묘(祔

廟)까지 하려 했다. 성종은 신하들에게 부묘에 관한 의견을 물었지만 삼사가 모두 이를 반대했고, 유독 이승소(李承召) 혼자 장황한 상소를 올려 찬성했다. 덕분에 성종은 자신의 뜻을 이룰 수 있었으나 속으로는 이승소의 아첨을 그릇되게 여겨 그를 높이 쓰지 않았다. 결국 이승소의 벼슬은 2품에 그치고 말았다.

이런 일도 있었다. 성종은 이조판서 현석규(玄錫圭)를 총애하였는데 어느 날 사헌부 지평 김언신(金彦莘)이 그를 소인이라 비판했다. 성종은 "의정부와 이조에 두루 물어서 만약 그것이 사실이 아니라면 네가 임금을 속인 죄를 받겠느냐?"라고 물었다. 언신은 그렇다면 마땅히 극형을 받겠다고 아뢰었다. 그런데 의정부와 이조에서는 모두 현석규가 소인이 아니라고 대답했다.

분노한 임금은 언신을 의금부에 가두었으며 의금부에서는 그에게 곤장 100대에 도형(徒刑, 죄인을 중노동에 종사시키던 형벌) 3년의 벌을 줄 것을 청했다. 그러나 임금은 약속대로 극형에 처해야 한다고 주장했다. 그러자 동중추(同中樞) 김유(金杻)가 소를 올려 임금의 잘못을 지적했다.

"대간은 임금의 귀와 눈입니다. 하는 말이 전하에게 미치게 되면 전하께서 얼굴빛을 고치시고, 논하는 일이 의정부에 관계되면 재상도 처분을 기다리게 됩니다. 지금 석규가 군자인지 소인인지는 신이 모르겠으나(중략) 언신은 미관(微官)으로서 마음속의 생각을 전하의 엄한 위엄 앞에 감히 그대로 다투었으니 말은 비록 맞지 않았더라도 옛사람의 강직한 기풍이 있습니다. 마땅히 이를 표창하여 선비들을 권장해야 될 터인데 도리어 죄를 주시니 신은 앞으로 대간의 마음이 풀어질까 염려됩니다."

성종은 '내가 알아서 결정할 일'이라고 물리친 뒤 언신을 대궐 뜰에 불러 놓고 꾸짖었다.

"임금을 속인 것은 마땅히 죽을 죄다. 너는 지금도 석규를 소인이라 하겠느냐. 아니면 네가 말한 것이 그릇되었다 하겠느냐."

하지만 김언신은 주장을 굽히지 않고 오히려 왕의 잘못을 지적했다. 성종은 노여움을 풀고 술까지 하사하며 그를 칭찬했다.

"내가 어찌 간하는 신하를 죽이겠느냐. 옛날 당 태종이 처음에는 간하는 말을 잘 듣다 뒤에 가서 점점 그렇지 못했던 일을 본받지는 않을 것이다. 너는 말할 만한 일에 대해 있는 말을 다하라. 네가 강개해서 끝내 굴하지 않는 것을 나는 매우 칭찬한다. 가서 너의 직무를 보라."

성종의 분노는 김언신의 기개를 시험하기 위해 거짓으로 꾸민 것이었다.

이처럼 성종은 인재를 적재적소에 기용하려고 노력했을 뿐 아니라 일을 맡긴 후에도 그가 맡은 바 임무를 다하고 있는지 살펴보고, 또 어떤 외풍에도 흔들리지 않도록 신하들을 고무하고 격려했다. 세종과 세조 대에 개화한 조선의 문물이 성종 시대에 이르러 완성될 수 있었던 것은 바로 성종의 이 같은 뛰어난 용인술이 있었기에 가능했던 것이다.

부하의 공적은 자리 대신 돈으로 치하하라

송 태조 조광윤의 '배주석병권'

현명한 리더는 인센티브를 활용한다

아랫사람을 부리는 데 '자리'만큼 유용한 것도 없다. 적절한 시기에 승진을 시켜 주는 것은 말할 것도 없고 승진을 약속하는 것만으로도 부하 직원의 충성심을 이끌어 낼 수 있다. 하지만 문제는 그 자리가 유한하다는 것이다. 자리는 적고 앉을 사람은 많으니 인사권자는 늘 골치가 아프다. 특히 특정 자리에 앉아야 할 사람이 자신이라고 믿는 이들이 많을 때 그 욕구를 충족할 수 있는 사람은 한 사람뿐이므로, 다수가 불만을 품는 상황이 연출되기 쉽다.

가장 어리석은 해결책은 사람을 위해 새로운 자리를 만드는 '위인설관(爲人設官)'이다. 그런 자리는 십중팔구 원활한 움직임을 방해하는 군살이 될뿐더러 기존 체계와 마찰을 일으켜 그야말로 잘 달리고 있는 마라톤 선수에게 아령을 쥐어 주는 것과 같은 결과를 초래할 수 있다. 중국 서진(西晉) 시기에 난을 일으켰던 '팔왕(八王)' 중 한 사람인 사마륜(司馬倫)이 주는 교훈을 살펴보자.

진 무제 사마염(司馬炎)은 삼국을 통일하고 진나라를 세운 뒤 한 고조 유방을 흉내 내 자제와 친족들을 각지의 제후로 봉했다. 무제의 숙부인 사마륜은 조왕(趙王)에 봉해졌으나 제후들 간의 권력 다툼으로 팔왕의 난이 일어나자 진나라 황제 사마충(司馬衷)을 감금하고 스스로 황제가 되었다. 그는 인심을 수습하고 황제 자리를 굳건히 다진다는 명목으로 대대적인 벼슬 나눠 주기 잔치를 벌이기로 했다. 그러자 당연히 중신들이 반대를 하고 나섰다.

"벼슬이란 공을 세운 자에게 내리는 것으로 눈앞의 이익을 위해 마구 뿌려서는 안 됩니다. 벼슬 얻기가 그렇게 쉽다면 누가 벼슬을 바라고 폐하께 충성을 다하겠습니까."

사마륜은 반박했다.

"경들은 하나만 알고 둘은 모르는구려. 지금 같은 비상시에 옛 도리만 따를 수는 없는 법이오. 사람들이 벼슬을 얻기 위해 짐을 따랐고 짐은 또 그에 보답해 은혜를 베푸는 것이니 그들이 어찌 감사해하지 않겠소."

사마륜은 반대하는 대신들을 물리치고 명령을 내려 모든 문무백관을 승진시키고 친척과 친구들에게 높은 벼슬을 내렸다. 심지어 하급 병졸이나 궁중의 노비들 중에도 관직을 받는 사람이 있었다. 당시 관원들은 담비의 꼬리로 관모를 장식했는데 벼슬아치가 갑자기 늘어나자 담비 꼬리가 모자랄 지경이었다. 그렇다고 황제의 명령을 어길 수도 없는지라 관모를 만드는 장인은 담비 대신 개 꼬리를 붙여 관직을 얻은 사람들에게 나눠 주었다. ‘개 꼬리로 담비 꼬리를 잇는다’ 는 ‘구미속초(狗尾續貂)’ 의 고사성어도 여기서 생겨났다.

그러나 사마륜이 의도한 효과는 거두지 못하고 사람들의 비웃음만 사고 말았으니 나라가 잘 굴러갈 리 없었다. 4개월 뒤 사마륜은 또 다른 친왕인 사마주(司馬伷)에게 황제 자리를 빼앗겼으며 금설주(金屑酒, 금가루를 넣은 술)를 마시고 죽음을 맞아야 했다.

이처럼 승진을 남발하면 부하의 충성심을 유도하는 수단인 자리는 그 기능을 상실하게 되고 만다. 승진한 사람 역시 자리만 높이 올라가면 과거의 진취적 기상을 잃어버리고 자리에 안주하려는 경향을 보이기 쉬우니 이 또한 불행이다. 따라서 현명한 인사권자라면 일부러 아랫사람의 승진을 늦추면서 대신 다른 인센티브로서 그의 성공 욕구를 자극해 더욱 많은 업적을 이루게 만들어야 한다.

빼어난 인사권자 조광윤

송 태조 조광윤(趙匡胤)은 그런 의미에서 탁월한 인사권자였다. 무혈혁명(無血革命)으로 황제의 자리에 오른 조광윤은 강남의 제후국 남당(南唐)을 제압할 임무를 장군 조빈(曹彬)에게 맡기며 말했다.

“공을 세워 제후가 되고 재상이 되는 것은 신하 된 사람이라면 누구나 바라는 바일 것이오. 그대도 예외는 아니겠지. 자, 기회가 왔소. 신명을 다 바쳐 적을 무찌르기 바라오. 그대가 승전고를 울리며 돌아오는 날은 곧 경이 승상의 자리에 오르는 날이 될 것이오.”

조빈은 크게 기뻐하며 군사를 이끌고 강남으로 진격했다. 승상의 자리에 오를 꿈에 도취된 그는 군사들을 다그쳐 단숨에 남당 왕조를 무너뜨리고 황제를 참칭하던 이욱을 포로로 잡았다.

조정으로 돌아온 조빈은 기대에 부풀어 황제가 약속을 이행하기만 기다렸다. 하지만 황제는 공만 치하할 뿐 승진 이야기는 꺼내지도 않았다. 게다가 숨 돌릴 틈도 없이 다시 태원을 공격하라는 명령을 내렸다. 그때 조광윤의 말을 들어 보자.

"지금은 세상이 평화롭지 못하고 바람 앞의 촛불 같은 상황인지라 여전히 경의 힘을 빌려야 할 곳이 많소. 그런데 승상은 신하로서 가장 높아 더 이상 오를 곳이 없는 자리요. 만약 경이 승상의 자리에 오른다면 이미 뜻한 바를 이루었으니 나는 경이 더 이상 온 몸을 바쳐 싸우려 하지 않을까 두렵소. 그것이 내가 경을 승상에 임명하지 않는 이유요. 일부러 경을 속이려 한 것이 아니니 노여워 마시오."

조빈은 몹시 실망했지만 아무 소리 하지 못하고 황제 앞에서 물러나야 했다. 하지만 집에 돌아와 보니 방 안이 온통 금은보화로 가득 차 있었다. 황제가 상으로 내린 것이었다. 서운한 마음이 한순간에 감동으로 바뀌었다. 그는 황제가 있는 곳을 향해 절을 올리며 맹세했다.

"폐하께서 이토록 은혜를 베푸시는데 무슨 불만이 있을 수 있겠나. 더 이상 직위에 집착하지 않고 죽는 날까지 충성을 다하리라."

조빈은 그 후 죽음을 두려워하지 않고 황제를 위해 싸워 영토를 넓히는 불후의 업적을 이루었다.

술잔으로 병권을 놓게 하다

이처럼 자리는 아무에게나 함부로 맡기는 것이 아니다. 공이 아무리 크더라도 그 자리에 적격이 아닌 사람을 앉혀서는 안 된다. 그 사람의 능력과 성향에 따라 쓰임새가 달라야 하는 것이 인사의 기본인 탓이다.

공에 보답하려면 자리 대신 돈을 주는 것이 낫다. 그것은 지방 제후를 제압하고 대망의 천하 통일을 달성한 도쿠가와 이에야스〔德川家康〕의 철칙이기도 했다. 여러 공신에게 함부로 관직을 남발하는 대신 평생 먹고살 수 있게끔 경제적 보상을 해 준 것이다. 돈을 받은 사람의 능력이 모자라면 받은 돈을 다 까먹고 빈털터리가 되는 것으로 그치지만, 관직을 받은 사람이 그 능력이 다하면 자칫 백성의 삶을 도탄에 빠뜨리고 나라의 존위를 위태롭게 할 수 있기 때문이다. 오늘날 우리도 역대 정권이 공신을 대접한다는 명목으로 그들을 공기업 사장이나 감사 자리에 앉혀 문제를 일으킨 경우가 허다하다. 모두 이 같은 원칙을 지키지 않은 탓이다.

조광윤이 건국한 송나라가 300년을 유지할 수 있었던 것도 '자리 대신 돈' 이라는 원칙을 철저히 고수한 덕택이다. 이른바 '술잔으로 병권을 놓게 한다' 는 '배주석병권(杯酒釋兵權)' 의 고사는 그 첫걸음이었다. 이야기인즉 이렇다.

어느 날 조광윤이 연회를 베풀었다. 주요 초청 인사들은 천자의 궁성을 호위하는 부대인 금위군의 고급 군관들이었다. 조광윤을 천자로 옹립하는 데 결정적인 공을 세운 고회덕, 왕심기, 장령택도 참석했다.

술이 몇 순배 돌 무렵 조광윤이 침통한 얼굴로 말을 꺼냈다.

"경들의 도움이 없었더라면 과인이 어찌 지금의 자리에 오를 수 있었겠소. 그대들의 공은 결코 잊지 않을 것이오. 하지만 천자가 되고 보니 차라리 한 뼘 땅을 다스리는 지방 절도사가 더 나을 것이라는 생각이 드오. 나는 지금 거의 하루도 마음 편히 잠을 이루지 못하고 있소."

그 말에 신하들이 황급히 일어나 머리를 조아렸다.

"천자의 몸이 되셨는데 무슨 걱정이 있으십니까."

조광윤은 내처 물었다.

"누가 이 자리에 앉고 싶소?"

석수신 등은 그 말 속에 뼈가 있음을 직감하고 무릎을 꿇었다.

"이미 천명이 내려졌는데 누가 감히 다른 마음을 품겠습니까."

태조는 쓴웃음을 지으며 말을 이었다.

"그대들이야 그렇겠지. 하지만 어느 날 부하들이 그대들에게 황포를 걸쳐 준다면 그것을 사양하기 어려울 게요."

장수들은 황제의 말에 대경실색했다. 주연(酒宴)을 핑계한 조광윤의 의도를 파악한 장수들은 결코 상황을 빠져나갈 수 없음을 직감했다. 조광윤 자신이 금위군의 고급 간부로서 부하들에 의해 천자로 옹립된 인물이 아닌가. 그들은 머리를 땅에 찧고 눈물을 흘리며 말했다.

"신들이 어리석어 그 점을 미처 깨닫지 못했으니 죽여 주시옵소서!"

그제야 조광윤은 미소를 흘리며 천천히 말했다.

"인생은 짧소. 부귀영화도 잠시일 뿐이오. 세상에 태어나서 평생을 편안히 지내고 자손 대대로 호의호식하며 행복하게 사는 것이 진정한 즐거움 아니겠소. 경들이 병권을 가지고 있으면 서로를 의심하고 끝내는 부귀영화도 물거품처럼 사라지고 말 것이오. 조용히 물러나 미녀들 품에서 노래와 춤을 얻고 손자들의 재롱을 보면서 말년을 보내는 것이 어떻겠소. 그러면 군신 간의 의심도 사라지고 상하 모두 편안해질 테니 이 얼마나 좋은 일이오.”

장수들은 다음 날 바로 병을 핑계로 사직하고 병권을 반납했고, 조광윤은 그들에게 후하게 보상했다. 송 태조가 다리를 뻗고 편히 잠자리에 들게 되었음은 물론이요, 이로써 송나라의 기틀도 다져질 수 있었다.

인재는 몸을 낮춰 대접하라
인재를 섬겨 왕실을 공고히 한 주나라의 주공

눈앞의 인재부터 대우하라

중국 속담에 '곽외부터 시작하라'는 것이 있다. '멀리 있는 인재를 구하려면 먼저 가까이 있는 사람부터 대접해야 한다'는 뜻인데 중국 전국 시대 연(燕)나라 소왕(昭王)과 곽외(郭隗)의 고사에서 유래한 이야기다.

연나라는 강대국 제(齊)나라의 북쪽에 위치한 탓에 제나라의 끊임없는 침략에 시달려야 했다. 연의 39대 왕인 소왕은 곧은 품성과 지혜로 연나라의 전성기를 일구어 낸 인물이었다. 그는 땅에 떨어진 나라의 위신을 되찾고 제나라에 복수하기 위해 세상의 인재들을 불러 모았다. 그러던 어느 날 곽외라는 선비가 찾아왔다.

소왕이 인재를 모을 방법을 묻자 곽외가 대답했다.

"제왕의 신하는 비록 신하이지만 실제로는 스승입니다. 왕자(王者)

의 신하는 비록 신하이지만 실제로는 친구입니다. 그리고 위험한 나라의 신하는 비록 신하일지라도 실제로는 포로인 것입니다. 예를 갖춰 받들고 겸손한 자세로 가르침을 청하면 나보다 백 배 훌륭한 인재가 모여들게 됩니다. 그러나 상대와 똑같이 행동하면 나와 비슷한 사람만 모여들며, 의자에 기대 앉아 곁눈질로 지시하면 소인배들만 들끓게 되고, 무조건 화를 내고 다그치면 노복들만 남을 뿐입니다.”

“그렇다면 누구에게 가르침을 청하고 의견을 듣는단 말이오?”

곽외는 대답 대신 이야기 하나를 들려주었다.

“옛날 어느 왕이 1,000금을 걸고 천리마를 사려 했지만 도무지 구할 수 없었습니다. 그러던 어느 날 한 사람이 자기가 구해 보겠노라고 나섰습니다. 그 사람은 먼 나라에 천리마가 있다는 소식을 듣고 달려갔는데 그가 도착했을 때는 말이 이미 죽은 뒤였습니다. 하지만 그는 죽은 말의 뼈를 500금에 사서 돌아왔습니다. 왕은 진노해 그를 나무랐지만 그는 태연히 대답했습니다. ‘죽은 말을 500금이나 주고 샀다는 소문이 퍼지면 살아 있는 말은 훨씬 많이 받을 수 있을 것이라는 생각에 세상의 명마들이 몰려들 것입니다.’ 과연 그의 말대로 1년도 못 되어 왕은 천리마를 세 마리나 구할 수 있었다고 합니다.”

소왕이 고개를 갸우뚱거리자 곽외가 웃으며 말했다.

“지금 대왕께서 진심으로 인재를 구하겠다는 뜻이 있으시다면 대왕의 주변에 묻혀 있는 이름 없는 인재부터 후하게 등용하십시오. 그러면 천하의 인재들이 앞다투어 밀려올 것입니다.”

‘눈앞에 인재가 있는데 왜 멀리서만 찾느냐. 가까이 있는 인재인 나를 대접해야 다른 인재들이 찾아올 것이 아니냐’는 뜻이었다. 소왕은 그 말을 따라 몸을 낮추고 주위의 인재를 대접했다.

그러자 각지에서 출중한 인걸들이 모여들었다. 합종론을 주창한 소진과 제갈량, 관중과 더불어 가장 존경했다는 현인이자 무장인 악의도 이때 소문을 듣고 소왕을 찾아온 인물이었다.

돈만으로는 대접할 수 없는 인재

훌륭한 리더가 되려면 그렇게 찾아낸 인재를 능력과 그릇에 걸맞은 대접을 할 줄 아는 지혜도 갖추어야 한다. 그렇지 못하고 서운한 감정을 느끼게 하면 어렵게 찾아낸 인재가 떠나 버릴 수 있다. 이는 돈만으로 해결되는 문제는 아니다.

물론 보수를 후히 준다는 것이 인센티브가 될 수도 있겠지만 '돈을 많이 줬으니 내 맘대로 하겠다'는 식으로 하인 부리듯 하면 인재가 모욕을 느껴 조직에 대한 충성심이 떨어진다. 뿐만 아니라 그는 돈은 조금 덜 받더라도 인간적인 대접을 받고 자신의 능력을 마음껏 발휘할 수 있는 곳으로 자리를 옮긴다.

이 같은 진리를 잘 알고 행동을 조심한 인물이 바로 주공(周公)이었다. 주(周) 무왕이 죽자 동생 주공은 어린 조카인 성왕을 보필했다. 그는 이를 위해 자신의 아들 백금을 자기 대신 영지인 노(魯)나라로 보내면서 다음과 같이 훈계했다.

"나는 문왕의 아들이고 무왕의 동생이며 성왕의 아저씨로, 하늘 아래 결코 낮은 신분이 아니다. 그래도 나는 머리를 감다가도 손님이 찾아오면 세 번이나 머리를 잡고 뛰어나갔으며 밥을 먹다가도 세 번이나 뱉어 내고 자리에서 일어나 인재를 맞아 대접했다. 그럼에도 천하의 어진 인재들을 잃지 않을까 걱정하고 있다. 너는 노나라로 가면 제후라고 해서 다른 사람에게 교만하게 굴어서는 안 된다.”

이른바 ‘토포악발(吐哺握髮)’의 고사다. 주공이 무엇이 아쉬워 입 안에 든 음식물을 뱉어 내고 젖은 머리를 부여잡고 뛰어나갔겠는가. 그러나 선비는 자신을 알아주는 주군을 위해 목숨을 버린다고 했다. 밥을 먹다 말고 뛰어나오는 주공을 본 인재들은 그를 위해 목숨 바치기를 두려워하지 않았을 것이다. 이러한 인재관으로 주 왕실을 공고히 하고 예악과 법도를 제정하며 문물을 일으켰던 주공은 지금까지 성인으로 추앙받고 있다.

높이 오를수록 아랫사람들을 섬겨라

주공과 반대되는 리더들도 있다. 아마도 그 수는 훨씬 많을 것이다. 전국 시대 조(趙)나라 왕의 아들인 평원군 조승(趙勝)이 그런 인물이었다. 세 번이나 재상을 지낸 그 역시 인재를 대접하기 좋아해 그의 식객이 된 사람이 3,000명에 이르렀다.

어느 날 조승의 애첩이 누각에서 놀다가 어떤 꼽추가 절뚝거리며 물을 긷고 있는 것을 보고 크게 웃었다. 다음 날 그 절름발이가 조승을 찾아와 말했다.

“각지의 인재들이 천리 길을 멀다 않고 당신 집에 와서 식객이 되는 것을 영광으로 생각하고 있습니다. 그것은 당신이 인재를 귀하게 여기고 첩을 천하게 여기기 때문입니다. 저는 불행히도 곱사병에 걸려 모습이 흉합니다. 그런데 당신의 애첩이 저를 비웃었습니다. 청하건대 저를 보고 웃은 애첩의 목을 제게 주십시오.”

조승은 웃으며 알겠다고 대답했지만 끝내 애첩을 죽이지 않고 그와의 약속을 지키지 않았다. 그런데 1년도 못 되어 식객들이 점점 빠져나가 절반 정도밖에 남지 않았다. 이를 이상하게 생각한 조승이 한 손님에게 묻자 그는 이렇게 대답했다.

“손님들은 당신이 여자를 사랑하고 인재를 경시하기 때문에 꼽추를 비웃은 여자를 죽이지 않은 것이라고 생각하고 있습니다.”

그제야 조승은 애첩의 머리를 베고 꼽추의 집을 찾아가 약속을 지키지 않은 것을 사과했다. 그러자 떠났던 식객들이 다시 돌아와 문전성시를 이루었다.

그의 실수담은 여기서 그치지 않는다. 유명한 ‘모수자천(毛遂自薦)’의 고사가 있는데 문자 그대로 모수(毛遂)가 자기를 천거했다는 이야기다. 기원전 258년 때 일이다. 진시황의 조부인 진나라 소양왕이 대군으로 조나라 수도 한단을 치게 했다. 이에 놀란 조 왕은 조승에게 급히 초(楚)나라에 구원을 청하도록 했다.

평원군은 문하의 식객 중 문무를 겸비한 스무 명의 인재를 선발해 함께 가기로 했다. 그런데 열아홉까지는 채웠으나 한 사람을 찾을 수 없었다. 이때 식객으로 있던 모수가 스스로 천거하고 나섰다. 평원군이 물었다.

“당신은 여기 온 지 몇 년이나 되었소?”

"3년 되었습니다."

"현인이란 주머니 속의 송곳과 같아서 가만히 있어도 드러나는 법인데 나는 3년 동안 당신에 대해 들은 것이 없구려."

"그러니 이제 주머니에 넣어 달라는 말입니다."

조승은 별수 없이 모수로 스무 명을 채워 초나라로 떠났다. 일행은 초 왕에게 군사 지원을 간곡히 요청했지만 열아홉 명이 다 나서도 뜻을 이루지 못했다. 이때 모수가 칼을 들고 초 왕 앞에 다가가 말했다.

"초나라의 강대함은 천하의 어떤 나라도 당할 수 없습니다. 하지만 대왕의 명운은 지금 저의 손 안에 있습니다. 진나라는 초나라를 격파해 초나라에 씻을 수 없는 치욕을 안겨 주었습니다. 합종은 초나라를 위한 것이지 조나라를 위한 것이 아닙니다."

초 왕은 크게 놀라 사죄하고 조나라를 돕기로 했다. 조승은 돌아오는 길에 모수에게 "선생의 세치 혀가 백만대군보다 강했소. 선생을 보고서야 나의 지인지감(知人之鑑, 사람을 알아보는 식견)이 얼마나 천박했는지 깨닫게 됐소."라고 사과하며 그를 상객(上客)으로 높이고 극진히 대접했다.

아무리 인재를 귀하게 여긴다 해도 높은 자리에 있으면서 겸손한 태도로 사람을 대하기는 쉽지 않다. 낮은 자리에 있을 때는 그렇지 않다가도 리더가 되면 기고만장해 안하무인이 되는 경우도 허다하다. 그런 사람들 주변에는 인재가 모여들 리 없다. 리더의 가장 큰 덕목 중 하나는 사람을 잘 살펴 인재를 찾아내고 그 인재에게 걸맞은 대우를 할 줄 아는 것이다.

일을 맡겼다면 끝까지 믿어라

손무의 현명한 군사 지휘법

군영에서는 장수의 명이 군주의 명보다 앞선다

"의심스러우면 쓰지 말고 일단 썼으면 믿고 맡겨라(疑人莫用 用人勿疑)." 『명심보감(明心寶鑑)』의 '성심(省心)'편에 나오는 용인술(用人術)이다. 믿고 맡길 만한 사람이 없다면 아예 자리를 비워 두고, 일단 일을 맡겼다면 그가 능력을 발휘할 수 있도록 전권을 위임하라는 말이다. 이와 반대되는 경우는 능력이 의심스러운데도 요직에 기용하고는 일을 믿고 맡기지 못하고 사사건건 간섭하는 것이다.

어느 조직이든 리더가 아랫사람이 할 일을 미주알고주알 챙기다 보면 정작 더 중요한 자신의 일이 부실해진다. 더구나 현대 사회는 갈수록 업무가 분업화되고 전문화되고 있어 리더가 모든 업무에 통달할 수도 없다.

조직의 리더가 할 일은 따로 있다. 그것은 조직이 나아갈 명확한 비전을 제시하고, 그 비전을 향해 나아가는 과정에서 맞닥뜨리는 고비 때마다 올바른 판단을 해 최선의 결정을 내리는 것이다. 그러기 위해서는 리더로서의 역할 수행 능력을 갖춰야 함은 물론 나머지 일에서 아랫사람들이 자신의 능력을 최대한 발휘할 수 있도록 권한을 대폭 위임하는 것이 필요하다. 이것은 결코 쉬운 일이 아니며 용기와 도량 그리고 무엇보다 현명함이 요구되는 일이기도 하다. 이는 춘추 시대 오나라 왕 합려가 『손자병법』으로 유명한 손무를 등용해 군사 지휘권을 맡기는 과정에서도 드러난다.

합려는 『손자병법』을 읽고 그 효용성을 시험해 보고자 했다. 그는 손무에게 궁중 안에서 병사들 대신 궁녀들에게 군대식 훈련을 시켜 보라고 했다. 손무는 180명의 궁녀를 임시 병사로 삼아 두 부대로 나눈 뒤 합려가 가장 아끼는 귀비를 그중 한 부대의 대장으로 삼았다.

"너희들이 아무리 아녀자라 할지라도 앞뒤와 좌우, 머리, 손 등은 알고 있겠지. 내가 '앞' 하면 앞을 보고 '좌' 하면 왼손 쪽을 보면 된다. 그리고 '뒤' 라고 하면 뒤를 돌아보거라."

설명을 마친 뒤 손무는 북 소리에 맞춰 "좌!"라고 외쳤다. 하지만 궁녀들은 움직일 생각은 않고 까르르 웃기만 할 뿐이었다. 손무는 정색을 하고 말했다.

"명령이 제대로 이행되지 않은 것은 명령 체계에 문제가 있기 때문이다. 이는 장수의 책임이다."

이어 손무는 몇 번 설명을 반복한 뒤 다시 "우!" 하고 명령을 내렸다. 하지만 궁녀들은 아까보다 더 큰 목소리로 깔깔거리며 웃을 뿐 전혀 움직이려 하지 않았다. 손무는 눈 하나 깜박하지 않고 말했다.

"명령 체계가 분명치 않아 명령이 제대로 이행되지 못한 것은 장수의 책임이지만 다시 설명을 해 주었는데 제대로 이해하지 못한다면 이는 대장의 잘못이다. 좌우 대장의 목을 베라."

그 말에 궁녀들은 기겁을 해 비명을 지르며 바들바들 떨었다. 이를 웃으며 지켜보던 합려 역시 자신이 총애하는 귀비의 목을 베라는 명령을 듣고 깜짝 놀라 손무의 손을 잡으며 말했다.

"손 장군, 참으시오. 장군의 용병술이 뛰어나다는 것을 잘 알았소. 그러니 그 아이는 용서해 주길 바라오. 과인은 그 아이가 없으면 살맛이 나질 않는다오."

하지만 손무는 단호했다.

"신은 명령을 받고 장군이 되었습니다. 장수가 군영에 있을 때는 군주의 명이라도 듣지 않을 수 있습니다."

손무는 끝내 귀비를 포함한 두 대장의 목을 벤 뒤 궁녀들에게 다시 말했다.

"대장이 어리석어 목을 벴다. 부대장을 대장으로 승진시키겠다. 새로운 대장의 지휘 아래 명령을 잘 따라 주기 바란다."

손무는 다시 큰 소리로 구령했다. 궁녀들은 바짝 긴장한 얼굴로 구령에 맞춰 일사불란하게 움직였다. 만족한 손무는 전령을 합려에게 보내 이를 보고하게 했다.

"병사들이 이미 훈련되었으니 왕께서 한번 시험해 보십시오. 물불 가리지 않고 전장에 뛰어들 것입니다."

눈앞에서 사랑하는 귀비를 잃은 합려는 인상을 찌푸리며 "장군은 그만 물러가 쉬도록 하시오. 과인은 더 이상 보고 싶지 않소."라고 말하고는 얼굴을 돌려 버렸다. 손무는 '왕은 할 일 없이 말만 좋아하고 실제로는 써먹을 줄 모르는구나.'라고 생각하고 오 왕에 대한 실망감을 감추지 못했다. 하지만 손무의 뛰어난 용병술을 인정한 합려는 그를 대장군에 임명했다.

이후 오나라는 초나라를 위협해 그 수도를 공략했고, 세력을 중원(中原)까지 넓혀 천하에 이름을 떨칠 수 있었다. 하지만 아랫사람을 믿고 맡기는 배포와 도량이 부족했던 합려는 결국 월 왕 구천에게 패해 죽고 말았다.

식양의 맹세에 담긴 교훈

"장수가 군영에 있을 때는 군주의 명이라도 듣지 않을 수 있다."라는 손무의 말은 오늘날까지도 자주 인용되는 유명한 말이다. 하지만 이 말이 언제나 통했다고 볼 수는 없다. 그만큼 리더가 아랫사람을 믿고 맡기는 것이 중요하다는 이야기다.

이와 관련해 재미있는 에피소드가 있다. '식양지서(息壤之誓)'의 고사가 그것이다. '식양의 맹세'라는 뜻인 이 고사의 주인공은 전국 시대 진나라의 재상으로 있던 감무(甘茂)다. 감무는 기원전 308년 무왕의 명령을 받고 한 나라 공격에 나섰다. 그것은 대단한 위험을 감수해야 하는 일이었다.

당시 진나라는 서쪽 변방의 작은 나라에 불과한 데다 한나라 첩자들이 진나라 조정의 대신들과 연결되어 온갖 음모와 모략이 횡행했다. 이런 상황에서 자리를 비울 경우 갖은 중상과 유언비어가 뒤따를 것이 분명했다. 감무는 출정에 앞서 식양이라는 곳에서 무왕을 만나 말했다.

"옛날 증삼(曾參, 증자)이 사람을 죽였습니다. 어떤 사람이 그 소식을 듣고 증삼의 어머니를 찾아가 '증삼이 사람을 죽였답니다.' 라고 알려 주었습니다. 그러나 증삼의 어머니는 아무런 동요도 없이 베만 짤 뿐이었습니다. 조금 뒤 다른 사람이 또 와서 '증삼이 사람을 죽였답니다.' 라고 말했습니다. 어머니는 이번에도 태연했습니다.

그런데 조금 뒤 또 한 사람이 달려와서 '증삼이 사람을 죽였답니다.' 라고 말하는 것이 아니겠습니까. 증삼의 어머니는 그제서야 베를 짜던 북을 내던지고 베틀에서 내려와 담을 넘어 달아났다고 합니다. 증삼은 어진 사람이었고 어머니도 증삼을 굳게 믿었지만 세 사람이 그를 의심하니 어머니조차 두려웠던 것입니다.

그런데 신이 어질기로 말하면 증삼만 못하고 신을 믿는 왕의 마음 또한 증삼의 어머니 마음만 못합니다. 게다가 신을 의심하는 사람이 세 사람만이 아닙니다. 신은 대왕께서 베틀 북을 내던질까 두렵습니다."

이에 왕은 감무와 함께 다른 사람들의 말을 들어 감무를 의심하지 않겠다고 맹세하는 의식을 행했다. 감무는 전권을 가지고 한나라 성을 공격했다. 하지만 일주일이 넘도록 성을 함락시키지 못했다.

아니나 다를까. 감무의 예상대로 저리자를 비롯한 신하들이 감무를 비방하기 시작했다. 무왕의 마음은 다시 흔들렸고 급기야 감무를 불러들이기에 이르렀다. 궁중으로 돌아온 감무는 입을 열어 한마디 했다.

“저기 식양이 있습니다.”

무왕은 그제서야 식양의 맹세를 떠올리며 자신의 경솔함을 뉘우쳤다. 왕의 신임을 재확인한 감무는 다시 전장에 나가 총공격을 가해 마침내 성을 함락시켰다. 이후 ‘식양지서’는 ‘어떤 일에 앞서 미리 방어선을 친다’는 뜻이 되었다.

이것은 변덕스러운 리더 밑에서 일하는 아랫사람들이 알아두면 좋을 교훈이지만 조직의 리더 역시 가슴에 새겨야 할 말이다. 조직에서 한 사람이 리더의 신임을 받아 중요한 보직을 맡게 되면 그를 질시해 비방하는 목소리들이 생겨나게 마련이다. 처음에는 일을 믿고 맡겼다 하더라도 주위에 들리는 잡음이 많으면 믿음이 흔들릴 수 있다. 그럴 때 식양의 맹세를 떠올려 보면 과연 그런 목소리들이 합리적인 근거가 있는 것인지, 아니면 단순한 중상모략인지 판단하는 데 도움이 될 것이다. 그것은 능력 있는 아랫사람을 지키는 방법일 뿐 아니라 리더 자신을 보호하고, 나아가 조직 전체를 살리는 지혜다.

'올드 보이'의 존재를 활용하라
북송의 명재상 한기와 북위의 견침

경험과 노하우를 사장시키면 손해

흔히 나이 많은 직원은 조직 내에서 눈엣가시 같은 존재가 되곤 한다. 젊은 사람처럼 패기 있게 일을 처리하지 못하고 사고나 동작이 굼뜨기 쉽고, 변화무쌍한 트렌드를 순발력 있게 좇지 못하다 보니 젊은 동료들이 듣기에 '자다 봉창 두드리는 소리'를 해 대기 십상이다. 경우에 따라서는 제때 승진하지 못한 콤플렉스가 문제가 되기도 한다. 한두 번 이런 일이 쌓이다 보면 조직 내에서 '왕따'로 전락할 위험도 크다.

조직의 리더에게 이런 직원은 골칫거리가 아닐 수 없다. 생산성이 떨어지니 어느 부서나 받길 꺼리게 마련이고 설령 받는 부서가 있더라도 젊은 동료들과 팀워크를 유지하기가 쉽지 않기 때문이다.

하지만 피할 수도 없다. 나이가 많다는 이유만으로 해고를 할 수도 없는 까닭이다. 이럴 때 어울리는 말이 '피할 수 없으면 즐겨라' 다. 조직의 리더라면 이런 '올드 보이'의 존재를 즐겨야 한다. 여기서 즐긴다는 것은 올드보이를 적재적소에 배치해 활용하는 것을 말한다.

나이가 많다는 것은 뒤집어 말하면 경험이 풍부하다는 것을 의미한다. 풍부한 경험을 활용하지 못하고 사장시키는 것은 커다란 손해가 아닐 수 없다. 패기만 있지 연륜이 부족한 젊은 세대가 지나치게 변혁만 부르짖다 일을 그르치는 경우가 반복되는 이유도 많은 경험과 노하우를 축적한 올드 보이들을 개혁의 대상으로만 치부해 버리기 때문이다. 중국 송나라 때 왕안석(王安石)의 개혁과 조선 중기 조광조(趙光祖)의 개혁이 결국 실패로 끝난 것도 이와 무관하지 않다.

그러나 역사적으로도 올드 보이들의 경험이 빛을 발한 경우는 숱하게 많다. 송나라 때 범풍의 고사도 그중 하나다.

올드 보이의 덕을 본 명재상 한기와 견침

송나라 어사대 관아에 늙은 말직 관리가 한 명 있었다. 승진은 못했지만 청렴하고 강직하기로 이름난 사람이었다. 어쩌면 그것이 그의 승진을 가로막은 장애물일 수도 있었다.

그는 지팡이를 가지고 다니다가 다른 어사가 일을 잘못 처리하면 지팡이를 쳐들어 그 어사를 가리키곤 했다. 따라서 그의 지팡이는 어사들의 옳고 그름을 판단하는 가늠자가 되었다.

하루는 어사 범풍이 친구를 대접하기 위해 부엌의 요리사에게 이런 저런 요리를 준비하라고 지시하고 있었다. 요리사가 알았다고 허리를 숙이고 돌아서려는데 범풍은 마음이 놓이지 않아 한 말을 또 하기를 반복하며 요리사를 붙들고 있었다. 그러다 잠깐 고개를 돌리니 그 늙은 관리가 지팡이를 들어 자신을 가리키고 있었다. 이상하게 생각한 범풍이 왜 그러냐고 물었다. 늙은 관리가 대답했다.

"어떤 일을 아랫사람에게 시킬 때는 우선 그 일을 어떻게 해야 하는지 방법을 가르쳐 주고, 그 다음은 그 일을 끝마칠 수 있도록 독려하고, 그런 연후에 만약 일을 시킨 대로 하지 않았으면 율에 따라 처벌하면 그만인데, 일은 시작도 안 해 놓고 시시콜콜 당부만 거듭하니 무슨 큰일을 하겠나. 자네에게 천하를 다스리라고 하면 세상의 모든 사람을 그렇게 따라다니며 일일이 훈시할 생각인가?"

범풍은 그의 말을 듣고 부끄러움을 감추지 못했다.

북송 때의 명재상 한기(韓琦) 역시 올드 보이의 덕을 톡톡히 본 인물이다. 어느 날 한기는 군영에서 벌어진 연회에 참석해 아름다운 기생을 발견했다. 그는 관기의 머리에 꽂힌 살구꽃을 보고 "그 행복한 꽃이 참으로 부럽구나." 하고 희롱했다. 그러자 기생은 "가지 끝에 달린 매화라고 어찌 짝이 없으리오." 하며 웃음을 흘렸다. 주연이 끝난 뒤 처소로 돌아온 한기는 곁에 있던 늙은 병졸을 불러 "가서 그 기생을 데려오라."라고 일렀다.

그러고는 돌아앉아 기생과 즐거운 시간을 보낼 생각을 하며 미소를 짓고 있는데, 불현듯 이래서는 안 된다는 생각이 머리를 스쳤다. 한기는 화들짝 놀라 다시 늙은 병졸을 부르려고 몸을 돌렸다. 그런데 아까 떠나야 했던 늙은 병졸이 여전히 그 자리에 서 있는 것이 아닌가.

"아니, 왜 아직 떠나지 않고 거기 있는 건가?"

늙은 병졸은 웃으며 말했다.

"분부하신 말을 상공께서 금방 후회하실 것 같아서 이렇게 잠시 기다려 보았습니다. 이제 제사리로 돌아가겠습니다."

한기는 사천성에 가뭄이 들었을 때 굶주린 백성 200만 명을 구제하고 티베트계인 서하(西夏)의 침입을 격퇴해 문무의 역량을 과시함으로써 서른 살에 벌써 추밀부사(樞密副使)의 자리에 오르는 등 명성을 떨쳤다. 하지만 그의 곁에 늙은 병사와 같은 현명한 인물이 없었다면 아마도 기생 치마폭에서 삶을 마쳤을지도 모를 일이다. 그런 지혜를 가진 인물이라면 아무리 나이가 많더라도 훨씬 중요한 일에 기용될 수도 있었을 것이다.

한기 역시 10년을 재상 자리에 있었지만 젊은 세대인 왕안석의 신법에 반대하다 자리에서 물러나야 했다. 왕안석이 한기 같은 인물을 잘 포용하고 타협하며 점진적인 변화를 추구했다면 그의 개혁이 훨씬 성공적이었지 않았을까 싶다.

역시 북위 때 도독 자리에 올랐던 견침(甄琛)도 늙은 종의 지혜를 빌려 높은 자리에 오른 인물이다. 견침은 젊은 시절 한때 바둑에 빠졌던 적이 있었다. 책은 집어 던지고 바둑판 앞에서만 살았던 그는 책을 볼 때도 검은 글씨는 검은 돌, 흰 종이는 흰 돌로 볼 정도였다.

그는 언제나 늙은 종에게 날이 밝을 때까지 촛불을 들고 서 있게 했다. 종이 깜빡 졸아 촛불이 흔들리면 그는 채찍으로 종을 때렸다. 어느 날 늙은 종이 견침에게 조용히 말했다.

"나리께서 고향 땅과 부모님을 멀리 떠나 여기 경성에 오신 것은 공부를 하시기 위함이었습니다. 소인의 잘못으로 나리께서 공부하시는 데 방해가 된다면 나리의 채찍을 달게 받겠습니다. 하지만 그게 아니라 바둑판을 밝혀 주지 않는다고 채찍질을 하시니 맞은 자리가 아니라 가슴이 아파 견딜 수가 없습니다."

견침은 늙은 종의 말에 부끄러움을 느끼고 그날부터 바둑판은 쳐다보지도 않고 공부에만 전념했다.

귀중한 보석 고르는 것이 리더의 몫

물론 올드 보이라고 모두 풍부한 경험과 폭넓은 식견을 가지고 있는 것은 아니다. 현명하고 지혜로운 사람은 더욱 드물다. 그러나 그것을 선별해 내는 것이 리더의 몫이다.

올드 보이 중에서 옥석을 제대로 가려낼 수만 있다면 누구도 해결할 수 없는 조직의 난제를 풀 수 있는 귀중한 보석을 찾아내는 길이 될 수도 있다. 떡국 위의 고명, 팥죽 속의 찹쌀떡 같은 존재가 될 수 있는 것이다. 그런 예는 수없이 많다. 그중 한 사례를 살펴보자.

한나라 선제 때 발해 인근의 주, 군에 수년째 기근이 들어 백성들이 굶주렸다. 그러자 도적들이 떼 지어 일어나 민심이 흉흉해졌다. 많은 관리와 장수들을 파견해 보았지만 어느 누구도 도적 떼를 토벌하지 못했다. 조정의 노력에도 불구하고 도적들이 더욱 기승을 부리자 선제는 적합한 인물을 천거하라고 신하들을 독촉했다.

그러자 어사들이 공수(龔遂)라는 사람을 발해 태수로 천거했다. 공수는 이미 일흔 고령의 쇠약하고 왜소한 늙은이였다. 황제는 그의 모습을 보고 탐탁지 않았다. 그래서 시큰둥해 하며 "도대체 어떤 방법으로 도적 떼를 진압하려 하느냐?"라고 물었다. 공수가 말했다.

"조정에서 멀리 떨어진 변방의 해안가 백성들은 황제의 은덕을 입지 못하고 기한에 굶주리고 있습니다. 하오나 관리들이 그들의 어려운 사정을 헤아리지 못하고 쥐어짜느라 여념이 없기에 그 미련한 것들이 떼를 지어 나라를 혼란케 만드는 것입니다. 외람되오나 한 가지 하교(下敎)해 주십시오. 폐하께서는 그들을 진압하라고 신을 보내는 것입니까, 아니면 그들을 안무(按撫)하라고 신을 보내는 것입니까?"

"안무할 수 있으면 안무하는 것이 상책이 아니겠소."

"난민을 다스림은 헝클어진 넝마를 정리함과 같아서 서둘러서 되는 일이 아니라고 들었습니다. 바라옵건대 조정에서 법령과 율령으로 신의 손목을 붙잡지 마십시오. 신 또한 작은 일은 조정에 상서하지 않고 상황에 따라 스스로 판단해 결정하겠습니다. 윤허해 주십시오."

선제는 그의 청을 받아들였다. 공수가 발해 땅에 당도하니 군현의 관리들이 모두 허리에 칼을 차고 새로 부임한 태수를 영접했다. 공수는 태수 자리에 앉자마자 지금까지 도적을 잡아들인 아전들을 모두 파면했다. 그리고 소속 군, 현에 방문을 내붙였다.

"무릇 쟁기와 호미를 든 사람은 모두 양민이므로 절대 잡아들이지 않는다. 그러나 병장기를 지닌 자는 도적의 무리로 여겨 추호의 관용이 없을 것이다."

이후 도적들은 서둘러 병장기를 버리고 뿔뿔이 흩어져 농사를 짓기 시작했다. 이 역시 경륜 있는 올드 보이의 지혜가 빛을 발한 경우다.

그래서 리더는 늘 조직을 둘러보아야 한다. 어두운 구석에서 쓰임새 없이 사장되고 있는 지혜와 노하우가 없는지 말이다.

참모 선별은 아무리 신중해도 지나치지 않다

이극과 여불위의 인재 등용법

인재를 알아보는 눈이 있어야

예부터 성군과 현신은 불가분의 관계다. 어리석은 신하들이 모여 현명한 임금을 만들 수 없고 어리석은 임금만이 현명한 신하를 내친다. 아무리 능력 있는 리더라도 만기친람(萬機親覽, 임금이 모든 정사를 친히 보살핌)에는 한계가 있기 때문이다. 그래서 훌륭한 리더는 늘 훌륭한 참모를 구하려 애쓴다. 동서고금을 초월한 진리다. 제갈량을 참모로 얻기 위한 유비의 삼고초려(三顧草廬)가 대표적인 예다.

훌륭한 참모를 구하려면 우선 훌륭한 참모를 알아보아야 한다. 그런데 그게 쉬운 일은 아니다. 그래서 예부터 뛰어난 참모를 판별하는 많은 방법들이 전해진다. 『사기』 '위세가' 편에는 전국 시대 초기의 정치가 이극(李克)이 위나라 문후에게 훈수한, 사람을 살피는 다섯 가지 표준이 나온다.

평소에는 그와 가까운 사람을 살피고, 부귀할 때는 그와 왕래가 있는 사람을 살피고, 관직에 있을 때는 그가 천거한 사람을 살피고, 곤궁한 상황에서는 그가 하지 않는 일을 살피고, 어려울 때는 그가 취하지 않는 것을 살피십시오.

전국 시대 말기 진나라 재상 여불위(呂不韋)는 자신이 지은 『여씨춘추(呂氏春秋)』에서 "인간의 종류는 같지만 지능은 모두 다르며 똑똑하고 못나고의 차이도 뚜렷하다. 모두가 교묘한 자기변명의 말로 스스로를 방어한다. 이것이 바로 못난 군주가 혼란스러워지는 까닭이다."라고 말했다. 따라서 그는 사람을 등용하기 전에는 여러 방면에서 두루 살필 것을 권하며 이른바 '팔관육험법(八觀六驗法)'을 제안한다. '팔관법'은 이극의 다섯 가지 살피기와 일맥상통한다.

1. 순조로울 때 어떤 사람을 존중하는지 본다.
2. 높은 자리에 있을 때 어떤 사람을 기용하는지 본다.
3. 부유할 때 어떤 사람을 접촉하는지 본다.
4. 무엇을 말하는지 무엇을 하는지 본다.
5. 한가할 때 무엇을 즐겨 하는지 본다.
6. 친해진 뒤 말 속에 드러나는 뜻을 본다.
7. 좌절했을 때 지조를 본다.
8. 가난할 때 무엇을 하고 무엇을 하지 않는지 본다.

인재를 시험하는 여섯 가지 방법인 육험법은 이렇다.

1. 기쁘게 해서 천박하게 행동하지 않는지 본다.

2. 즐겁게 해서 취향을 본다.

3. 화를 돋워 통제력이 있는지 본다.

4. 두렵게 만들어 견딜 수 있는지 본다.

5. 슬프게 만들어 스스로 지탱할 수 있는지 본다.

6. 힘들게 만들어 의지를 시험한다.

『맹자(孟子)』의 '양혜왕(梁惠王)' 편에도 다음과 같이 참모를 고르는 방법이 나온다. 하지만 이는 앞의 것들과 달리 스스로 경계를 늦추지 말아야 한다는 계훈이다. 다른 사람을 판단하기에 앞서 스스로 바르게 눈을 뜨고 있어야 한다는 것이다.

> 좌우 측근들이 누가 좋다고 하더라도 가볍게 믿어서는 안 된다. 여러 대부가 누가 좋다고 하더라도 가볍게 믿어서는 안 된다. 나라 사람 전체가 누가 좋다고 한 다음에야 가서 살펴보고 진짜 좋으면 기용한다. 좌우 측근들이 누구는 좋지 않다고 하더라도 믿어서는 안 된다. 대부들이 누구는 좋지 않다고 하더라도 믿어서는 안 된다. 나라 사람 전체가 누구는 좋지 않다고 한 다음에야 가서 알아보고 진짜 좋지 않으면 조치한다. (중략) 그래야 비로소 백성의 어버이라 할 수 있다. 이런 태도로 사람을 취하거나 버리면 의심할 바 없이 신중하다고 말할 수 있다.

한마디로 인재를 고르는 데 신중에 신중을 기해야 한다는 이야기기다. 하물며 중요한 정책 결정 때마다 상의해야 하는 참모를 고를 때는 더 말할 나위가 없겠다.

당 태종에게 올린 위징의 곧은 소리

이처럼 사람을 신중히 잘 골라 씀으로써 성공한 대표적인 리더가 이른바 중국 최고의 성군으로 일컬어지는 당 태종이다. 현무문 정변으로 태자 이건성(李建成)을 물리치고 황제에 오른 태종 이세민(李世民)은 이건성의 참모로 있던 위징을 끌어와 무릎을 꿇게 한 뒤 물었다.

"너는 어째서 우리 형제 사이를 이간질했느냐?"

당시 진왕으로 있던 이세민의 명망이 날로 높아져 태자 자리를 위태롭게 할 지경에 이르자 위징이 이건성에게 "일찌감치 손을 써 우환을 제거하라."라고 조언한 일을 따지는 것이었다. 위징은 거리낌 없이 대답했다.

"태자께서 내 말을 들으셨더라면 이 같은 화를 당하지는 않았을 것이오."

태종은 죽음을 두려워하지 않고 할 말을 하는 위징이 참모로서 자신에게 꼭 필요한 사람이라는 것을 깨달았다. 그래서 그는 위징의 죄를 용서하고 간의대부(諫議大夫)로 삼았다. 그 뒤로도 위징은 태종에게 곧은 소리를 서슴지 않았고, 태종도 쓴소리를 약으로 들었다. 이 때문에 '정관의 치'가 가능했다.

환관 조고가 난을 일으켜 진나라의 2세 황제 호해의 목을 죄어 올 때 황제 곁에는 어린 환관이 남아 있었다. 호해는 그 환관에게 "이 지경이 되도록 어찌 내게 알리지 않았느냐?"라고 물었다. 환관은 부들부들 떨며 말했다.

"일찍 말씀드렸더라면 지금 제 목은 붙어 있지 않았을 것입니다."

당 태종은 리더가 사탕발림을 좋아하면 주위에 파리 같은 간신들만 들끓게 마련이라는 사실을 일찍이 깨우치고 있었다. 그는 이렇게 말했다.

"임금은 오로지 한 마음인데 그 마음을 공략하려는 자는 너무나 많다. 말재주, 아첨, 간사함, 임금이 좋아하는 것으로 무차별 공략해 서로 귀여움을 독차지하려 든다. 임금이 조금이라도 해이해져 그중 하나라도 받아들였다가는 당장 위기와 망조가 뒤따른다. 바로 이것이 어려운 점이다."

선정을 베푼 신하를 내친 문후

앞에서 언급한 위 문후의 이야기를 좀 더 살펴보자. 문후가 위나라를 다스릴 때 업 지방을 다스리던 관리가 바로 명신 서문표였다. 그는 수로를 파서 논에 강물을 대는 관개 사업을 일으켜 농업 생산을 크게 증가시키는 등 선정을 베풀었다. 업 지방에는 해마다 미녀를 뽑아 강물에 던져 제사를 지내는 관습이 있었는데 서문표는 제사를 주관하는 무당을 강물에 던짐으로써 악폐를 일소하기도 했다.

청렴결백한 관리였던 서문표는 문후의 측근들에게 뇌물을 바치지 않았다. 이에 측근들은 문후에게 서문표에 대한 험담만 늘어놓았다.

1년 뒤 서문표가 상경해 업무 보고를 올리자 문후는 그의 관인(官印)을 거두어 버렸다. 이에 서문표가 말했다.

"지난날 저는 지방을 어떻게 다스려야 하는지 몰랐으나 지금은 잘 알 것 같습니다. 제게 다시 1년만 더 일할 수 있는 기회를 주십시오. 그래도 제대로 못하면 제 목을 치셔도 좋습니다."

문후는 그의 청을 받아들여 관인을 돌려주었다. 다시 업 지방으로 돌아온 서문표는 온갖 명목으로 무거운 세금을 부과해 백성들을 쥐어짰다. 그렇게 모은 돈은 문후 측근들에게 바쳤다. 1년 뒤 서문표가 상경하자 문후는 자리에서 뛰어내려 와 그를 맞이했다. 서문표가 다시 말했다.

"지난날 신은 임금을 위해 업을 다스렸는데 임금은 신의 도장을 빼앗았습니다. 지금 신이 임금의 측근들을 위해 업을 다스렸더니 임금이 신에게 절을 합니다. 이래서야 신이 어찌 백성을 다스릴 수 있겠습니까."

서문표는 관인을 내던지고 물러났다. 위 문후는 측근들의 감언이설에 빠져 서문표 같은 훌륭한 참모를 쓸 줄 몰랐던 것이다.

당 태종 같은 성군은 본받기 쉽지 않은 일이니 만만한 위 문후의 다른 이야기에서 교훈을 얻으며 글을 마쳐야 할 것 같다. 범인도 노력하면 이 정도는 될 수 있다는 이야기다.

문후는 악양을 시켜 중산국을 점령한 뒤 아들 위격을 영주로 삼았다. 얼마 뒤 문후는 대신들에게 "나는 어떤 군주인가?"라고 물었다. 모두 어진 군주라고 대답했지만 임좌는 "중산국을 얻은 뒤 동생을 그곳에 봉하지 않고 자식을 봉했으니 어찌 어진 군주라 하겠습니까."라고 말했다.

문후는 버럭 화를 냈고 임좌는 서둘러 물러났다. 문후가 다시 묻자 적황이 "어진 군주이십니다."라고 대답했다. 문후가 그 이유를 다그쳐 묻자 적황이 말했다.

"군주가 어질면 신하들이 솔직해진다고 들었습니다. 방금 임좌가 솔직하게 자신의 견해를 말했으니 어진 군주가 아니고 무엇이겠습니까."

문후는 기뻐하면서도 한편으로는 부끄러웠다. 그는 다시 임좌를 불러들여 상객으로 우대했다.

위대한 영웅 뒤에는 '그녀'가 있다
당나라의 문덕 황후와 제나라의 양 왕후

당 태종의 분을 가라앉힌 문덕 황후의 지혜

흔히들 하는 "세상은 남자가 지배하고 그 남자는 여자가 지배한다."
는 말이나 '베갯머리 송사' 라는 말은 모두 우먼 파워를 일컫지만 사실
그 안에 담긴 의미는 부정적이다. 여성들이 사회 전면에 나설 수 없었
을 당시, 여성이 막후 또는 잠자리에서 실력자인 남성의 마음을 움직
여 바라는 바를 성취하던 음성적 행태를 꼬집은 말이기 때문이다. 그
이면에는 '암탉이 울면 집안이 망한다' 는 함의가 내포되어 있다.

여자들의 속살거림에 하릴없이 넘어가는 지도자라면 그가 이끄는
조직의 미래는 불 보듯 뻔하다. 역사 속에서 살펴보아도 여자의 치마
폭에 싸였던 지도자치고 말로가 행복한 이는 거의 없었다. 그를 임금
으로 섬겼던 백성의 삶까지 비참해졌음은 말할 것도 없다.

하지만 여성의 참여가 부정적인 결과만 초래한 것은 아니었다. 오늘

날에는 똑똑한 여학생들이 있는 남녀 공학을 피해 남학생들이 전학을
갈 정도로 우먼 파워가 강해졌지만 과거 가부장적인 권위주의 사회에
서도 여성들의 지혜와 용기는 빛을 발했다. 특히 위대한 영웅 뒤에는
언제나 그의 유력한 조언자인 여성이 있었다. 사례를 들자면 한이 없지
만 그중에서 당 태종의 비 문덕 황후 장손씨의 존재감이 두드러진다.

어느 날 태종이 조회를 마친 뒤 붉으락푸르락 분을 삭이지 못한 채
내전으로 들어왔다. 문덕 황후가 화가 난 이유를 묻자 태종이 씩씩거
리며 말했다.

"아니, 그 위징이라는 늙은이 말이오. 사사건건 내 말에 시비를 걸
어 망신을 준단 말이오. 한 번만 더 나를 욕보이면 그 촌놈을 죽이고 말
리라."

그러자 문덕 황후는 물러갔다가 조복을 차려입고 다시 나와서는 태
종에게 정중하게 절을 올렸다. 태종이 의아해 묻자 황후가 대답했다.

"자고로 임금이 밝으면 신하가 곧다〔君明臣直〕고 했습니다. 위징이
곧은 걸 보니 폐하가 밝다는 뜻 아니겠습니까. 경하 드리옵니다."

황제는 너털웃음을 터뜨리지 않을 수 없었다.

또 다른 사례도 있다. 태종에게는 무엇보다도 아끼는 준마가 있었
다. 그는 그 말을 위해 따로 전용 마구간을 지을 정도로 소중히 여겼
다. 그런데 어느 날 말이 갑자기 죽었다. 화가 난 태종은 관리자를 사
형에 처하려 했다. 문덕 황후가 소식을 듣고 태종에게 간했다.

"옛날 제나라 경공도 애마가 죽었을 때 담당자를 죽이려 했습니다.
그러자 재상 안영(晏嬰)이 경공 앞에서 담당자의 죄상을 열거하며 이
렇게 꾸짖었습니다. '잘 들거라. 네가 어떤 죄를 지었는지 가르쳐 주

겠다. 첫째, 너는 주군께서 아끼는 말을 소홀히 돌봐 죽게 했다. 둘째, 우리 군주로 하여금 고작 말 한 필 때문에 사람을 죽이게 했다는 소리를 듣게 했다. 이 사실이 알려지면 백성들은 한갓 말 때문에 사람을 죽인 주군을 원망할 것이다. 너는 말을 죽이고 너도 죽으면서 이런 엄청난 죄를 짓게 되는 것이다. 네 죄를 알겠느냐.' 경공은 이 말을 듣고 담당자를 용서했다고 합니다. 설마 폐하께서 이 일화를 잊으신 것은 아니겠지요."

태종은 황후의 말을 듣고 분노를 가라앉혔다. 문덕 황후가 36세의 젊은 나이에 세상을 떠나자 태종은 "훌륭한 보좌관을 잃었다."라며 슬퍼했다고 한다.

광윤 누이의 준엄한 꾸짖음

명 태조 주원장(朱元璋) 역시 현명한 황후의 덕을 톡톡히 본 경우다. 즉위 초 주원장은 지폐를 발행하고자 했지만 여러 가지 어려움에 직면했다. 그런데 어느 날 밤 어떤 도인이 꿈에 나와 "그 일을 성공시키려면 반드시 수재의 심간(心肝)을 뽑아야 한다."라고 말했다. 꿈에서 깨어난 태조는 "그렇다면 내가 수재들을 죽여 심장과 간장을 뽑아내야 한다는 말인가. 참으로 해괴한 일이로다." 하고 중얼거렸다. 그때 옆에서 이를 듣고 있던 마황후가 말했다.

"신첩이 생각하건대, 그 심간이란 수재들이 쓴 심득(心得, 마음 깊이 깨달아서 간직한 것)이 아닌가 하옵니다."

"그렇지, 바로 그거야."

황후의 말이 옳다고 여긴 태조는 즉시 수하에 명해 학자들이 연구한 결과를 바치게 했다. 이에 힘입어 지폐는 무난히 발행될 수 있었다.

부인만 훌륭한 조언자 역할을 하는 것은 아니다. 송 태조 조광윤(趙匡胤)의 누이 역시 학식은 높지 않았지만 지혜로써 동생을 바른 길로 이끌었다.

조광윤이 아직 천하를 얻지 못했을 때의 일이다. 그가 군대를 일으켜 북정(北征)에 나서려던 즈음, 경성 안에서는 이미 조광윤을 황제로 세운다는 요설이 난무했다. 조광윤이 집안사람들에게 물었다.

"밖에 소문이 자자한데 도대체 어찌된 일이냐?"

그때 주방에서 밥을 짓고 있던 조광윤의 누이가 방으로 들어와 이렇게 꾸짖었다.

"사내 대장부가 큰일을 하려면 결단성이 있어야 하는 법인데 밖에서 도는 소문 따위를 집 안에 있는 여자들에게 물어보는 것은 무슨 짓이냐. 너는 대장군이라는 게 그렇게도 용기가 없더란 말이냐!"

조광윤은 아무 말도 못하고 물러나고 말았다. 누이의 말에 의지를 다잡아 이후 천하를 거머쥘 수 있었음은 역사가 말해 준다.

이처럼 남성 위주의 사회라고 해서 여성이 늘 조언자의 역할에 그친 것은 아니었다. 때로는 남자도 하지 못하는 어려운 결정이나 난제를 여자가 주도적으로 해결하기도 했다. 전국 시대 제나라 양왕의 왕후가 그런 인물이다.

어느 날 진나라의 사자가 양왕후에게 옥련환(玉連環)을 바치면서 이렇게 말했다.

"제나라 사람들은 총명하다는 소문이 나서 옥으로 만든 연환 고리를 바칩니다. 이른바 지혜환이라 부르는 것이니 지혜로운 왕후께서 풀어 보시기 바랍니다."

이에 왕후는 주위에 금 망치를 가져오라고 명령했다. 이어 망치로 옥련환을 내리쳐 산산조각 내 버렸다. 놀라 나자빠진 진나라 사자에게 왕후가 웃으며 말했다.

"어떻소. 우리는 이렇게 지혜환을 푼다오."

앞서 보았던 서양사의 한 장면 같지 않은가. 알렉산더 대왕이 한 칼에 내리쳐 아무도 못 풀었다는 고르디아스의 매듭을 끊어 버렸던 장면 말이다. 알렉산더 대왕과 같은 영웅이 아니면 하기 힘든 일이었지만 양왕후는 여자의 몸으로 진나라 왕의 희롱을 한 방에 날려 버린 것이다.

재상보다 더 재상다운 어머니

비슷한 사례로, 한나라 때 흉노 왕이 여후를 희롱하는 편지를 보낸 적이 있다. 한나라로서는 대단한 모욕이 아닐 수 없었다. 당시 한나라에는 진평(陳平)과 주발(周勃) 같은 이름난 신하가 많았지만 어느 누구도 흉노의 무례를 꼬집지 못하고 흉노 왕의 비위를 맞추는 답신만 써서 보낼 뿐이었다. 그 잘난 남자 신하들 중에 연약한 여인 양 왕후에 견줄 만한 인물이 하나도 없었던 것이다.

같은 시기 조나라 혜문왕의 왕비 위문후 역시 남자들이 범접하기 힘든 여걸이었다. 제나라 양왕은 사신에게 위문후를 문안하고 국서를 전달하게 했다. 그런데 위문후는 국서를 뜯지도 않고 사자에게 물었다.

"제나라의 수확은 어떤가? 백성들은 편안한가? 왕은 안녕하신가?"

한동안 입을 다물고 있던 사자는 불쾌한 표정을 지으며 말했다.

"소인이 대왕의 명을 받고 왕후께 문안 인사를 왔는데 왕후께서는 대왕의 안부는 묻지 않으시고 농사와 백성의 안부를 먼저 물으시니 이는 귀한 것과 천한 것의 순서가 뒤바뀐 게 아닙니까?"

그러자 그녀는 사자에게 단호히 답했다.

"무슨 소리요. 수확이 없다면 어찌 백성들이 잘살 수 있으며 백성들이 없다면 어찌 임금이 있겠소. 만약 과거의 관례에 따라 묻는다면 그것이야말로 본말이 뒤바뀐 것일 게요."

송나라 때의 재상 이방언의 어머니도 그야말로 재상의 덕을 능가하는 여장부였다. 이방언의 아버지는 은광에서 돌을 캐던 노동자였다. 어느 날 아버지의 미천한 신분 탓에 조롱을 당한 이방언은 집으로 돌아와 어머니에게, 부끄러워 낯을 들고 다닐 수가 없노라고 말했다. 그러자 어머니가 말했다.

"재상 집 자식이 광부가 되었다면 자랑스러운 일이 아니겠지만 광부 출신 아버지에게 재상이 된 아들이 있다면 그건 아주 자랑스러운 일이다. 하등 부끄러워할 일이 아니다."

그야말로 왕보다 나은 왕후, 재상보다 더 재상다운 어머니가 아닐 수 없다. 남성 위주의 사회가 아무리 여성을 무시해도 여성들의 뛰어난 뾰족한 송곳처럼 주머니를 뚫고 나올 수밖에 없었다. 여성들의 약진이 두드러지는 오늘날이지만 여성들의 사회적 비중은 여전히 남성들에 비해 뒤처지는 것이 사실이다.

틀에 박힌 기업 문화에 자율·열정·창조성과 같은 가치를 도입해 현대적 기업 경영의 창시자로 불리는 경영 컨설턴트 톰 피터스(Tom Peters)는 '인재 공백을 메울 최상의 해결책은 바로 여성'이라고 말했다. 여전히 남성 중심 사고에 빠져 여성의 의견에 귀를 기울이지 않는 리더가 있다면 그는 피터스의 다음과 같은 말을 들을 각오를 해야 한다.

"나는 대부분의 남성이 못된 성차별주의자라고 생각하지 않는다. 그들(우리)은 머리가 텅 빈 멍청이들일 뿐이다."

남이 시기하는 자를 뽑아라
청나라의 거상 호설암

지나친 조직 논리는 구성원의 재능을 깎는다

어떤 조직이든 그 조직을 관통하는 논리와 질서가 있게 마련이다. 논리와 질서는 분명 조직의 운용에 필요한 부분이지만, 필요 이상으로 너무 나서지 말라는 경고도 심심치 않게 접할 수 있다. '모난 돌이 정 맞는다.' 라는 속담도 있고, 이것의 목수 버전인 '튀어나온 못이 망치를 맞는다.' 혹은 정원사 버전인 '웃자란 가지가 먼저 베인다.' 는 말도 있다. 뜻은 같은데 모두 부정적인 의미을 담은 것들이다. 좋은 게 좋은 거고, 같이 먹고살자는 회유이기도 하다.

그러나 이는 조직의 리더가 가장 경계해야 할 부분이다. 모난 돌이 정 맞는 논리와 질서가 지배하는 조직은 겉에서 보면 마찰 없이 잘 굴러가는 것처럼 보일 수 있다. 하지만 그것은 무수한 창의력과 기발한 아이디어를 희생한 결과일 뿐이다. 그저 다수의 평범한 아이디어와 평균 능력에 맞추기 위해 탁월한 재능과 톡톡 튀는 아이디어를 가진 조직원이 입을 다물고 있는 것이다. 그런 분위기가 팽배할 경우 아무리 많은 돈을 주고 좋은 인재를 스카우트해 봐야 기대한 효과를 거두기는 어렵다. 그 인재가 조직 논리에 순응하는 순간 둔재들로 하향평준화가 이루어질 테니 말이다.

이런 점에서 청나라 말기의 거상 호설암(胡雪巖)의 인재관은 시사하는 바가 크다. 호설암은 가난한 집안에서 태어나 맨손으로 청나라 상계를 휘어잡는 최고의 부를 거머쥐었으며 청대 상인으로는 유일하게 홍정상인(紅頂商人)이라는 정1품 관직에 오른 인물이다. 그는 상계뿐 아니라 조정의 정사까지 좌지우지했으며 외국 자본을 청나라로 끌어들이는 데 성공해 국부를 일으키는 역할을 주도했다.

호설암은 늘 '사람들에게 시기받지 못하는 사람은 인재가 아니다.'라는 생각을 가지고 있었다. 탁월한 재능을 가진 인물은 주변 사람들의 능력을 평범하게 만들어 버리므로 주변의 미움을 사게 마련이라는 판단이었다. 그래서 그는 인재가 필요할 때마다 다른 사람들의 비난을 받는 인물을 먼저 주목했다.

남에게 시기받는 자를 뽑아라

사실 호설암의 이 같은 인재관은 자신의 경험에서 우러나온 것이었다. 열두 살 어린 나이에 홀어머니 곁을 떠나 항저우에 있는 신화 전장(錢莊, 청나라 때의 사설 금융 기관)에 도제로 들어가 일할 때 그 역시 그의 돋보이는 능력을 시기한 동료들의 질투로 어려움을 많이 겪었기 때문이다. 서양과의 교역으로 사업 영역을 확장할 계획을 세우고 나서도 그는 가장 먼저 남들에게 시기받는 인물 찾기에 나섰다. 역관인 고응춘(高應春)이 바로 그런 사람이었다. 그는 영어 실력이 뛰어나고 서양 사정에 해박했으며 무엇보다 서양인 친구가 많았다. 호설암은 그가 자신이 찾는 인물인지 알아보기 위해 그를 만났다. 때마침 그때는 고응춘을 분통 터지게 한 사건이 일어난 직후여서 고응춘은 호설암을 만나자마자 입에 거품을 물었다.

"서양인들한테서 서양식 총과 탄약을 구매하기로 하고 가격 협상까지 마친 상태였습니다. 단지 계약서에 도장 찍는 일만 남아 있었지요. 그런데 어떤 중국인이 그 서양인에게 '홍수전(洪秀全)의 군대가 서양식 총기를 급히 필요로 하고 있으니 그들에게 가면 부르는 것이 값일 것'이라고 귀띔해 주었다는 것 아니겠습니까. 서양인은 그걸 미끼로 흥정을 다시 할 것을 요구해 왔고 결국 가격이 두 배 넘게 뛰어 버렸지 뭡니까."

호설암은 고응춘의 말을 듣고 그가 분명 동료들의 미움을 받고 있다는 사실을 알았다. 그의 능력을 시기한 동료가 고의로 정보를 흘린 것이다. 호설암은 고응춘이 자신에게 필요한 인재라고 확신하고 자신과 일하자고 제의했고 고응춘도 이를 흔쾌히 받아들였다.

두 사람의 조합은 그야말로 환상적이었다. 고응춘은 다양한 인맥과 경로를 통해 서양 각국의 경기 변동을 살폈다. 호설암은 고응춘이 능력을 발휘할 수 있도록 믿고 맡기며 지원을 아끼지 않았다. 이를 바탕으로 호설암은 20년 동안이나 상하이 일대의 생사(生絲) 무역을 독점

할 수 있었다.

한번은 이런 일도 있었다. 조정에서 호설암의 든든한 후원자가 되어 주었던 왕유령(王有齡)이 호주부로 부임해 있을 때 그가 관할하는 한 현에서 민란이 일어났다. 반군들은 현령을 죽이고 관아를 차지한 뒤 '무적 대왕'이라는 깃발을 내걸었다. 왕유령은 참모들을 모아 회의를 열고 대책을 강구했다. 참모들은 모두 반란군을 토벌해야 한다고 입을 모았다. 왕유령도 같은 생각이었다. 하지만 사마송이라는 인물이 반대하고 나섰다.

"현재 관병은 오랫동안 훈련을 받지 못해 전투에 미숙합니다. 게다가 관병들이 나섰다가 패배할 경우 다른 현의 백성들도 도처에서 들고 일어날 가능성이 있습니다. 따라서 민란이 일어난 원인을 밝혀 문제가 있으면 고쳐 민심을 안정시키는 것이 우선일 것입니다."

사마송은 평소 말수가 적은 대신 입바른 소리를 자주 해 동료들로부터 배척을 당하고 있었다. 왕유령 역시 어눌한 말투의 사마송을 크게 신임하지 않았다. 결국 왕유령은 사마송의 반대를 귓등으로 듣고 1,000명의 관병을 파견해 민란을 진압하도록 했다. 하지만 사마송의 우려는 곧 현실이 되고 말았다.

절반 가까운 관군이 제대로 싸워 보지도 못하고 매복에 걸려 죽거나 크게 다쳤으며 기아에 시달리던 다른 백성들까지 속속 무적대왕에 합류했다. 놀란 왕유령은 다시 회의를 소집했지만 참석자들은 꿀 먹은 벙어리처럼 아무런 말도 하지 못했다. 게다가 화가 난 사마송은 병을 핑계로 회의에 참석조차 하지 않았다. 이 말을 전해 들은 호설암은 사마송이야말로 난세에 꼭 필요한 인재라고 생각했다.

감동을 지불하여 충성을 산다

사마송은 부인도 없이 노모를 모시고 어렵게 살고 있었다. 상사의 신임을 얻지 못한 만큼 녹봉도 많지 않아 빚도 많았다. 호설암은 왕유령에게 돈을 주고 사마송을 찾아가도록 했다. 왕유령은 그 돈으로 사마송의 빚을 다 갚아 주고, 집에다 따로 500냥의 은자를 남겨 두고 돌아왔다. 호설암은 또 여종을 사마송에게 보내 후처로 삼게 했다.

감복한 사마송은 다음 날 호설암을 찾아가 인사를 했고, 호설암은 그에게 왕유령을 도와줄 것을 요청했다. 이에 따라 사마송은 반군의 우두머리와 협상을 벌여 난을 종식시켰다. 왕유령은 크게 기뻐하고 조정에 이 사실을 보고했고 조정에서는 사마송의 공을 치하해 그가 평정한 현의 현령으로 임명했다.

호설암은 인재를 알아보는 밝은 눈만 가진 것이 아니라 인재라고 판단되면 그를 위해 돈을 아끼지 않았다. 호설암이 신화 전장에서 독립해 자신의 전장을 열 때 가장 시급한 것은 유능한 관리자를 찾는 것이었다. 그는 유경생(劉更生)이라는 인물을 여러모로 시험한 뒤 그에게 일을 맡기기로 결정했다. 그때는 전장이 아직 문을 열기 전인 데다 회전할 수 있는 자금도 모이지 않았던 때였으므로 호설암에게도 여유가 많지 않았다. 하지만 그는 유경생에게 은자 200냥의 연봉을 지급하기로 약속했다. 게다가 1년치 보수를 미리 지급했다. 당시 은자 20냥은 한 가족이 1년 내내 먹고살 수 있는 액수였다. 인재를 대접하는 데 돈을 아끼지 않는 호설암의 성의는 유경생을 감동시켜 평생의 충성심을 이끌어 낼 수 있었다.

유능하고 충직한 일꾼을 얻게 된 호설암은 전장 일을 유경생에게 맡겨두고 다른 영역으로 사업을 확장할 수 있었다. 호설암은 인재를 곁에 두는 비결에 대해 "안목이 있어야 하고 돈을 더 많이 들여야 한다."라고 말했다. 가치 있는 물건은 그 가치를 알아보는 눈도 중요하지만 그만큼 대가를 지불해야 얻을 수 있다는 신념을 말이다.

그는 자신이 아무리 뛰어나고 자신감이 넘쳐도 인재들의 도움이 없이는 아무 일도 할 수 없다는 것을 잘 알고 있었다. 흔히 인재를 고용한 뒤 경영 실적에 따라 보수를 결정하는 것이 합리적이라고 생각하기 쉽다. 하지만 그런 식으로는 어느 수준 이상의 인재를 구하기 어렵다. 결국 자신의 이익을 챙기고 난 뒤 인재에게 보상하겠다는 것이기 때문이다.

호설암은 손해 보는 상황에서도 인재들의 보수를 뒤로 미루거나 깎는 법이 없었다. 감동을 지불하고 결코 흔들리지 않는 충성을 살 수 있다면 밑지는 장사가 아니지 않겠는가.

리더는 매의 눈을 가져야 한다
숨은 인재를 찾아낸 송 태조와 범중엄

공자가 칭찬한 맹지반의 겸손

춘추 전국 시대 때 노나라에 맹지반(孟之反)이라는 장수가 있었다. 그가 전쟁터에 나가 싸우다 전세가 불리해지는 바람에 군대를 물려 후퇴해야 하는 상황이 빚어졌다. 그때 그는 군대의 후미에 남아 적군의 추격을 막으며 군대를 안전하게 이끌었다.

군대가 성문에 도달하자 맹지반은 화살 하나를 뽑아 들어 말의 엉덩이를 세차게 내리치며 대열의 전방으로 달려 나왔다. 그러면서 그는 "내가 감히 후방을 지키려 뒤에 남은 것이 아니라 내 말이 지쳐서 달리지 못했기 때문이었다."라고 말했다.

공자는 이 일을 두고 맹지반을 입에 침이 마르도록 칭찬하는데,『논어』'옹야(雍也)'편에 나오는 '맹지반은 자랑하지 않았다(孟之反不伐).'라는 말이 그것이다.

사실 전쟁 자체가 어렵고 힘들지만 전투에서 패배해 후퇴하는 것은 더욱 어렵고 위험한 일이다. 병력이 크게 약화되고 사기까지 떨어진 군대를 추슬러 기세 오른 적군의 맹공을 막아 내며 후퇴하기란 여간 어려운 일이 아닐 것이다. 게다가 그처럼 힘든 과업을 자임해 성공적으로 완수한 뒤에도 그 공을 떠벌리기는커녕 감추기 위해 제일 먼저 달아나는 척한 맹지반의 태도는 성인의 칭찬을 받을 만하다.

사실 이는 훌륭한 리더의 덕목이기도 하다. 중대한 계약을 성사시킨 뒤 공로를 실무진에 돌리고 자신은 뒤로 물러서는 리더야말로 현명한 리더다. 공을 독식해 부하 직원들의 사기를 꺾으면 다음 프로젝트 때 부하 직원들의 헌신을 기대하기 어려울 테고 좋은 결과도 얻지 못할 것이 분명하기 때문이다.

하지만 리더에게 더욱 필요한 것은 맹지반처럼 자신을 드러내지 않고 묵묵히 일을 찾아서 하는 조직원을 알아보는 눈이다. 그런 헌신적인 조직원은 대체로 앞에 나서 자랑하기를 꺼리기 때문에 잘 드러나지 않는다. 말 잘하고 나서기 좋아하는 조직원의 그늘에 가려 있기 십상이다. 그런 진흙 속 진주 같은 존재를 찾아낼 수 있다면 리더의 성공 확률도 높아진다.

진흙 속 진주를 찾아내는 안목

송나라 태조 조광윤도 그런 진주를 찾아내 중간 간부로 중용함으로써 국가의 토대를 세울 수 있었다. 그는 '진교병변(陳橋兵變)'이라 일컬어지는 무혈 혁명에 의해 황제가 된 인물이다. 조광윤은 요나라의 침공에 맞서 대군을 이끌고 후주의 수도였던 카이펑〔開封〕 인근의 진교역에 진을 치고 숙영했다.

다음 날 새벽 사방에서 함성이 울려 퍼졌다. 잠에서 깨어난 조광윤이 나와 보니 동생 조광의와 근신 조보 등 장수들이 줄지어 서서 일제히 "저희들에게 현명한 주인이 없으니 부디 천자가 되어 주십시오."라고 소리치고 있었다. 어린 황제를 모시고 막강한 요나라에 맞서 싸우는 것이 불안했던 군인들이 조광윤을 황제로 추대한 것이다.

조광윤이 대답을 하지 않자 장수들은 미리 준비한 황포(黃袍, 황제를 상징하는 옷)를 그의 어깨에 씌운 뒤 일제히 절을 올렸다. 이 사건을 진교에서 벌어진 군사 쿠데타라 하여 '진교병변'이라 부른다. 그런데 막상 조광윤이 진교에 들어가려 하자 진교의 수문장이 문을 단단히 걸어 잠그고 그를 들이지 않았다.

이에 조광윤은 군대를 돌려 봉구문으로 향했다. 봉구문을 지키던 수문장은 사태가 이미 기울었다고 판단하고 성문을 열고 조광윤을 맞아들였다. 조광윤은 수도로 군사를 이끌고 가 7세의 어린 황제로부터 황위를 선양받고 송나라를 건국할 수 있었다. 즉위한 뒤 조광윤은 봉구문의 수문장들을 모두 처벌했다. 하지만 진교의 수문장은 그의 충직성을 표창하고 높은 벼슬을 주었다. 진교 수문장이야말로 드러내지 않고 묵묵히 자신의 소임을 다한 또 하나의 맹지반이었던 것이다.

반대의 경우도 있다. 송나라 때 도적 떼의 두목 장해가 가요우〔高郵〕라는 지방을 지나가려 했다. 가요우를 지키던 장수인 조중약(晁仲約)은 자신의 병력으로는 도저히 장해의 무리에 대항할 수 없음을 깨닫고 가요우의 부호들에게 돈과 가축을 내게 하고 술과 안주를 마련해 놓은 뒤 성 밖에 나가 도둑을 맞아들이게 했다. 도둑들은 기뻐하며 밤새 술에 취한 뒤 다음 날 돈과 가축을 챙겨 가요우를 떠났다. 이 사실이 조정에 알려지자 조정 대신들은 모두 치를 떨며 조중약을 엄벌에 처해야 한다고 주장했다. 그때 간관(諫官) 범중엄(范仲淹)이 나서 말했다.

"병력이 충분한데도 적병과 싸우지 않고 오히려 적군에게 뇌물을 바쳤다면 마땅히 법에 따라 엄격히 처벌해야 하겠지만 고우에는 그런 병력이 없었습니다. 그러니 조중약은 자신의 소임을 다해 최선의 결과를 얻어 낸 것입니다. 그를 처벌하는 것은 법의 본뜻에 어긋나는 것입니다."

인종 황제는 범중엄의 말에 일리가 있다고 여겨 조중약을 석방했다. 하지만 재상 부필은 끝내 분을 풀지 못하고 범중엄을 꾸짖었다.

"우리가 지금 한창 법을 선양하고 있는데 당신은 오히려 그것을 방해하고 있소. 그렇게 해서야 어찌 백성들을 다스릴 수 있겠소!"

탁월한 리더는 헌신하는 조직원을 알아본다

세월이 흐른 뒤 부필과 범중엄은 지방을 도는 순회 시찰을 나갔다. 출장을 마치고 부필이 경성으로 돌아왔는데 성문지기가 문을 안 열어 주는 것이 아닌가. 성 안으로 들어가지 못하고 성 밖에서 잠자리에 누운 부필은 자신의 입성을 허락하지 않은 황제의 의중을 알 수 없어 밤새 잠을 이루지 못했다. 그때 문득 조중약 사건 때 범중엄이 자신의 꾸짖음에 대해 한 대답을 떠올리며 "범중엄은 참으로 성인이로고." 라고 감탄했다고 한다.

당시 범중엄의 말은 이랬다.

"신하를 경솔하게 죽이지 않음은 조종(祖宗)으로부터 내려오는 미덕입니다. 그런데 그 미덕을 그렇게 가벼이 훼손해서는 안 되는 줄 압니다. 만에 하나 황제께서 신하들을 경솔하게 죽이는 습관을 갖게 된다면 언젠가는 우리 목숨도 부지하기 어렵게 됨을 어찌 모르십니까?"

범중엄의 말은 한 명의 맹지반(범중엄)으로서 또 한 명의 맹지반(조중약)을 살리기 위해 또 다른 맹지반(부필)에게 한 것이었다. 만약 조중약이 자신의 공로를 과시하기 좋아하는 인물이었다면 병력의 열세에도 도둑들에게 맞서다 자칫 백성들이 몰살당하는 최악의 사태를 초래했을지도 모른다. 범중엄은 조중약이 소신대로 책임을 다하는 사람임을 알아본 것이다.

맡은 소임 이상을 해내면서도 자화자찬하지 않는 조직 속의 맹지반들을 찾아내기란 쉽지 않은 일이다. 어떤 원형(原型)이 있는 것도 아니고, 진교의 수문장이나 조중약처럼 정반대의 경우가 될 수도 있기 때문이다.

기왕에 도둑 이야기가 나왔으니 도둑에게서 그 분별 노하우를 배워 보는 것도 나쁘지 않겠다. 따르는 무리가 무려 9,000명에 달했다는 대도(大盜) 도척(盜蹠)의 고사가 『장자(莊子)』에 나온다. 누군가 도척에게 "도둑 세계에도 도(道)가 있습니까?"라고 묻자 도척은 다음과 같이 답했다 한다.

"무슨 일인들 도가 없을 수 있겠는가. 아무 단서도 없이 어떤 집에 무슨 보물이 있는지 알아내는 것은 성(聖)이다. 그 집에 들어갈 때 맨 앞에 서는 것은 용(勇)이다. 빠져나올 때 맨 마지막까지 남는 것은 의(義)다. 도둑질한 물건의 가치를 정확히 아는 것은 지(知)다. 이어 각자의 몫을 공평하게 나누는 것이 인(仁)이다. 이 다섯 가지 덕목을 갖추지 않고 큰 도둑이 된 자는 없었다."

용을 갖춘 사람은 우선 진교의 수문장과 같은 인물이다. 거기에 의를 갖추면 맹지반에 버금가는 인물이다. 이에 더해 성과 지를 갖추었다면 그는 맹지반과 조중약을 합친 것과 같은 인물이다. 이런 덕목을 가진 조직원을 알아보고 중용할 수 있다면 리더로서 손색이 없다고 하겠다. 거기에 인까지 갖추고 있다면 모름지기 최고의 리더가 될 자격을 갖춘 인물일 것이다.

대업은 혼자 이루는 것이 아니다
유방을 보좌한 번쾌와 하우영

훌륭한 리더는 부하를 믿는다

사마천(司馬遷)은 옛 사람의 입을 빌어 "천금의 가죽 옷은 여우 한 마리의 가죽만으로는 되지 않고 높은 집 서까래는 한 그루의 나뭇가지만으로는 되지 않는다."라 말했다. 무릇 일이란 그 크고 작음을 떠나 한 사람만의 힘으로 이루어지는 것이 아니며 여러 사람의 지혜와 노력이 합해져야 제대로 성취될 수 있다는 이야기다.

조직의 리더들 중에는 모든 업무를 자신이 직접 챙기지 않고서는 도통 마음을 놓지 못하는 사람들이 있다. 워낙 스스로 다방면에 뛰어나다 보니 부하 직원들의 업무 처리가 흡족하지 못한 경우도 많다. 하지만 그런 사람은 훌륭한 리더가 못 된다. 그런 리더 밑에서 일하는 부하들은 윗사람의 눈치만 살피다 그저 시키는 일만 하고 말 것이다. 공연히 자신의 아이디어를 보탰다 잘못되어 야단이라도 맞으면 자신만 손해기 때문이다.

이 같은 리더는 조직 구성원들이 창의력을 발휘할 기회를 원천적으로 봉쇄하는 셈이다. 그런 리더보다는, 직접 일을 처리하는 능력은 다소 떨어지더라도 부하 직원들을 믿고 그들의 역량을 잘 파악해 적재적소에 배치함으로써 자신의 부족한 부분을 메울 수 있는 사람이 훨씬 뛰어난 리더가 될 수 있다.

앞에 인용한 말은 사마천이 『사기』의 '유경 숙손통 열전(劉敬叔孫通列傳)'을 마치면서 한 말이지만 그보다 더 적합한 예는 한고조 유방을 보좌해 천하통일의 대업을 가능케 한 번쾌(樊噲)와 하후영(夏侯嬰) 이야기가 아닌가 싶다.

주위의 인재의 도움으로 성공한 유방

번쾌는 유방과 같은 고향 사람으로 원래 개 잡는 백정이었는데 시장통의 건달 무리들과 어울리면서 유방과 친분을 맺었다. 그는 유방이 처음 군사를 일으킬 때부터 유방을 좇아 수많은 공을 세웠다. 그중에서도 이른바 '홍문의 회합〔鴻門之會〕'에서의 활약이 유명하다.

홍문은 진시황릉이 있는 산시성 린퉁〔臨潼〕현 인근 지역이다. 기원전 210년 진시황이 죽고 곳곳에서 난이 일어나 진나라가 혼란에 빠지자 각지의 군웅이 봉기했는데 그중 항우(項羽)와 유방(劉邦)의 세력이 가장 강했다. 항우가 군사를 일으켜 함곡관에 이르렀을 때 유방은 이미 진나라의 수도였던 셴양〔咸陽〕을 점령한 상태였다.

항우는 10만 군사를 홍문에 집결시켜 유방을 칠 태세를 갖추었다. 군사력이 항우의 4분의 1에 불과했던 유방은 항우를 찾아가 자신이 그의 관중 입성을 막은 것이 아니라고 변명했다. 이에 항우는 분노를 풀고 연회를 베풀었다.

술자리가 한창 무르익자 항우의 재사 범증(范增)은 자기편 장수에게 연회석에서 칼춤을 추는 척하다가 유방을 찔러 죽이라고 명했다. 유방은 책사 장량(張良)과 군영으로 들어가 연회에 참석했는데 밖에 있던 번쾌는 사태가 위급함을 알고 철 방패를 들고 뛰어 들어갔다. 보초들이 제지했으나 번쾌는 그들을 밀어붙이고 들어가 장막 아래에 섰다. 항우가 그를 보고 물었다.

"저자는 누구인가?"

장량이 대답했다.

"패공(유방)의 장수 번쾌올시다."

"장사로군."

그러고는 큰 잔에 술을 따라 주고 돼지 다리 하나를 안주로 주었다. 번쾌는 술을 단숨에 들이켠 다음 칼을 뽑아 고기를 썰어 다 먹어 치웠다. 항우가 물었다.

"더 먹겠는가?"

"신은 죽음도 사양치 않을진대 그까짓 술 한 잔을 사양하겠습니까. 그런데 패공은 앞서 관중으로 들어와 함양을 평정하고 군사를 노숙시키며 대왕을 기다리고 있었습니다. 대왕은 오늘에야 도착해서 소인들의 말만 듣고 패공과 틈이 생기게 되었으니 천하의 인심이 대왕을 떠나고 의심을 품지 않을까 염려됩니다."

항우는 그의 말이 옳다고 생각하고 번쾌를 칭찬했다. 얼마 후 유방은 소변을 보러 가는 척하면서 번쾌를 손짓해 데리고 나갔다. 유방은 따라온 수레와 기병들은 그대로 남겨둔 채 번쾌 등만 데리고 달아났다. 그리고 산기슭을 돌아 자기 진영으로 돌아온 뒤 장량을 시켜 항우에게 사과하도록 했다.

단순한 항우는 이것만으로도 흡족해하며 유방을 죽이려 하지 않았다. 이튿날 항우는 함양에 입성한 뒤 유방을 한나라 왕으로 세웠다. 전날 번쾌가 군영으로 달려들어 항우를 꾸짖지 않았다면 유방은 한나라 왕이 되기는커녕 결코 연회장을 걸어서 나가지 못했을 것이다.

유방이 천하 통일을 달성하고 제위에 오른 뒤 공신 노관이 모반하자 고조는 번쾌에게 일을 수습하도록 했다. 이 틈을 타 어떤 자가 번쾌를 모함했다.

"번쾌는 여후(呂后, 유방의 황후)와 한통속입니다. 만일 폐하께서 세상을 뜨시는 날이면 번쾌는 군사를 이끌고 척 부인(유방의 애첩)과 조나라 왕 여의(척 부인의 아들)의 일족을 모조리 죽여 없앨 것입니다."

고조는 이 말을 믿고 진평에게 번쾌의 목을 베라고 명했다. 그러나 진평은 여후를 겁내 번쾌를 묶어서 장안으로 돌아왔으며 그 사이 고조가 세상을 떠났기 때문에 번쾌는 목숨을 건질 수 있었다. 여후는 번쾌를 풀어 주고 그의 벼슬과 봉읍을 본래대로 돌려주었다.

하후영 역시 유방과 동향(同鄕)이다. 마구간 마부로 일했던 그는 일을 할 때 말고는 늘 유방 일당들과 어울렸다. 시험에 합격해 현의 관리가 된 뒤로도 고조와 사이가 좋았다. 어느 날 유방이 장난을 치다 하후영에게 상처를 입히자 누군가가 유방을 관에 고발했다.

당시 유방은 범인을 체포하는 소임을 맡은 관리로 있었기 때문에 보통 사람보다 중벌을 받아야 할 형편이었다. 하지만 하후영이 끝까지 유방의 짓이 아니라고 증언해 사건은 일단락되었다. 뒤에 판결이 뒤집혀 하후영은 위증 혐의로 유방과 함께 1년여 동안 감옥에 갇히는 신세가 되고 수백 대의 매를 맞았으나 끝내 주장을 굽히지 않고 유방을 보호했다.

유방이 항우와 팽성에서 맞붙었을 때 한나라 군대는 초나라 군대에게 대패했다. 형세가 급해져 유방이 도망쳐 달아나던 중 효혜와 노원 두 자녀를 만나 그들을 수레에 태웠다. 말은 지쳐 있고 적은 뒤를 쫓고 있는 초미지급(焦眉之急)의 순간이었다.

유방은 다급한 나머지 두 아이를 발로 차서 수레 밖으로 떨어뜨리려 했다. 하후영은 그때마다 아이들을 수레로 끌어올려 자기 목을 끌어안도록 한 다음 말을 몰았다. 화가 난 유방은 칼을 뽑아 10여 차례나 그를 베려 했다. 하지만 일행은 마침내 적군에게서 벗어날 수 있었다. 유방은 형양에 이르러 흩어진 군사를 모아 다시 세력을 되찾게 되었으며 그제야 잘못을 뉘우치고 하후영에게 후한 식읍을 하사했다.

리더와 조직원의 바람직한 관계

번쾌와 하후영 두 사람의 얘기에서 보듯 유방은 본디 그릇이 크고 덕이 있는 지도자는 아니었다. 중농 집안에서 태어났지만 농사를 짓는 대신 동네 건달들과 어울렸다. 혼란스러운 시대였던 만큼 차분히 농사를 짓고 살기보다는 건달들과 패거리를 이루어 떠돌이 협객 노릇을 하는 것이 더 안전했을 것이다.

하지만 왕과 황제가 되고 나서도 귀가 얇아 간신의 혓바닥에 놀아나는 경우가 많았고 자신의 안위를 위해서라면 자식과 공신들을 헌신짝처럼 내팽개칠 수 있는 인물이었다. 그러나 그의 가장 큰 강점은 자신이 그만큼 부족하다는 것을 안다는 것이었다. 그리고 그런 부족함을 수많은 인재를 발굴해 채울 줄 알았다.

유방이 항우를 제치고 패권을 차지하게 되기까지 전장에서는 위대한 장군 한신(韓信), 전략과 전술에서는 빼어난 책사 장량, 행정과 민심 수렴에는 덕 있는 재상 소하(蕭何) 같은 명신 3인방이 존재했다.

이들 말고도 유방의 주위에는 번쾌와 하후영 같은 인재들이 있었고, 유방은 그들을 믿고 적재적소에 배치해 그들의 능력을 활용했다. 반대로 항우는 초나라의 명문 귀족 출신이었지만 독선에 빠져 선대를 이은 재사 범증을 점차 멀리하다 결국 천하를 빼앗기고 스스로 목숨을 끊는 지경에 이르렀다.

천하 통일의 위업을 달성한 뒤 유방이 공신을 제거하는 과정에서 '토사구팽(兎死狗烹,, 토끼를 사냥하고 나면 개를 삶아 먹는다)' 이라는 한탄으로 유명한 한신의 말이 역설적으로 유방의 리더십을 웅변한다. 어느 날 고조는 한신과 장수들의 능력에 관해 토론한 일이 있었다. 고조가 물었다.

"나는 몇 명이나 군사를 거느릴 수 있겠는가?"

"폐하께선 10만 명의 군사를 거느릴 수 있을 뿐입니다."

"그렇다면 경은 어떤가?"

"신은 많을수록 좋습니다."

'다다익선(多多益善)'의 고사다. 유방이 웃으며 말했다.

"많을수록 좋다면서 어째서 내게 묶이게 되었단 말인가?"

"폐하께선 군사를 거느리는 데 능하지 못하나 장수를 거느리는 데
는 능하십니다. 이것이 바로 신이 폐하께 묶인 까닭입니다."

스스로 부족하고 취약한 부분을 다른 사람의 재주를 통해 보완해
완벽하게 만드는 것이 진정한 리더십이다. 그런 리더와 그를 따르는
조직원들이 대업을 이루어 나가는 것이다. 역사는 결코 한 사람의 힘
으로 이루어지지 않는 것이다.

마음을 얻어야 다 얻는다
키루스 2세와 제갈량의 경영 철학

키루스 2세의 제국 경영 철학

"뜻을 이루려면 사람의 마음을 얻는 것이 무엇보다 중요하다. 어떤 일을 수행할 때 제아무리 많은 인센티브를 주고 온갖 혜택을 부여해도 조직 구성원이 그 일의 취지에 공감하고 관심과 흥미를 갖지 못하면 좋은 결과가 나오기 어렵다."

키루스 2세(Cyrus II)는 기원전 6세기 페르시아 제국의 기초를 다진 인물이다. 오늘날 이란 땅에 있던 메디아(Media) 왕국을 무너뜨리고 대제국 건설의 발판을 마련했지만 그는 원래 메디아 왕국의 만다네 공주의 아들로 태어났다. 하지만 손자에게 왕위를 빼앗길 것을 두려워한 메디아 왕국의 아스티아게스 왕이 그가 태어나자마자 산에 버리는 바람에 그는 이리의 젖을 먹고 자랐다고 한다.

역사학자 헤로도토스(Herodotos)에 따르면 키루스의 아버지 캄비

세스(Cambyses)는 우유부단하고 나약했지만 어머니 만다네는 현명한 여인이었다. 그녀는 장성해서 돌아온 아들을 한눈에 알아보았다. 그만큼 청년 키루스의 눈빛과 기상은 범상치 않았다. 키루스는 기원전 559년 안샨(이란의 일부) 왕이 된 뒤 메디아와 리디아(터키 서부), 박트리아(아프가니스탄 북부), 마르기아나(투르크메니스탄) 등 소아시아와 동방의 여러 지역을 평정해 이집트를 제외한 오리엔트 전체를 정복했다.

하지만 그는 정복욕에만 눈이 먼 전쟁광이 아니라 어질고 현명한 왕이었다. 그는 대업을 이루기 위해서는 사람들을 힘으로 억누르기보다 마음을 얻어야 한다는 것을 알았다. 점령한 나라들을 억압하고 수탈하기보다는 그 나라 고유의 종교와 풍습을 존중하고 자치를 허용하는 유화 정책을 펴 정복지와 끈끈한 협력 관계를 구축했다.

그는 신하들도 덕으로 대했다. 그래서 오랜 원정 기간 동안 마음 놓고 제국의 경영을 맡길 수 있는 충성을 얻었다. 사람들의 마음을 움직이는 것이 중요하다는 키루스 2세의 경영 철학은 그가 메디아 왕국을 멸망시킬 때의 일화에서도 여실히 드러난다. 그는 페르시아 인들을 설득해 메디아 왕국에 대항하도록 만들기 위한 계획을 수립했다.

우선 그는 메디아의 왕 아스티아게스가 자신을 페르시아 군의 사령관으로 삼는다는 거짓 임명장을 만들었다. 그리고 총회를 소집해 그 내용을 읽은 뒤 "여러분에게 내릴 명령이 있소. 모든 사람이 낫을 하나씩 들고 나오시오."라고 말했다. 사람들은 뜬금없는 명령에 고개를 갸우뚱했지만 명령을 따를 수밖에 없었다.

키루스는 사람들에게 담당 구역을 정해 주고 날이 저물기 전에 가

시덤불이 우거진 땅을 정리하라고 명령했다. 사람들은 불평하면서 일을 했다. 작업이 끝나자 키루스는 사람들에게 다음 날 다시 모이라고 명령했다. 사람들이 돌아간 뒤 키루스는 염소와 양, 소를 잡고 향기로운 술까지 갖춰 잔치 준비를 했다.

다음 날 페르시아 인들은 풀밭 그늘에 앉아 마음껏 먹고 마시며 종일 즐겼다. 잔치가 끝나 갈 무렵 키루스는 연단에 올라 페르시아 인들에게 "어제의 노동과 오늘의 잔치 중 무엇이 더 좋으냐?"라고 물었다. 당연히 사람들은 오늘의 즐거움이 훨씬 낫다고 대답했다. 그러자 만면에 웃음을 띤 키루스가 말했다.

"페르시아 인 형제들이여, 내 말을 들으시오. 나를 따르면 여러분은 힘든 노동을 하지 않고 이보다 몇 십, 몇 백 배 즐거운 기쁨을 누리게 될 것이오. 그러나 그렇지 않으면 앞으로 늘 어제와 같은 노역에 등이 휘게 될 것이오. 나를 따라 자유를 누리시오. 나는 페르시아 인들을 해방시킬 운명을 타고난 사람이오. 그리고 나는 여러분과 함께 메디아와 싸워 충분히 이길 수 있소. 하루라도 빨리 아스티아게스의 굴레를 벗어 던지고 싶지 않으시오?"

그의 말은 페르시아 인들의 가슴을 울렸다. 그들은 키루스의 확신에 찬 말이 거짓이 아님을 알았다. 오랫동안 메디아 인들의 노예 노릇에 불만을 품고 있던 그들은 마침내 자신들을 해방시킬 지도자를 찾았던 것이다. 그들은 키루스를 위해 기꺼이 목숨을 던졌고, 이로써 키루스 2세의 페르시아는 아시아의 맹주가 될 수 있었다.

제갈량의 칠종칠금 전략

무슨 일을 하든 사람의 마음을 얻는 것이 우선이라는 진리를 가장 잘 일깨워 주는 것은 뭐니 뭐니 해도 제갈량이 남만의 추장 맹획(孟獲)을 일곱 번 사로잡아 일곱 번 놓아 준 '칠종칠금(七縱七擒)'의 고사가 대표적이다. 포로가 되어서도 "나는 대대로 이곳에 살아온 사람이다. 너희들이 무례하게 내 땅을 침범했으면서 어찌 나더러 굴복하라고 말하느냐."라며 반항하던 맹획이 제갈량의 신출귀몰한 재주와 드넓은 아량에 탄복해 결국 마음 깊이 촉나라에 복종하게 되었다는 이야기다.

그런데 이 일화에는 다소 이해가 가지 않는 구석이 있다. 제갈량이 남쪽을 정복한 것은 북쪽에서 강대국 위나라가 전면 공격할 움직임을 보였기 때문이다. 즉, 남쪽 후방의 우환을 사전에 없앰으로써 위나라 공격에 철저하게 대비한다는 전략이었던 것이다. 그런 위중한 상황 속에서 한가하게 반대편에서 야만족 맹획과 술래잡기 놀이를 할 겨를이 있었을까.

진수의 『삼국지』 '제갈량전(諸葛亮傳)'에서는 이 사건에 대해 '제갈량은 군대를 인솔해 남쪽 정벌에 나서 그해 가을, 전체를 평정했다.'라고 매우 간략히 적고 있다. 하지만 나관중의 『삼국지연의(三國志演義)』에서는 이 장면이 매우 길게 묘사된다. 우선 남만의 공격 이유에 대해 다음과 같이 설명하고 있다.

제갈량이 남만 정벌에 나서겠다고 하자 '읍참마속(泣斬馬謖)' 고사로 유명한 마속이 제갈량에게 말한다. "남만은 중원과 거리가 멀고 산

천이 험하므로 마음으로 복종하지 않은 지 오래입니다. 비록 오늘 승리를 거두어도 내일 또다시 반란을 일으킬 것입니다. 승상의 대군이 나서면 금방 평정되기는 하겠지만 군사를 돌리는 순간 곧바로 반발할 것입니다. 대저 용병하는 법은 심전(心戰)이 상책이요 병전(兵戰)은 하책입니다. 승상께서는 마음으로 복종하도록 하십시오."

그래서 일곱 번이나 놓아 주었다는 이야기인데 문제는 그것을 위해 촉군이 엄청난 대가를 치렀다는 점이다. 제갈량은 남만을 평정하기 위해 무려 50만 명을 동원했으며 열대 우림과 습지를 지나면서 그야말로 악전고투를 면치 못한다. 노수를 건너다 수많은 군사가 희생되었고, 나는 새도 살 수 없다는 독천에서도 상당수의 군사를 잃는다.

남만을 병합하기 위한 것도 아니고 그저 맹획을 달래기 위한 일치고는 너무 지나친 희생이 아닐 수 없다. 이는 나관중이 사람의 마음을 얻는 것이 중요하다는 사실을 강조하기 위해 칠종칠금의 신화를 극적으로 과장한 것으로 해석할 수 있다. 뜻을 이루려면 그 일을 함께 할 사람의 마음을 얻는 것이 무엇보다 중요한 것이 동서고금의 진리이기 때문이다.

어떤 일을 수행할 때 아무리 인센티브를 주고 온갖 혜택을 부여한다 해도 조직 구성원이 그 일의 취지에 공감하고 관심과 흥미를 갖지 못하면 아무래도 좋은 결과를 얻기는 어렵다. 특히 인기가 없을 수밖에 없는 구조 개편이나 개혁 등의 조치를 취할 때는 무엇보다도 구성원들이 그 취지에 공감하고 자발적으로 동참하게 만드는 것이 중요하다.

사람의 마음을 얻는 비법

사람의 마음을 얻으려면 진실된 자세를 보여야 한다. 그런 의미에서 '당송 팔대가(唐宋八大家, 당·송대의 여덟 명의 뛰어난 문장가)'의 한 사람으로 추앙되는 구양수(歐陽修)의 자세를 음미해 볼 만하다. 구양수가 포청천의 후임으로 개봉부(開封府)를 다스릴 때의 이야기다. 포청천은 추상 같은 위엄으로 백성을 대했지만 구양수는 순리를 따를 뿐 명성을 구하지 않았다.

이에 주위에서 포청천처럼 하는 것이 이름을 얻는 데 도움이 된다고 권했다. 그러자 구양수가 대답했다.

"사람의 재능과 성품은 같지 않아서 자기의 장점을 살리면 일의 성과가 나타나지 않을 것이 없으며 자신의 단점을 억지로 하면 일이 반드시 되지 않을 것이므로 나 또한 내가 능한 대로 할 뿐이오."

자신의 공적을 위해 사람들의 마음을 얻으려 하지 않는 구양수의 소박한 성품은 금방 사람들에게 알려졌다. 그래서 그가 벼슬살이를 한 고을들은 부임한 지 보름만 지나면 일이 열 중에 대여섯 가지가 줄어들고, 한두 달 후에는 관부가 마치 절간과 같이 평화롭고 조용해졌다. 이를 보고 누군가 "정사는 너그럽고 간략히 하는데 일은 해이해지거나 중단되지 않는 까닭이 무엇입니까?"라고 묻자 그는 이렇게 대답했다.

"방종을 너그러움으로 알고, 생략하는 것을 간략히 하는 것으로 알면 해이해지고 중단되어 백성이 폐해를 입는다. 내가 말하는 관(寬, 너그러움)은 급히 하지 않음이며 간(簡, 간략함)은 너절하고 지저분하지 않다는 뜻이다."

구양수는 또 '백성을 다스림에 있어 단지 백성이 편안하다고 말하면 곧 그가 훌륭한 관리'라고 말을 맺는다. 사람의 마음을 얻는 비법은 곧 진심이란 이야기다.

역사, 경영에 답하다

| 펴낸날 | 초판 1쇄 2009년   9월 2일 |
| | 초판 2쇄 2009년 10월 7일 |

지은이　**이훈범**
펴낸이　**심만수**
펴낸곳　**(주)살림출판사**
출판등록　1989년 11월 1일 제9-210호

경기도 파주시 교하읍 문발리 파주출판도시 522-2
전화 **031)955-1350**　팩스 **031)955-1355**
기획·편집 **031)955-1387**
http://www.sallimbooks.com
book@sallimbooks.com

ISBN 978-89-522-1246-7 03320

* 값은 뒤표지에 있습니다.
* 잘못 만들어진 책은 구입하신 서점에서 바꾸어 드립니다.

책임편집 **장윤정**